신 현 수 산 문 집

신현수 산문집

스티커를 붙이며

2022년 6월 15일 제1판 제1쇄

지은이   신현수
펴낸이   강봉구

펴낸곳   작은숲출판사
등록번호 제406-2013-0000801호
주소   10880 경기도 파주시 신촌로 21-30(신촌동)
전화   070-4067-8560
팩스   0505-499-8560
홈페이지 http://www.littleforestpublish.co.kr
이메일   littlef2010@daum.net

ⓒ신현수

ISBN 979-11-6035-104-0   03810
값은 뒤표지에 있습니다.

※이 책은 저작권법에 따라 보호받는 저작물이므로 무단 전재와 무단 복제를 금합니다.
※이 책의 전부 또는 일부를 이용하려면 반드시 저작권자와 '작은숲출판사'의 동의를 받아야 합니다.

신 현 수 산 문 집

스티커를 붙이며

머리말

머리말을 쓰는 이 순간까지 내 머릿속은 여전히 시끄럽다. 시집도 아니고 산문집을 내겠다고? 잘하는 일인가? 더구나 새로 쓴 글도 아니고, 그동안 써 놓은 것 그냥 모아 놓은 건데, 이런 책을 몇 명이나 읽겠나? 나무들에게 죄를 짓는 일은 아닐까?

그러나 한 번 더 뻔뻔해지기로 하고, 머리말을 다시 이어 간다. 실은 2년 전 명퇴를 하면서 퇴임 기념으로 책을 한 권 묶고 싶었다. 그런데 퇴임 후 뜻하지 않게 한국작가회의와 출판진흥원, 서울문화재단 등등의 단체 일을 하게 돼서, 도무지 짬이 나지 않았고, 무엇보다도 마음의 여유가 없었다. 이제 이런저런 일들을 마무리했고, 숨도 좀 돌릴 수 있게 됐고, 마음의 여유도 좀 찾았다.

이 책은 전교조 문제로 대천고에서 해직됐던 지난 1989년 이후부터 최근까지 약 30여 년 간 신문과 잡지 등에 썼던 칼럼과 산문, 그리고 친구들 시집에 쓴 발문 등 약 60여 편의 산문을 모은 책이다.

원고를 다시 읽어 보면서 제일 먼저 든 생각은, 지난날 썼던 글들이 너무 날이 서 있었구나, 하는 것이었다. 또 실천과 행동 없이 말만 앞세운 것 같기도 했고… 그래서 부끄럽지만, 지난 30년 동안 쓴 글을 다시 읽어 보고 한 줄의 회한마저 없을 수는 없으니, 30년 세월이 고작 책 한 권으로 남았구나, 그냥 열심히 애쓰며 살아오기는 했구나, 하는 생각이 든다.

인생 1막을 마치고, 한 생을 다시 되돌아보니, 인간은 하고 싶다고 할 수 있는 것도 아니고, 하기 싫다고 피할 수도 없는 것 같다. 이제 육십 중반, 언제 죽어도 이상하지 않을 나이가 됐지만, 그러나 언제 죽을지 알 수 없으니, 앞으로 다가올 일들은 그냥 받아들이면서, 너무 애쓰지 않으면서, 쓰기 싫으면 쓰지 않으면서, 자고 싶으면 애써 깨어 있지 않으면서 살고 싶다.

요즘 뜬금없이, 대체 인간의 생로병사가 무얼까 하는 생각이 들어서 불교 공부를 조금 하고 있다. 어느 날 스님이 내게 물었다. 왜 불교 공부를 하려고 하느냐고. 괴로워서 공부하려고 한다고 대답했다. 뭐가 괴롭냐고 물었다. 치매 걸린 어머니를 보러 가는 마음과 손자를 보러 가는 마음이 너무 달라 괴롭다고 말했다. 내 '두 마음'이 괴롭다고 말했다. 어머니를 보러 가는 마음이 왜 괴로운지 사실 나는 이미 답을 다 알고 있다.

돌아보면 가족과 친구, 내가 다녔던 학교의 동료 교사들과 가르쳤던 제자, 내가 일했던 지금은 이름도 잘 기억나지 않는 온갖 문학단체, 문화단체, 시민단체, 봉사단체의 동료와 선후배, 그리고 내 삶의 마지막까지 친구들로 남을 사단법인 인천사람과문화, 비영리민간단체 라오스방갈로초등학교를 돕는 모임(방갈모)의 친구들 등등, 살면서 만난 모든 이들의 도움으로 지금의 내가 있다. 두루 고맙다. 책을 엮고 발문까지 써 준 도서출판 작은숲 강봉구 사장도 고맙다.

2022년 봄, 인천사람과문화 사무실에서
신현수 씀

차례

1부 공동체를 위한 삶을 살기 위하여

14 나는 이제 비로소 다시 시작할 수 있을 것 같다
39 철탑 아래 낮은 삶, 철탑보다 높은 꿈을 꾸는 인천 '나눔의 집' 아이들
50 인천 노동자 문학회와 나
53 우울하고 부끄럽고 쓸쓸한 인문계 고등학교 교무실
59 '다른 이들을 위한 삶'을 살기 위해 하는 공부
64 이 시대의 나의 스승
71 내가 보는 노동법 개정
80 '꽃다지'가 계속 노래할 수 있게 하기 위해 나는 무엇을 할까?
83 아, 농민 전용철
87 이재상을 위하여

2부 인천에 살기 위하여

- 92 부평의 현안과 앞으로 나아갈 길
- 116 인천 사람, 인천 문화
- 119 인천에 희망이 있을까?
- 122 인천은 '파랑색', 희망, 젊음, 가능성의 도시다
- 125 지역 언론의 중요성
- 128 기초 의회에 좀 더 관심을
- 130 경인방송 사태와 '시대공감'
- 134 굴업도를 지킬 수 있을까
- 138 이상한(?) 의사들
- 142 덕적팔경과 갯티길
- 145 스티커를 붙이며
- 148 인천과 중국, 그리고 강정
- 151 인천 홀대론(1)
- 154 인천 홀대론(2)
- 157 인천을 화해와 평화의 도시로
- 161 문학산 시민공원 준공 기념 시민걷기대회
- 164 죽산의 꿈, 인천의 꿈
- 167 인천에도 사람이 살고 있을까?

3부 그래도 이 땅에서 살기 위하여

172 반세기를 기다린 반나절, 짧은 여행 아쉬워 - 개성여행기
178 문학으로 여는 통일(1) - 6·15 남북작가대회
184 문학으로 여는 통일(2) - 평양 민족작가대회 참가기
188 다시, 공동체 회복을 위하여
191 이제 통일의 길은 열렸다 - 우리민족대회 참관기
194 '6·15 시대'의 문학
198 나는 걷는다
202 아아, 대한민국! - 김선일 사건
206 딴 나라 장수 동상이 서 있는 나라 - 맥아더동상
210 두 여중생 사망 사건과 관련한 '싸가지' 없는 말과 행동
217 이 자들을 언제까지 그냥 내버려 두어야 하는가?
220 파병 철회, 메아리 없는 외침
223 미군 장갑차에 내 자식들이 더 이상 깔려 죽지 않으려면
226 그래도 이 땅에 살기 위하여
229 9·19 이전과 9·19 이후
233 '정치적 중립성'도 정치적이다
236 역사는 진보하는가?
239 길 닦아 놓으니 뭐 먼저 지나간다더니
243 '신 갑신정변'에 국민은 없다
247 투표율 숙명론(1)
250 투표율 숙명론(2)
253 이 나라를 누구에게 맡길꼬
257 장, 차관 후보자와 감자

4부 시인으로 살기 위하여

- 262 문학적 자전, 나의 삶 그리고 나의 시
- 269 문학적 상상력, 역사를 만나다 - 『시로 만나는 한국 현대사』
- 272 '만석동'을 넘어서 - 『괭이부리말 아이들』
- 278 끝이 없는 싸움, 저항과 연대의 이야기 - 『유월의 아버지』
- 284 야석 스승님께
- 288 인천노동자문학회 창립 10주년을 축하하며
- 290 인문주의 부활을 위하여 - 문학지원정책 유감
- 293 "봄 없는 땅 끝, 바람만 부는 땅 끝, 그러나 아름다운 시인이 사는 땅 끝" - 김경윤론
- 304 "우리 이제 노을을 보며 그냥 하염없이 무너져 우는 수밖에" - 김동경론
- 318 진지하고 진실 된 문학을 위하여 - 정세훈론
- 329 학교는 죽었다? - 정평한론
- 337 친구가 되어 주실래요? - 이태석 신부론
- 344 '이화자' 살리기 - 이화자론
- 347 선한 영향력 - 박상윤론
- 349 그래서 우리는 친구 아닌가? - 최성수론
- 370 인천에서 한하운의 흔적 찾기 - 한하운론

- 380 발문 신현수라는 고유명사 찾기 / 강봉구

1부

공동체를 위한
삶을 살기
위하여

나는 이제 비로소
다시 시작할 수 있을 것 같다

꿈 이야기

어젯밤도 또 꿈을 꾸었다. 학교에서 쫓겨난 직후로는 거의 매일 밤 꿈을 꾸어 정말 괴로웠는데, 학교에 안 나간 지 여섯 달이 다 되어 가는 요즘은 별로 꿈을 꾸지 않았으나 어젯밤에 또 꿈을 꾸었다. 꿈의 내용은 늘 그런 것이었다. 내가 다시 학교에 다닐 수 있게 되었다는 것. 꿈속에서는 전국교직원노동조합(이하 전교조)이 합법성을 쟁취해서 복직되었는지, 내가 각서를 쓰고 복직이 되었는지 명확하지는 않았으나 여하튼 학교에 가는 꿈을 꾸었다. 아침에 일찍 가서 주변 활동도 열심히 하고 교무실에 들어가니 사람들이 이상한 눈으로 쳐다보기에 내가 다시 학교에 다니게 되었다는 것을 모르는가 보다 하는 눈으로 다른 사람들을 쳐다봐 주었다. 학교만 다시 다니게 된다면 그것보다 더 좋은 일이 없을 것 같았다. 처음에는 늘 악몽에 시달렸고 아침에 일어나서 갈 데가 없다는 것에 대하여 정말 견디기가 어려웠다. 이제 여섯 달이 다 되어

가는 지금, 약간은 버릇이 되기도 했지만, 아직도 꿈을 꾸는 것을 보면 해직 생활에 대하여 적응을 잘하지 못하는 모양이다. 낮에는 비교적 제정신을 차리고 전교조 대천·보령지회 사무실에 나가 일을 하지만 밤에는 늘 괴롭고 흔들린다. 꿈속에서 더욱 괴롭다. 아직도 24시간 중 결의에 차 있는 시간보다 흔들리는 시간이 더 많다. 내가 만약 각서를 썼다면 정말 부끄럽고 창피스러워 어쩔 뻔했나 하는 끔찍한 생각이 들면서도 여전히 밤에는, 꿈속에서는 괴롭다. 전교조에 관한 역사적 당위성이나 그동안의 경과와 전망을 논문으로 써도 좋겠지만 그런 글은 이미 많이 나와 있고 다른 사람들이 훨씬 더 정리를 잘해 놓았으므로 나는 전교조와 관련하여 나의 그동안 겪은 바를 중심으로 이야기해 나가야겠다. 지루하고 재미없는 이야기가 될지라도 참고 읽어 주기 바란다.

나는 왜 해직 교사가 되었나

어떤 때는 모든 것을 포기하고 싶기도 하다. 그냥 모든 것을 포기하고 현실에 대하여 그냥 눈을 감고 나만 편안하게 살고 싶기도 하다. 사실 내 가슴 저 깊은 곳에 자리 잡고 있을 양심이랄까 하는 것만 없애 버린다면 굳이 해직까지 될 필요도 없었을 것 같고, 주는 월급이나 받으면서, 아이들 적당히 가르치면서, 선생님 소리나 들으면서 살 수도 있을 것이다. 주위를 둘러보면 그런 사람들이 더 많은 듯싶어 나만 왜 이렇게 고통스러워해야 하는가, 내가 뭐가 그렇게 잘났다고 이렇게 괴롭고 어려운 날들을 보내야 하는가 하는 회의가 들 때도 있다. 요즘 흔하다는 자가용이나 한 대 사서 마누라와 아기를 보기 좋게 태우고 쉬는 날 놀러나 다니면서, 책이나 사면서, 그 책이나 보면서 살고 싶기도 하다. 결국, 내가 해직교사가 되었던 것은 상황이 그렇게 만들었다고도 볼 수 있을 것이다. 학교 다닐 때부터 맺어 왔던 선후배와의 인간관계, 더욱이 전교조 대천·보령지회 지회장을 맡았다는 책임감, 그런 것들이 큰 작용을 했다고 볼 수도 있을 것이다. 그러나 거꾸로 이 땅의 교사 1,600여 명이 교단에서 쫓겨나는 이 1989년의 역사의 한복판을 살아가면서 내게 아무 일도 없었다면 그것도 또한 도저히 못 견뎠을 것이다. 명쾌하게 말로 설명할 수는 없지만 어쨌든 괴로웠을 것이고 지금의 고통보다 더 견디기 어려웠을지도 모른다. 수만 마디의 논리 정연한 이론보다, 전교조의 역사적 당위성보다, 참교육에의 열망보다 내가 해직되는 데 큰 작용을 했던 것은 역시 내 가슴 저 깊은 곳에 웅크리고 있는 양심 때문이었을 것이다. 아마 그럴 것이다. 더는 역사를 피해 갈 수 없다는 자책감도 있었지만, 논리로 설명되지 않는 양심이란 것, 바르게 살고자 하는 태도, 뭐 그런 것이 결국 내가 해직교사가 되게 하는 데 결정적인 역할을 하지 않았나 싶다.

나의 대학시절

나의 대학 시절은 자의가 되었든 타의가 되었든 역사를 교묘하게 회피해 왔다는 것으로 규정지을 수 있겠다. 사실 나는 학교에 다니면서, 졸업하고 나서 학교를 찾아오는 선배들에 대해서 일종의 적개심 같은 것이 있었다. 사실 내가 학교에 다니던 때는 어려운 시절이었으니까! 우리나라 역사 중 언제 한번 어렵지 않은 때가 있었으랴만 78년도에 입학을 해서 79년도에 10·26이 있었고 80년 초, 잠깐은 화려했지만, 곧바로 암울한 시절을 보냈다. 4학년은 어떻게 보냈나 모를 정도로 패배감에 사로잡혀 술이나 먹고 지냈던 것 같다.

나는 어렸을 적부터 남을 가르치거나 하는 것에 약간은 소질이 있었던 모양이다. 지금 기억으로는 내 바로 한 학년 밑의 동생들도 우리 집에 데려다가, 말하자면 과외공부 같은 것도 시켰던 적이 있었으니까. 그러나 내가 공주사대를 선택하게 된 것은 선생님이 꼭 되어야겠다는 생각보다 솔직히 성적이 공주사대에 갈 정도밖에 안 되었기 때문이다. 나는 인천 부평에서 고등학교에 다녔는데 평소의 실력보다 예비고사 점수가 너무나 형편없게 나왔기 때문에 처음에 내 점수를 보고 컴퓨터가 채점을 잘못하지 않았나 하는 생각까지 들 정도였다. (지금 생각해 보면 너무나 우스운 핑계였지만) 서울 쪽으로의 진학을 포기하고, 집에서 멀리 떠나고 싶어 공주사대를 택했다.

국어교육과에 들어간 이후로도 잘 적응할 수가 없었다. 난생처음으로 집을 떠나서 하숙 생활을 하려니 익숙지도 않았고 패배감이랄까 하는 것 때문에 대학 생활에 적응하기가 어려웠다. 결국, 포기하지도 못했으면서 그때는 늘 포기하고 다른 대학에 갈까 하는 생각뿐이었다. 신문사에 들어가면 서울 소식을 쉽게 접해 볼 수 있지 않을까 하는 생각으로 시험을 봤는데 다행히 붙여 주었다. 그때의 생활을 한마디로 요약하면 '퇴폐적 낭만주의'라고 할 수 있을 것 같다. 쓸데없이 비를 맞고 다니고, 연거푸 술이나 먹고, 고무신이나 슬리퍼를 끌고 학교에 가는가 하면 술 먹고 금강 물에 들어가 빠져 죽을 뻔하기도 하고, 학교 버스에다 오줌을 싸기도 하고, 강의실 바닥에 토를 하기도 하고, 술 먹고 학교 진입로 삼거리에 그냥 드러누워 있으면 친구들이 발견하고 집에까지 업어가기도 했다. 지금의 대학에서는 그런 일이 용납이 안 되겠지만, 그리고 그래서도 안 되고 비판받아 마땅하지만, 여하튼 78년도만 해도 그런 것들이 대학생의 낭만이랄까 멋이랄까 뭐 그런 것으로 비치던 시절이었다.

 2학년 때 10. 26이 났는데 그전에는 그냥 흉흉한 소문만 캠퍼스를 떠돌아다녔다. 그 누구도 자신 있게 이야기하려고 하지 않았으며 그냥 모이면 귓엣말을 주고받거나 쓸데없는 얘기만 노닥거렸다. 박정희가 죽었다는 얘기를 조간신문으로 알았는데 처음에는 무섭기도 하고, 기분 좋기도 하고 앞으로는 어떻게 되려나 궁금하기도 했다. 학교에 가니까 군인들이 탱크로 정문 앞을 봉쇄하고 총을 들고 서 있었다. 3학년 초의 봄은 잠깐이었지만 유치하게 표현하면 참 신이 났다. '학원자율화추진위원회'라는 것을 1년 선배들이 만들고 학생회 부활을 위해서 다 함께 동분서주하던 때였다. 공주사대가 생기고 나서 최초로 시내까지 나가 시위도 하던 때였는데 그러고 나서 암울한 세월이 시작되었다. 나는 별로 한 일이 없지만, 수배자 명단에 내가 끼었다는 소문도 있어 그때부터 도피 생활을 하기도 했다. 그때 많은 선배와 친구들이 교도소에 가고 나는 다행인지 불행인지 별일 없이 다시 2학기를 다닐 수 있었다. 3학년이었던 나는 자연스럽게 신문사 편집장을 맡았다.

그전에 빠뜨리고 넘어가지 말아야 할 얘기 하나, 신문을 만들 때 검열받던 얘기를 해야겠다.

공주사대는 지금은 없어진 서울 신아일보 외간부에서 신문을 제작했는데 초교지를 서울시청 2층에 차려진 계엄 분실에 가지고 가서 검열을 받았다. 입구에는 헌병들이 지키고 책, 신문, 방송들로 나뉘어 검열을 받았다. 검열은 한마디로 말하면 제멋대로였다. 운 좋으면 넘어가고 운 나쁘면 완전히 빠지고, 어떤 글은 중간중간에 너무 많이 빠져 앞뒤가 통하지 않던 글도 있었다. 문학과지성사 대표를 맡고 있던 김병익 선생도 초췌한 얼굴로 와서 검열을 받던 기억이 난다. 한 가지 잊을 수 없는 것은 그 살벌하던 시절에, 그 살벌하던 서울시청 2층 언론 검열실에서 대부분이 고위 장교였던 검열단들은 다는 아니지만, 양담배를 피우고 있었다. 5공의 도덕성은 그 양담배로 하여 더 설명할 것도 없이 완전히 무너진 것이었다.

신문사 편집장을 맡고 내가 책임을 지고 낸 첫 신문이 학교 측에 의해 모두 불태워졌고 나는 그나마 신문사에서 쫓겨났다. 그

후로는 잘 모르겠지만, 아마 공주사대 신문사 편집장 중 내가 가장 단명한 경우가 아니었을까 싶다. 신문사 후배들을 모두 데리고 나와 포장마차를 했는데 그것이 또 말썽이 되어 (여학생을 데리고 '술장사'를 시켰다는 이유로) 학교에서 쫓겨날 뻔했다. 그럭저럭 4학년이 되어 그냥 졸업하는 것이 너무나 부끄럽고 억울하기도 하여 연극을 해 보려고 후배들과 〈아일랜드〉를 준비했는데 연극은 해 보지도 못하고 연습 과정 중 일어난

사소한 충돌로 인하여 무기정학을 받게 되었다. 수업일수가 모자라 거의 졸업을 못 하는 줄 알았는데 신이 도우셨는지, 중간에서 누가 도움을 주었는지 대학을 졸업하게 되었다. 나의 대학 4년은 온통 부끄러움투성이고 역사를 회피하고, 교묘하게 미꾸라지처럼 잘도 빠져나온 세월이었다.

나의 초임교사 시절

대학 4학년 때 나의 고향인 충북 청주에서 신체검사를 받았는데 심히 부끄러운 얘기지만 몸무게 미달과(그때는 45kg도 안 되었다) 눈이 나쁘다는 이유로 징집면제 판결을 받았다. 군대에 갔다 온 것이 자랑이 될 수는 없지만 분단 시대를 살아가는 한국의 남자가 군대도 안 갔다 오고 생활하기란 여간 불편한 일이 아니다. 남자들이 만나면 얘기의 반이 군대 생활인데 나는 그런 얘기만 나오면 일정 정도 주눅이 들고 할 얘기가 없어진다. 내가 일부

러 군대를 기피한 것은 아니지만 여하튼 두고두고 불편한 일이다. 그래서 바로 교사로 발령을 받았다. 나는 집이 인천이어서 경기도로 도배정을 신청했는데 성적이 모자라 충남으로 도배정을 받게 되었다. (경기도는 신청자가 넘치고 충남은 적었던 모양이다) 충남의 대천수산고등학교(현 충남해양과학고)로 발령이 났다.

사람에게는 운명이란 것이 있는지 모르겠다. 그렇게 우연히 충남으로 도배정을 받고 또 대천으로 발령을 받아 지금까지 8년이나 대천에 살고 있고, 결혼도 하고, 아기도 낳고, 천주교 영세도 받고, 시인이란 이름도 훔치고 급기야 해직까지 당하게 되었으니 참 인간의 운명이란 이상한 것이다. 특히 대천수산고등학교는 내가 몇 번 가본 곳으로 선배가 근무하던 곳이라 와 보기도 했고, 대학 시절에 가입해 활동했던 유네스코 학생회(KUSA)에서 주관하는 소위 국토순례대행진에 참가했을 때, 대천수산고등학교 운동장에서 텐트 치고 자기도 하고, 교단에 올라가 기타 치며 노래도 불렀는데, 똑같은 교단에 내가 몇 년 후 교사로 발령받아 부임 인사를 하리라고는 아마 하느님도 모르셨을 것이다. '조순대(조국순례대행진)'를 할 때 대천수산고등학교에서 배낭을 메고 대천 시내를 걸어오면서 쉬던 곳이 아이들을 데리고 왕대산으로 소풍 갈 때 쉬던 곳과 똑같았으니 운명치고는 묘한 운명이었다.

대천수고에서는 2년 동안을 근무했다. 교사로서의 각오 같은 것은 별로 없었다. 담임도 없었으므로 그냥 아이들 저녁이나 사주고, 아이들과 재미있게 놀고, 수업 시간에 가끔 노래나 부르면서 대학 시절의 기분에서 못 벗어나던 때였다. 더구나 병설중학교에 국어교사로 근무하던 아내를 운명적으로 만나 연애하기에 정신이 없었으니 참교육이고 뭐고 할 것도 없던 때였다. 아내와 결혼을 하는 바람에 같은 학교는 근무할 수 없어서 대천여고로 발령을 받게 되었다.

교육민주화 선언과 6·29

대천여고에 가서 1학년 담임을 맡게 되었다. 1학년 수업을 두 반만 하고 거의 3학년 수업만 했다. 담임을 처음 맡았기 때문에 의욕도 많았으나 시행착오도 많았다. 지금 생각하면 웃음이 나오기도 하지만, 어쨌든 아이들과 재미있게 지내던 시절이었다. 이 야기가 너무 늘어지므로 앞으로는 주로 전교조와 관련하여 얘기해야겠다.

84년이면 최교진 선생님(현재 전교조 충남부지부장)이 성주산에서 여름 봉사활동을 했다는 이유로 대천여중에서 강제 사직당했을 때이다. 나는 그때 최 선생님과 함께 대천에 근무하고 있었으면서도 그 일에 별로 관심이 없었고 내가 고민했던 기억이 전혀 없는 것은 정말 부끄러운 일이다. 학교 선배이고 최 선생님의 복학이 허용되었던 80년부터 학교도 함께 다녔으므로 당연히 관심을 두고, 함께 고민도 하고, 아파해야 했으나 나는 전혀 관심조차 보이지 않았다. 지금 생각하면 최 선생님께 미안하고 부끄러운 마음뿐이다. 그때 서서히 태동하였던 Y교사협의회 홍성지역 모임에도 놀러 갔던 적은 있으나 거기도 거리가 멀다는 핑계로 참석하지 않았는데 거기서 이미 돌아가신 이순덕 선생님을 만나기도 했다. 그때는 이미 〈우리 문집〉 사건이니, Y교사회 사건이니 하여 충남 교사들이 저 악명 높았던 김 아무개 장학사에게 탄압을 받을 때였는데 나는 그때 도대체 무얼 하고 있었는지 지금 와서 많은 반성을 하게 된다. 정확하게 표현하면 관심을 안 가졌던 것이 아니라 일부러 피하지 않았나 하는 생각이 든다. '그런 어렵고 귀찮은 삶은 다 싫다. 그냥 나 혼자 아이들이나 재미있게 잘 가르치면 된다.'는 생각이었던 것 같다.

85년에 〈민중교육〉지 사건이 터졌는데 그 사건도 나에게는 참 이상한 일이었다. 최 선생님이 나에게, 교사들끼리 모여 '무크지'를 하나 만드는데 (그때는 '무크'라는 단어도 생소하던 때였다) 시 써 놓은 것 있으면 하나 내라고 했다. 나는 게으름을 피우다가 결국 시를 못 내고 말았는데 잘 아는 것처럼 〈민중교육〉지에 실린 글의 내용과 관계없이, 거기에 시, 소설, 논문을 실었던 모든 교사, 하물며 원고 전달 심부름을 한 교사까지 모두 구속되고, 파면·해임을 당한 사건이었다. 나는 그런 암울한 시절에도 대학원이나 다닌답시고 왔다 갔다 했던 것을 보면 정말 나란 놈은 도대체 무엇이었나 또 한 번 부끄럽다. 아무래도 내가 직접 교육운동과 관계 맺기 시작한 것은 교육민주화선언 사건이 아닌가 한다.

87년 6월 14일 충남의 교사들이 오룡동 성당에 모여 교육민주화선언을 한 일이었는데 나는 그때도 무섭기도 하고 귀찮기도 해서 그 선언에 빠지려 했다. 이미 그때는 Y중등교사협의회에서 86

년 5월 10일 1차 교육민주화선언이 있은 다음 해였다. 나는 그때는 무얼 하고 있었는가 하면, 운전학원으로 운전을 배우러 다녔었다. 운전은 결국 중도 포기하고 말았지만 그런 암울했던 시절에 운전학원에 나가서 땀이나 흘리고 있었으니 참 한심한 생각이 든다. 자동차를 당장 사야겠다는 것은 아니었지만 어떻게 운전 배울 생각을 했는지. 아직도 10만 원 내외의 저임금으로 혹사당하는 노동자들이 밥을 굶고 있는 때에 나는 자동차나 사서 타고 다닐 생각을 했었는지 정말 생각할수록 부끄러워 몸 둘 바를 모르겠다. 지금은 아예 그런 생각이 들지도 않지만, 그럴 능력도 없다. 1차 선언 때는 무섭고 두려워 나 스스로 빠지려고 했음에도 불구하고 나중에 얘기를 들으니 내 이름이 들어갔다고 했다. 그럴 바엔 적극적으로나 할 것을 하는 후회가 지금은 들기도 한다.

그리고 노태우의 6·29 선언이 있기 전에 2차로 교육민주화선언을 준비했다. 이미 6월 항쟁이 시작되었던 때라 대세가 이미 기울었던 때라고도 할 수 있으나 반대로 전두환 정권이 계엄령을 선포할지도 모르던 때였으므로 역시 두려운 것은 마찬가지였다. 은밀히 연락하고 비밀리에 사람들을 만났지만, 예나 지금이나 사람들은 호응을 잘 해주지 않았다. 내 방에 있는 책을 치우기도 하고 심적으로 준비를 비교적 단단히 하고 2차 선언에 참여했다. 그것이 내가 비로소 나 스스로 역사를 피하지 않고 맞닥뜨린 최초의 일이었을 것이다. 학교 시절에도 피해 다녔고, <민중교육> 사건 때도 어쨌든 빠졌고 이제 처음으로 역사와 맞대면한다는 긴장감 같은 것이 있었으나 결국은 일이 우습게 되어 버려 노태우의

6·29가 나왔던 것이다. 충남 교사 34인 선언은 6월 29일 동아일보 10면에 1단으로 조그맣게 실리기는 했으나 6·29에 완전히 묻혀버려 효력 상실이었다. 어쨌든 기뻤다. 나는 그때 다시는 이런 민주화선언 같은 것은 하지 않아도 될 것이라는 심히 어리석은 생각을 했다. 6·29 후였음에도 교육계의 고질적인 처사는 여전하여 다음날 학교에 갔더니 여기저기서 수군수군하고 야단이었다. 교장이 부르더니 경위서를 써내라는 둥, 누구에게 연락을 받았냐는 둥 캐물었다. 결국, 아무것도 안 써 주고 말았지만, 그동안 한 번도 안 들어오던 교실에 교장이 난데없이 들어와 내가 무슨 말을 하나 감시하기도 했다. 그때 6·29가 없었고 계엄령이 선포되었다면, 6·29가 조금 늦게 나왔다면 어찌 되었을까 하는 생각이 든다. 어쨌든 정말 나의 의지로 역사와 처음으로 맞대면했으나 결국 그 일도 내가 확실한 태도를 갖게 하는 데 역할을 하지 못했다. 참 묘하고도 이상한 일이다. 소모임 등을 꾸리며 독서 토론을 하고 그 모임을 키워나가야 했으나 나는 또 바쁘다는 핑계로 그런 것들에 대해서 등한시했다.

    대천여고로 간 이듬해에 나는 3학년 담임을 맡아 처음에는 약간 기분이 좋기도 했다. 정말 부끄럽고 어리석게도, 또 지금도 그런 풍토가 남아 있지만, 학교에서 3학년 담임을 맡으면 괜히 인정받는 느낌이 들었다. 그 후로 나는 해직될 때까지 3학년만 담임을 해왔고 그런 이유로 참교육에 대하여 외면해 왔다. 나는 정말 이런 글을 쓸 자격도, 교육운동에 대하여 아무 말을 할 자격도 없다. 생각해 보면 교육민주화나 교육운동을 위하여 실천적으로 일한 것이 아무것도 없기 때문이다.

교사협의회 시절

87년 9월 20일 충남 교사협의회가 창립되었고 내가 사는 대천·보령지역은 그로부터 1년쯤 후인 88년 10월 25일에 지역 교사협의회의 창립을 보았다. 교협 시절도 나는 주변만 맴돌았다. 교육법개정 등의 서명 작업이나 여의도 교사협의회 집회에 참여하기는 했지만 늘 내 일이 아닌 것으로 생각했다. 가능하면 일을 안 맡고 회피하려고 했으며 후배들이나 선배들이 그런 나를 안타깝게 생각했다. 늘 바쁘다는 핑계였는데, 사실 바쁘기도 했었다. 결국, 학교에서 아이들을 감시하는 일이었지만. 사람들은 누구나 바쁘다. 무엇을 우선순위에 두는가가 문제인 것이다.

드디어 전교조

사실 올 초 전교협 집행부에서 올해 안으로 노조를 결성한다는 기자회견을 했을 때까지만 해도 인식의 공유가 별로 되어 있지 않았다. 전교조가 결성되면 지금까지 일해오던 교협과 어떤 차이가 있는 것인지, 명칭이 무엇인지, 노조가 무엇인지조차 잘 몰랐던 것도 사실이다. 사실상 89년 한 해 동안 우리는 질적, 양적으로 그리고 인식의 수준으로 보아 비약적인 발전을 했다. 우리는 인식을 공유하기 위하여 애썼으며 모여서 공부하기를 게을리하지 않았다. (여기까지 쓰고 그만 이 글을 포기하려고 했다. 그동안 통 여유가 없었으며 하루에 한 시간이라도 책상에 붙어 앉아 정리하거나 글을 쓰거나 책을 보거나 할 시간이 전혀 없었다. 시간이 나면 잤다. 핑계에 불과하겠지만 몸이 견딜 수가 없었으나 엊그제 유치장에서 3일 살고 나오면서 또 새롭게 글을 시작하려고 한다) 올해 나는 대천여고 5년 만기가 되어 대천고등학교로 학교를 옮겼다. 인간적인 욕심으로는 대도시로 가고 싶기도 했고 어머니를 모시고 인천에서 학교에 다니고도 싶었으나 그것은 어디까지나 나의 욕심일 뿐이었다. 시내에 좁지만, 사무실도 마련하였으며 (그동안은 늘 중국집을 전전해 다녔다) 전교조 대천·보령지회를 띄우기 위한 준비 작업으로 '교육정상화 및 노조결성 결의대회'를 갖기도 하였다. 5월 14일은 대전 가톨릭 농민회관에서 충남·대전 발기인 대회를 했는데 원봉(원천봉쇄)을 하지 않기에 그때까지만 해도 이런 식으로 탄압의 칼날과 격랑과 회오리가 몰아칠 줄은 몰랐다. 드디어 5월 28일, 전교조 결성을 하는 역사적인 날이었다. 굴욕의 삶을 청산하는 30년 전의 선배 교사의 빛나는 전통을 이어받는 날이었다.

   전날부터 함께 모여 있거나 집에서 자고 일찍 나와 서울 가는 첫 기차를 타려고 역에 나갔더니 (사실은 전세 버스도 예약했었고 김밥도 50개나 미리 준비했었다) 정보과 형사, 교장, 교감, 주임 등이 까맣게 몰려와 있었다. 정보가 미리 새나간 모양이었다. 결국, 기차를 못 타고 사무실로 되돌아올 수밖에 없었는데 사무실 밖에서는 형사들이 지키고 있었다. 우리는 개별적으로 서울로 떠나기로 하고 2~3명씩 짝을 지어 몰래 사무실을 빠져나왔다. 나는 형사들에게 미행을 당했는데 누구에게 미행당해 보기는 처음이었다. 무슨 독립운동 하는 사람들처럼 골목에 숨고 뛰고 쫓겨 다니다가 간신히 택시를 잡아 광천으로 가 기차를 탈 수 있었다. 서울역까지 가기는 위험해서 수원역에서 내렸는데 내 마음만 급할 뿐 세상은 나의 불안한 마음과 전혀 관계없이 잘 돌아가고 있었다.

그날따라 세상은 환했고 봄의 햇빛이 너무 좋았다. 엉뚱하게 지나가는 여자들마저 너무 예뻐 보였다. 전철을 탔는데 원래 결성식 예정 장소였던 한양대역은 서지 않는다는 안내방송이 있었다. 한양대 바로 전역에서 내렸는데 대회에 참가하려는 교사들이 여기저기 모여 있었다. 그냥 서 있으려니까 입에서 입으로 제2 장소가 전해졌는데 연대라는 말도 있고 건대라는 말도 있었다. 건대로 갔더니 거기는 아직 봉쇄되지 않았다. 결국, 그날 대회는 연대에서 치렀지만, 건대에서도 많은 교사가 모여 함께 식을 거행했는데 하도 감격스러워 눈물이 나기도 했다. 그날 헌신적으로 우리를 위하여 애써준 민족 건대 학우들의 고마움을 잊을 수가 없다. 그날은 잡히지 않고 무사히 빠져나와 대천까지 내려올 수 있었다.

그 뒤, 6월 9일 지회결성대회를 했다. 이날 내가 지회장을 맡게 되어 지금 해직교사의 처지가 되었지만, 그때만 해도 나는 그렇게 빨리 학교에서 쫓겨날 줄은 몰랐었다. 아직 지부결성대회가 남아 있어 참석 못 하게 될까 봐 내가 지회장이 된 것에 대하여 비밀을 유지해 주기를 바랐는데 다음날 학교에 갔더니 교장이 벌써 알고 있었다. 6월 11일은 공주사대에서 충남지부 결성식이 있는 날이었다. 나는 지회장이라 반드시 참석해야 했기 때문에, 전날 들어갈 수밖에 없었다. 자가용을 얻어 타고 검문에 걸리지 않기 위하여 부여로 돌아서 갔다. 부여에서 시외버스를 타고 공주사대로 갔는데 벌써 교장, 교감, 장학사 등이 교문을 지키고 있었다. 그날은 경찰의 '원봉'은 없어 그냥 들어갈 수 있었다. 그날 밤 공주사대 도서관에서 철야를 하고 다음 날 결성대회를 무사히 치러냈다. 그러나 결성대회가 있던 날은 식이 모두 끝났는데도 경찰이 원천봉쇄를 풀지 않아 우리는 무조건 교문을 열고 나갔다. 모든 참석 교사가 닭장차에 실렸다. 말로만 듣고, 눈으로만 보던 닭장차를 타보는 영광(?)을 갖게 된 것이었다. 그리고 말로만 듣던 경찰의 폭력성도 여실히 알 수 있게 되었다.

우리가 신원 밝히기를 거부하자 분리 심문하려고 백골단을 투입하여 조사실로 끌고 갔다. 결국, 모든 교사가 묵비권을 행사하여 아무것도 알 수 없게 되자 저들은 각 학교 교장, 교감을 모두 불러들여 신분을 확인하게 하였다. 나올 때도 백골단에 의해 끌려나와 택시를 타고 새벽에 대천으로 왔다. 나는 고3 담임을 하고 있었기 때문에 가능하면 내가 하고 있는 일에 대하여 학교에서 이야기하지 않으려고 했었다. (지금 생각하면 어리석은 생각이었지만) 그러나 그날 아침은 하도 억울해서(경찰들은 눈을 빼버리라는 둥, 개년이라는 둥, 밥을 모두 굶겨 죽이라는 둥 극언을 서슴지 않았고 몇몇 교사는 매도 맞았다) 직원회의 시간과 학생 조회 시간에 어제부터 있었던 일과 경찰서에서의 일을 낱낱이 폭로하였다. 6월 14일 담당 장학사가 찾아와서 문답서를 강요했다. 사실 단호하게 문답서 작성조차 거부했어야 했는데 쓸데없이 7시간 동안이나 장학사와 씨름을 했다. 사실 별로 마음의 준비도 없는 상태였기 때문에 잘 대처하지 못했다.

6월 21일 오후에 교장실에서 직위해제를 통고받았다. 그때는 제발 통지서를 좀 빨리 주었으면 하는 생각이 들었다. 사방에서 포기하라는 압력을 견디기가 어려웠으므로. 직위해제 통지서를 받고 3학년 교무실 내 자리에 앉았는데 부끄럽게도 눈물이 쏟아졌다. 그날 이후부터 거리의 교사 생활이 시작되었다.

그날 밤 지부 회의에 갔는데 직위해제와 동시에 지회장을 고발한다는 기사가 신문에 나왔기 때문에 일단은 피해 다니기로 결정을 보았다. 그다음 날 새벽, 연행당할까 봐 집에도 못 들어가고 학교로 갔다. 모의고사를 보는 날이었는데 우리 반 아이들이 답지 작성을 거부했다. 나는 종일 학교에 엎드려 있었는데 유인물이 발견되어 학교는 초비상이었다. 다음날 논산에 있는 친구 집으로 갔다. 친구가 근무하는 학교 주변을 서성이는데 창문 밖으로 아이들이 공부하는 소리가 들려왔고 나는 또 하염없이 눈물을 흘렸다. 친구가 퇴근할 때까지 친구 집에서 혼자 기다렸는데 견디기가 어려웠다. 아이들 가르쳐야 할 시간에 나는 지금 낯선 곳에 와서 무엇을 하고 있는지 어이가 없기도 하였다.

논산에서 대의원대회에 참가하기 위하여 광주로 갔다. 거기서도 역시 들어갈 때는 잘 들어갔으나 나올 무렵 '원봉'이 되었는데 다행히 전남대 학생들이 시내버스를 학교 앞으로 끌고 와 간신히 빠져나올 수 있었다. ('원봉' 안 되는 집회에 좀 가고 싶다. '원봉' 안 되는 세상에서 살고 싶다) 6월 29일에는 도교위 앞에서 항의 농성을 하고 그날 저녁 전국의 해직교사들과 구속교사 가족이 모여 서울 공화당에서 농성을 시작했다. 문교부에도 찾아가고 (문 앞에도 못 갔지만) 지하철 앞에서 유인물을 나누어주다가 제자를 만나기도 하였다. 7·9 대회 때 역시 전날 대천에서 택시를 타고 광천으로 갔다. 다음날 여의도에 갔는데 시간을 잘못 알아 잡혀가지도 못하고 그냥 내려올 수밖에 없었다.

이렇게 해서(명단을 발표하고 단식수업을 하기도 하면서) 길고 긴 여름방학이 시작되었다. 여름방학 중에 거의 모든 교사가 각서를 제출하고 있었는데 나는 조합원들에게 각서를 쓰라고 할 수도, 쓰지 말라고 할 수도 없었다. 명동성당에서 단식하고 지부장님, 부지부장님 공판 쫓아다니고, 서명 작업을 하면서 길고도 처절했던 89년의 여름방학을 보냈다. 8월 21일 개학 날은 내가 지회장이 되고 나서 가장 흔들리고 부끄럽고 어려운 날이었다.

출근 투쟁 첫날이라 학교에 갔다. 그날 아침, 비가 억수같이 쏟아지는데, 우산을 쓰고 학교에 갔다. 그렇게 학교에 가기 싫었던 적은 없었다. 교무실에 들어가 아직도 치우지 않은 내 자리에 앉았는데 아이들이 와서 인사를 했다. 나는 아이들을 보는 순간 완전히 정신이 돌아버렸다.

'내가 왜 이러고 있나 학교로 다시 돌아와야겠다.'

나는 완전히 제정신이 아니었다. 머리가 터질 듯하여 각서를 써

주려고 거의 교장실 앞에까지 갔었다. 지금 생각해 보면 아찔하기도 하나 그때는 학교에 다시 다니고 싶어, 아이들과 함께 사는 일이라면 어떤 일도 감수하겠다는 완전히 미친 상태였으므로 어쩔 수가 없었다. 내가 다시 학교에 다니게 된다면 혼자 사시는 어머니가 얼마나 좋아하실까 그런 생각만 들었다. 출근 투쟁하러 간 날, 각서를 쓰려고 하다니 참 나 자신에게 어이가 없었다. 마침 그 날 친구가 찾아와서 위기를 넘길 수 있었다.

그 일 이후로도 며칠 동안 나는 계속 지회 집행부를 괴롭혔다. 정말 지금 생각하면 너무 부끄럽다. 완전히 후배들을 고문한 것이나 다름없었다. 지회장이 각서를 쓰겠다고 미쳐 날뛰니 이번에는 그들이 미칠 차례였다. 김지철 지부장님 선고 공판에 참여했는데 부끄러워 얼굴을 볼 수가 없었다. 내가 만일 각서를 썼다면 교도소 안에서 뜨거운 여름에 그 고생을 하고 나오신 분의 얼굴을 어떻게 볼 수 있었을까. 그분은 나를 도대체 어떻게 생각했겠는가 아찔하다. 그동안 9.24 대회도 치러냈고 야 3당사 농성도 했고 궐기대회 등도 치러냈다. 그러면서 우리 지회조직은 완전히 복구되어 이제는 투쟁력을 복구하는 것만 남게 되었다.

11월 3일은 대천에서 '학생의 날' 행사가 있었는데 결국 아이들이 42명이나 징계를 받게 되었다. 전교조가 주최한 행사도 아니고 전교조는 다만 후원했을 뿐인데 그 행사에 참여했다고 아이들을 43명이나 징계하다니 한편으로는 이해가 되지 않았고, 한편으로는 징계를 받는 과정에서 아무것도 할 수 없었던 나 자신이 한심하고 안타까웠다. 지난 11월 10일에는 대다수의 현장교사가 참여한 가운데 인천에서 대의원대회를 멋있고 깨끗하게 치러내어 전교조는 끝났다고 그동안 호언장담해 오던 정부 당국과 문교부의 간담을 서늘하게 했다.

곧이어 다음날 전국에서 모인 해고조합원 1,000여 명이 명동성당에서 '전교조 합법성 쟁취 및 해고조합원 원상복직 결의대회'를 가졌다. 대회를 마치고 문교부 앞으로 다시 항의하러 간 교사들을 저들은 백골단과 전경을 동원하여 무차별 연행을 해갔는데 다분히 전날 대의원대회를 막지 못한 것에 대한 감정적인 보복이라는 인상이 짙었다. 연행 교사들에게 저들은 야만적인 폭력을 무차별 자행했는데 여교사의 앞가슴을 구둣발로 차거나 쌍년이라는 등 욕을 했고, 또 다른 여교사의 팔을 꺾어 뼈를 탈골 시키고 인대를 늘어나게 하였다. 나도 남대문경찰서 유치장에서 3일을 갇혀 있었다. 3일째 되는 날 무조건 석방하겠다고 했지만 우리는 폭력 경찰이 사과하지 않으면 나가지 않겠다고 버티다가 또다시 백골단들에 의하여 닭장차에 실려져 난지도에 갖다 버려졌다. 이 정권은 우리 교사들을 아마 갖다 버려야 할 쓰레기라고 생각하는 모양이었다. 닭장차를 앞으로 스무 번쯤 타면 복직이 되려는지, 처음에는 백골단이 아주 무섭더니 자꾸 보니까 덜 무서운데, 그래도 순간순간마다 두려움은 여전하다.

그래도 남는 말

앞에서도 이미 언급했듯이 내가 교직에 있었던 8년 동안 대체 아이들에게 무엇을 가르쳤나 다시 한번 반성하게 된다. 8년 기간 중 3학년 담임만 5년을 했는데 나는 3학년 담임이라는 이유로 아이들을 때리거나 감시하는 것으로 세월을 보내지 않았나 싶다. 그래서 지금은 그동안의 나의 잘못된 교육에 대하여 속죄하는 마음으로 이 해직 기간을 보내려 한다. 그리고 비로소 이제 다시 시작할 수 있을 것 같다. 몸과 마음을 새롭게 재무장하여 다시 아이들 곁으로 돌아가게 되는 날, 더욱 확실한 모습으로 아이들 앞에 설 수 있도록 나는 노력할 것이다. 이상석 선생의 다음과 같은 글이 생각난다.

"아이들아, 나는 교단을 떠나와 여기 싸움터에 서 있다. 그래, 학교에 계신 선생님들이 너희에게 했던 모함의 말들 차라리 기꺼이 받아들이마. 너희 부모님들이 욕해대는 교육노동자로 나는 서야겠다. 이제는 너희와 나누었던 오밀조밀한 사랑, 과감히 뿌리치고 너희와 내가 나아가야 할 인간해방의 길로 나서야겠다. 민주주의를 배반하는 모든 세력에 맞서 의연히 서야겠다. 떠나오며 너희에게 말했지. 내가 너희와 있으며 느끼는 행복은 어쩌면 굴종의 단맛인지 모른다고. 그래, 그것은 노예적 삶을 산 대가로 얻은 단맛이었다. 너희가 전하는 해맑은 웃음 한 자락, 눈부신 장미 다발이 행복이 아니다. 교정의 포근한 햇살 아래 천천히 거닐며 낙엽을 밟던 나의 모습을 지워다오. 민주의 깃발 푸른 하늘에 펄럭이고,

우리의 겨레 하나 되어 덩실덩실 춤으로 지샐 그 날까지는 나는 교사가 아니라 투사가 되어야겠다. 너희와 내가 헤어지지 않아도 될 그 날까지는 나를 기다리지 말아라."

이제 부끄럽고 형편없는 글을 서서히 마칠 때가 되었다. 자랑할 것도 내세울 것도 없는 그리고 지루한 나의 글이 다만, 이 시대의 가장 평범한 한 해직교사의 끊임없이 흔들리는, 그러면서 바로 서려고 노력하는 모습을 보였다면 좋겠다. 이제 나는 다시 새롭게 시작해서 아이들 곁으로 반드시 돌아갈 것이다. 마지막으로 내가 직위 해제 되고 나서 만들었던 유인물로 이 보잘것없는 글을 맺는다.

직위 해제를 당한 나의 입장

오늘 저는 직위해제에 대한 저의 입장을 말씀드리면서 우선 부끄러움이 앞을 가립니다.

민족·민주·인간화교육, 자주·민주·통일교육을 위하여 그동안 내가 한 일이 아무것도 없음에 비추어 오늘의 이 직위해제는 오히려 부끄럽기만 합니다. 저는 그동안 대천수고에서 2년, 대천여고에서 5년, 그리고 대천고등학교에서 1년, 모두 8년째 나의 사랑하는 아이들에게 국어를 가르치면서 도대체 아이들에게 내가 가르쳐온 것이 무엇인가 반성하게 됩니다.

저는 그동안 주로 고등학교 3학년 담임을 맡아왔었는데 아이들의 고민, 아이들이 원하는 것을 들어보려고 하지도 않은 채 끊임없이 아이들을 감시하고 뻔뻔하게 자습서에 있는 것을 그대로 베끼고, 무슨 녹음기처럼 이 반 저 반을 다니면서 지식 행상만 해왔다는 뼈저린 반성을 하게 됩니다.

사실, 오늘의 교육문제와 관련되지 않은 사람은 우리나라 국민 중 거의 없으며, 또 오늘의 교육에 대해서 문제가 전혀 없다고 느끼는 사람 또한 거의 없을 줄 압니다. 12년간의 교육이 단 하루의 학력고사로 결판나는 입시제도, 그동안 아이들의 소중한 삶을 끊임없이 유보 시키면서 급기야는 죽음의 길로 내모는 오늘의 교육 현실이 문제가 없다고 얘기하는 사람은 아무도 없을 줄 압니다. 6·25 때의 난로를 아직도 피우는 학교, 학교가 무슨 인내력을 시험하는 곳인 양 겨울의 추위, 여름의 무더위를 아무런 대책 없이 견뎌야 하는 학교, 19세기 교실에서 20세기 교사가 21세기를 살아야 할 학생들을 가르치는 학교, 풍요한 사회지만 빈곤한 학교, 옛날에는 집에 없던 것이 학교에 있었는데 지금은 집에 있는 것이 학교에 없는 현실, 새벽부터 밤늦게까지 또는 밤을 새우면서까지 숨 쉴 틈 없이 돌아가는 훈련소 같은 학교, 친구를 불신하고 노트 빌려주는 데 돈을 받기도 하며 선생님과 대화가 거의 없는 학교, 무조건 정숙과 규율을 요구하는 학교에 대하여 문제가 없다고 얘기할 사람은 전혀 없을 줄 압니다. 이런 황폐해진 교육을 조금이라도 다시 일구기 위해 우리 교사들은 그동안 눈물 나는 노력을 해왔으며, 그 틀로서 전국교직원노동조합을 결성하게 되었고, 저는 이 조합의 대천·보령 지회장이라는 책임을 맡았다는 이유로 오늘 직위해제를 당하기에 이르렀습니다. 비유가 적합하지는 않지만 만일 어린아이가 자지 않고 자꾸 보채고 운다면 그 부모는 일어나서 우는 원인을 살펴보아야 당연할 것입니다. 반대로, 아이가 운다고 해서 다짜고짜 아이의 뺨을 후려치거나 목을 조르려고 한다면 미친 짓이라고밖에 할 수 없습니다. 오늘날의 교육이 잘못되었다는 사실을 인정하지 않는 사람이 거의 없는 오늘, 교육의 주체인 교사가 분연히 일어나 교육 현실을 이야기하고 개선하자고 할 때, 이야기를 들어보려고 하지도 않은 채 다짜고짜 일언반구도 없이 교사의 목을 자르는 것과 다름없는 직위해제를 시킨다는 것은 도대체 이해할 수 없습니다. 저들이 이런 식으로, 막무가내로 교사의 목을 치고 나오는 것을 볼 때 그것은 또 거꾸로, 우리의 하고자 하는 일이 저들에게는 얼마나 두려운 일이며, 그만큼 중요하고 소중한, 절대 포기해서는 안 될 일이라는 반증이 되기도 합니다.

역사는 반드시 옳은 방향으로 변하기 마련입니다. 그 변화의 과정에서 꼭 희생이 필요하다면 저는 기꺼이 그 희생을 감수할 것입니다. 1989년의 한복판을 살아내고 있는 오늘, 저는 역사에 비추어 한 점 부끄러움이 없으며, 어떤 희생과 수난, 고난도 감수할 각오가 되어 있습니다. 그동안 저의 거짓된 교육을 깊이 참회하면서 다시 내 사랑하는 아이들에게 확실히 돌아가는 날 정말 아이들을 위하여 열심히 살아갈 것입니다. 오늘은 비록 어쩔 수 없이 아이들 곁을 떠나지만, 반드시 저는 돌아올 것입니다. 어둠이 빛을 이겨본 적이 없고, 진리는 반드시 승리합니다.

지금, 이 순간 가장 가슴 아픈 일은 내 사랑하는 아이들 곁을 강제로 떠나야 한다는 일이나 또한 현재의 이 시련이 아이들에게 확실히 다가가는데 꼭 필요한 것이라면 저는 흔쾌히 기쁜 마음으로 직위해제를 받겠습니다.

민족 · 민주 · 인간화교육 만세!

전국교직원노동조합 대천 · 보령지회 만세!

분단교육 45년 6월 22일

(1989)

철탑 아래 낮은 삶, 철탑보다 높은 꿈을 꾸는 인천 '나눔의 집' 아이들

이 글을 쓰기 전까지 '나눔의 집'은 내게 그저 하나의 관념이었다. 송림동 어디쯤 있고, 성공회와 관계가 있고, 시 쓰는 최자웅 신부님이 돌봐 주시는 인천에 많이 있는 공부방 가운데 한 곳. 부평에서 24번 버스를 타고 동인천 쪽으로 가다 보면 선인학원 지나서 송림로터리 못미처 오른편으로 산동네가 있고, 그 꼭대기에는 고압선이 지나가는 높은 철탑이 있고, 철탑 밑으로 다닥다닥 붙어 있는 판자촌. 버스 속에서 별생각 없이 늘 지나치곤 했던 그 철탑 밑의 동네가 바로 송림 4동 8번지였고 거기에 '나눔의 집'이 있었다.

그곳의 아이들을 만나기 위하여 좁은 오르막길을 걸어 올라가면서 부끄러웠다. 민중과 함께 살아야 한다고, 어려운 이웃과 함께해야 한다고 말로는 매일 떠들었으면서 나는 처음으로 달동네라고도 하고 판자촌이라고도 하는 곳을 어쩌면 '구경하러' 가는 것이라는 생각 때문에, 그동안의 관념적이었던 내 삶 때문에 부끄러웠다. 사실 우리는 별로 오래지 않은 옛날 모두 그런 곳에서 살았다. 그래서 오히려 고향 같은 느낌이 들기도 하지만 우리는 너무 쉽게 잊고 있었다. 한 사람 다니기도 비좁은 정도인 미로처럼 어지러운 골목, 벗어놓은 신발이 길 밖으로 나와 앉아 있는 골목, 할머니가 쭈그리고 앉아 햇볕 바라기를 하는 그런…….

'나눔의 집'은 대한성공회 소속으로 송림동뿐만 아니라 서울 상계동, 삼양동, 봉천동 등에도 있는데, 인천 송림동 '나눔의 집'은 지난 89년 지금은 돌아가신 박종기 신부님과 김미경 총무 등이 캐나다 선교재단의 지원을 받아 설립했다. 나눔의 집의 행정지명은 인천시 동구 송림 4동 8번지이다.

이곳은 송림 4동이라는 동명보다는 송림 8번지로 더 유명한데 6·25전까지만 해도 아카시아 숲으로 밀림을 이루어 일제 치하에서는 독립군들의 요새로도 알려졌다. 6·25 이후 난민들이 정착하면서 '8번지' 하면 난민촌의 대명사가 되기도 하였는데 그 이후 가옥이 꾸준히 늘어 70년대 말 현재 송림동의 모습이 갖춰졌고 이때 충청도와 전라도에서 올라온 이농민이 제2의 삶의 터전으로 자리를 굳혔다.

80년대 이후에는 서울에서 철거를 당하거나 비싼 집값에 밀려 내려오게 된 사람들이 싼 집값과 일자리를 찾아 정착했다. 사정이 나아진 사람은 아쉬움도 미련도 없이 떠나갔으며 그 자리는 또 어렵고 사정이 비슷한 사람들로 채워져서 현재에 이르렀다. 당연히 이 지역에 사는 대부분 주민은 공장지대 노동자들이거나 날품팔이들이다. 부모들이 모두 맞벌이를 나가면 아이들은 열쇠 하나 허리에 차고 자기들끼리 남아 차려진 밥을 먹거나 흙투성이로 종일 돌아다닌다. 하루하루 생계를 꾸리기에 급급한 부모들은 아이들을 돌볼 겨를이 없다.

가난하지만 밝고 씩씩한 아이들

'우리 엄마가 회사에 다니시는데, 잔업을 해서 늦게 오실 때 나는 불행을 느낀다. 그리고 우리 아빠가 화내실 때 무서워서 불행을 느낀다. 또 엄마가 아침부터 밤까지 사 먹을 돈을 안 놓고 갔을 때 불행을 느낀다. 그리고 우리 오빠가 내 우유를 뺏어 먹을 때 불행을 느낀다. 그리고 책을 읽을 때 재미없는 동화책이어서 불행을 느낀다.'(초등학교 3학년 최혜진)

'나눔의 집'에서는 부모들이 돌보기 어려운 이곳 아이들을 데려다가 숙제도 봐주고 프로그램도 진행한다. 초등부와 중등부가 있고 이곳 중등부 출신의 아이들이 만든 고등학교 모임 '타래'도 있다. '나눔의 집' 일은 현재 성공회 서울교구에서 '나눔의 집'으로 발령내는 주임신부와 김미경 총무, 주정연 간사, 오병석 준 실무 선생들이 일하고 있다.

아이들을 가르치는 교사들은 약 40명쯤인데 주로 인하대 동아리 '새벽을 여는 사람들'과 인천전문대 동아리 '고리' 등에서 지원한다. 그 밖에도 주민 교실을 열어 한글과 한문, 요가와 기타를 가르치기도 하고, 소년, 소녀 가장이나 혼자 사는 노인만 있는 가정들과 결연을 하여 지속해서 도움을 주고 있다.

또 환경사업으로 동네에서 나오는 폐휴지와 우유 팩 등을 모으고 정기적으로 방역도 하고 있으며, 재정사업으로 바자회를 하거나 작은 생산공동체 운동으로 식당에서 나오는 폐식용유를 얻어다가 무공해 비누를 만들어서 팔기도 한다. 그러니까 '나눔의 집'은 송림동 8번지의 지역센터와 같은 구실을 하는 것이다. 아이들을 찾아가기 전에 이곳의 아이들에게 무엇을 묻고 무엇을 얘기할 것인가에 대해서 많이 고민했다. 학교 다니기 얼마나 고통스럽냐고 묻나, 방 한 칸에서 몇 명이 자느냐고 묻나, 부모님은 무슨 일들을 하느냐고 묻나. 가난은 죄가 아니라 다만 불편한 것뿐이라고, 그러니 씩씩하고 떳떳하게 살라고 얘기해야 하나. 하지만 첫날 나눔의 집에 갔을 때 아이들의 표정을 보고 나의 이런 생각이 얼마나 한심한 것인지 곧 깨닫게 되었다. 초등학교 아이들이 공부하러 모여들었는데 의외로 아이들의 표정이 밝았다. 나는 그럼 아이들에게서 무엇을 보기를 원했던 걸까. 꾀죄죄한 모습을 보기를 원했던 것일까. 하지만 아이들은 이미 씩씩했고 당당했다.

초등부는 저학년과 고학년으로 나누어 숙제 지도와 아울러 글쓰기, 그림 그리기, 노래 부르기, 놀이 등의 프로그램을 진행하는데, 한글을 전혀 몰랐던 정대 같은 아이는 '나눔의 집'에 나와 한글을 모두 깨치기도 했다.

초등부 아이들이 방에서 공부하고 있는 동안 김미경 총무와 동네를 둘러봤다. 이곳 8번지는 주거환경 개선지구로 지정되어서 그동안 전면적인 철거는 진행되지 않았지만 '나눔의 집' 맞은편으로 소방도로를 내기 위한 철거가 진행 중이었다. 소방도로조차 없는 이 동네에 만일 불이라도 난다면 큰일이어서 소방도로는 그동안 주민들의 숙원사업이었다. 하지만 소방도로로 지정된 가옥주와 세입자들은 턱없이 낮은 보상 때문에 2년간에 걸쳐 농성도 하고 경찰서에 끌려가기도 하는 등 어려운 싸움을 진행해 왔고, 지금은 보상이 거의 마무리 단계에 있다. 적정한 보상 없는 철거는 문제를 전혀 해결하지 못한다. 철거를 당하게 되면 이사를 해야 하는데 낮은 보상금으로는 다시 빈민 지역으로 옮겨갈 수밖에 없고 또다시 철거를 당하게 되는 악순환에 시달릴 수밖에 없는 것이다.

쓰레기 버리는 것과 재래식 화장실, 하수도, 연탄배달 문제도 이 동네의 심각한 골칫거리였다. 낮에 어른들이 없으니 쓰레기차가 동네 밑에 와도 갖다 버릴 사람이 없다. 재래식 화장실 문제와 하수도 문제 또한 심각한데, 물이 밑의 집으로 잘못 내려가 싸움이 벌어지기도 한다. 연탄은 아예 배달해 주려 하지 않고.

"햇빛을 볼 수 있는 토요일이 좋아요"

저녁때쯤 되니까 중학교에 다니는 아이들이 왔다. 중등부에 나오는 아이들은 1, 2, 3학년 합하여 모두 13명인데, 영어와 수학 등을 배우고 공동체학습과 향토 기행을 하기도 한다. 아이들과 부모들의 현실적인 요구 때문에 영어와 수학을 가르치고 있기는 하지만 일부 아이들이 '나눔의 집'을 그냥 영어 수학을 가르쳐 주는 곳으로 알게 될까 봐 선생님들과 자원 교사들은 걱정이다.

우진(동산중·3)이는 교복을 입고 왔는데 교복이 너무 작아 바지의 지퍼가 자꾸 내려가지만, 3학년도 몇 달 안 남았기 때문에 교복을 새로 살 수도 없고 해서 그냥 입고 다닌다며 바지의 지퍼를 만지작거려 사람들을 웃겼다. 강욱(대헌중·3)이는 생긴 건 전혀 안 그런데 자기는 명상과 사색이 취미라고 했고 시도 쓰고 싶다고 했다. 그래서 무얼 주로 생각하느냐고 물었더니 국가 경제에 대해서 생각한다고 다소 엉뚱한 대답을 했다. 자기가 갖고 싶은 것이 일본제품인 것을 알고 나면 사는데 굉장히 고민이 되고, 내가 저것을 사면 우리나라 경제가 어려워진다는 생각 때문에 결국 사지 않는다고 했다. 농구를 잘한다고 써달라는 종근(대헌중·3)이는 고등학교 진학 문제를 고민하고 있었는데 기계과를 갈 것인가 자동차과를 갈 것인가 고민 중이라고 했다.

우진이는 이 동네에 살다가 만수동 아파트로 이사를 했고 이사 간 이후에도 계속 공부방에 나오고 있었다. 강욱이와 종근이는 줄곧 이 동네에 살았는데 동네 얘기 좀 해 보라고 하니까 공기는 안 좋지만 놀기에는 좋은 동네라고 했다. 동네에 자기 또래 학생들이 별로 없고 고등학교 1학년 형들이 여섯 명 있는데 그 가운데 5명이나 학교를 자퇴했다고 했다.

아이들은 공통으로 미래에 대하여 자신 없어 했다. 고등학교 진학 문제나 대학 진학 문제는 말할 것도 없고 이다음에 결혼해서 자식을 먹여 살리는 문제까지 대체로 자신 없어 했는데, 그 중요한 이유 가운데 하나가 물론 공부를 잘못하는 것이었고 그중에서도 영어를 못하는 것이었다.

이 시대 대부분 아이는 영어를 매우 어려워한다. 우리나라 아이들이 미래에 대하여 좌절감을 느끼고 자신 없어 하는 중요한 이유 가운데 하나가 영어를 못 하는 것 때문이라니 너무 속이 상하고 참기 어렵다. 우진이는 6시 반에 일어나는데도 너무 바빠 옷 입을 시간도 없어서 엘리베이터 안에서 팔을 끼고 단추를 채우는데, '땡' 하고 1층 종을 치면 옷을 다 입는다고 했다. 학교생활을 마친 후 오락실에 가거나 만화방에 가서 시간을 보내다가 6시 30분이 되면 나눔의 집으로 온다고 했다. 만화 얘기가 나와 왜 일본 만화를 보느냐고 물었더니 아주 자신 있게 "선생님, 우리나라 만화는 교훈도 없고 재미도 없어요. 그림도 못 그려요"하고 잘라 말했다. "일본 만화 보는 것이 잘하는 일은 아니지만 일본 만화는 아이디어가 참신해요. 싸우는 것도 아주 실감이 나고요. 여하튼 일본 만화는 엄청나게 웃기고 재미있어요"라고 말하는 우진이를 보며 나는 별 할 말이 없었다. "그렇게 일주일이 똑같아요. 어두울 때 나와 깜깜할 때 들어가요. 토요일이 좋아요. 햇빛을 볼 수 있어서요. 햇볕을 받으면서 버스에서 내려 집까지 걸어갈 때 기분이 좋아요."

나는 거듭 현재 고민이 뭐냐, 부모님들에게 불만은 없느냐와 같은 질문을 해댔는데, 물으면서도 나 스스로 부끄러운 생각이 들었다. 이 아이들에게서 무슨 말을 듣길 원하는가. 아이들의 삶이 더욱더 비극적이기를 바라는 것일까.

아이들과 얘기를 나누는 동안 마당에서는 무공해 비누를 만들고 있었다. 폐식용유를 식당에서 얻어다가 양잿물을 섞어 약 한 시간가량 계속 저은 뒤 하룻밤 재우면 되는데 식용유와 양잿물이 얼마나 잘 섞이느냐에 따라서 좋은 품질의 비누가 나오는지 아닌지가 좌우된다고 했다. 비누 만드는 일보다 저 무거운 폐식용유를 어떻게 이 꼭대기까지 나르나 하는 것이 더 걱정되었는데 오병석 선생이 폐식용유 통을 져 나른다고 했다. 그나마 폐식용유가 쓰일 데가 있다는 것을 알게 된 식당 주인들이 그냥 주지 않아서, 이제는 돈을 주고 사 온다고 했다.

김미경 총무는 대학을 졸업하고 지금까지 이 일을 계속하고 있는, 말하자면 '나눔의 집'에 청춘을 바친 셈인데, 90년에 결혼을 하고 아예 이 동네에 집을 얻었다. 이제 아이도 낳아서 동네에서 아이도 키우고 하니까 비로소 동네 사람들이 지역 주민으로 생각해 주더라고 했다. 김미경 총무는 "앞으로 5년이나 10년쯤 더 동네에서 살고 아이들을 만나고 할 생각"이라고 했다. 그는 "아이들은 매우 밝다. 오히려 잘 사는 집 아이들이 갖지 못한 인간다운 면을 그들은 간직하고 있다. 다만 그들은 돈이 없는 것이며 마음껏 뛰어놀 공간이 없는 것이다. '나눔의 집'에서는 돈이 없어 불편한 부분들을 보완하는 일을 하려는 것이다."라고 말했다.

주정연 간사도 역시 학교를 졸업하고 이 동네에 살면서 '나눔의 집' 일을 보고 있고, 오병석 준 실무는 인하대 학생으로 학교 다니면서 이 일을 하고 있다. 그동안 함께 일했던 최자웅(레오) 신부님은 다른 성공회 교회로 전근 가시고 며칠 후면 이수상(베드로) 신부님이 부임해 올 거라고 했다.

'나눔의 집'에서 일한다는 것은 그들의 하루 24시간과 매일의 삶 전체를 바치는 일이다. 무슨 출근 시간이나 퇴근 시간이 따로 있는 것이 아니라.

일하면서 배우는 고등부 아이들

고등부 모임은 2주일에 한 번씩 토요일에 있다. 고등부 모임 '타래'는 주로 3학년 아이들로 구성되었는데, 이 아이들이 중학교 3학년 때 고등학교에 올라가면서 모임을 꾸리게 되었다. 10명쯤 모여 독서 토론도 하고 생활 나눔도 한다. 생활 나눔이란 2주일 동안 살았던 얘기를 친구들 앞에서 하는 것이다. 고등부 친구들은 이미 노동자들이다. 대부분이 야간에 다니고 주간에 다니는 친구들도 취업을 나가거나 해서 이미 직업이 있다. 내가 갔던 날은 이문열의 〈들소〉에 대한 토론을 하고 있었는데 책을 완전히 소화하고 토론하는 것 같지는 않아 보였다.

'타래' 모임에서 만난 진이(선화여상·3)는 송림동 8번지에서 태어났다 잠깐 도화동인가로 이사해서 산 것 말고는 태어나서 지금까지 그 동네에서 산다. 아버지와 어머니 모두 전라도에서 농사를 짓다가 올라오셨고 형제는 5형제인데 그 가운데 셋째. 초등학교 때 친구를 한 번도 집에 데려온 적이 없다. 이 동네 아이들 모두가 그렇지만 자기가 어느 동네에 사는지 친구들에게 잘 말하지 않는다. 중학교에 들어가서는 집에서 자기에게만 신경도 안 써주고 구박만 하는 것 같아 가출도 해봤지만 금세 다시 들어왔다. 형편이 어려워서가 아니라 공부를 못해서 야간에 갔다. 학교의 급사도 하고 작은 회사에 취직하기도 했는데 "처음엔 목소리가 작다고 혼나고, 심부름하러 갔다 오면 왜 이리 늦게 갔다 왔느냐고 눈치받고, 손님이 오셨을 때 커피를 타야 할지, 다른 차를 타야 할지 망설이다가 아무것이나 타가지고 갔는데 과장님에게 혼나고 해서" 그만두고 지금은 학교만 다닌다. 손으로 무엇을 하는 걸 좋아해 미용 기술을 배우거나 제과 기술을 배워 일하고 싶다고 했다. '나눔의 집'에서 일하시는 분들이 존경스럽고 자기도 그런 일을 하고 싶기도 하지만 전부 대학생들이라 자기는 대학생이 될 것 같지는 않기 때문에 자신이 없다. 대학에 가고 싶지만, 형편도 그렇고 공부도 못해 가능하지 않을 것 같다. 전철역 같은 곳에서 모집하는 학사 고시 문제지 파는 사람들의 꾐에 빠져 신청을 했는데, 회사도 그만두어서 돈도 낼 수 없고 취소는 안 된다고 해서 고민인데, 자기 반에 그런 아이들이 꽤 많다고 했다.

"공부는 잘하지 못하지만, 중학교 3학년 때부터 '나눔의 집'에서 많은 걸 배웠어요. 내년부터는 이제 혼자 힘으로 돈도 벌고 해야 하는데 걱정이에요."

철탑보다 높은 꿈을 위해 남는 사람들

몇 번 송림동 '나눔의 집'에 다녀오고, 밤에 송림동의 언덕을 내려오면서 '나눔의 집' 식구들과 아이들에게 미안했다. 그저 바깥에서 며칠 안을 들여다보는 것으로 어떤 진단을 내리려고 하는 것이 말이다. 그 아이들은 여느 아이들처럼 밝고 꾸밈없이 살고 있는데, 그들은 그곳에서 오래 살아왔고 앞으로도 계속 살아갈 것인데.

'나눔의 집'과 '나눔의 집' 아이들에게 이미 그녀의 삶을 송두리째 바친 김미경 총무와 주정연 간사, 오병석 준 실무 선생, 그리고 그들과 함께 사는 아이들은 '우리가 하는 일에서 무슨 성과와 모범을 남기는 일도 중요하겠으나 그보다 중요한 일은 가난한 사람들 속에서 가난한 사람이 되어 삶을 함께 나누는 일'임을 이미 깨달은 사람들이다. 송림동 '나눔의 집' 식구들은 모범을 세우지 못해 초조해하고 무슨 무슨 성과를 내지 못하는 것에 안달하며 모두 청산하고 정리하고 떠나는 요즘 같은 때 기꺼이 이 세상을 바꾸기 위하여 '남는 사람들'이다.

'나눔의 집'을 거쳐 간 아이들과 지금 그들과 함께 생활하는 아이들은 지금 당장은 그냥 평범한 이 땅의 아이들일지라도 이담에 크고 나면 분명히 이 땅에 '남는 사람들'이 될 거라는 생각이 들었다. 송림동 8번지 산꼭대기 붉은 철탑 아래의 낮은 삶들을 위해, 그러나 철탑보다 더 높은 꿈과 소망을 위해 평생을 살기로 결심하는 '남는 사람들' 말이다.

(1993)

인천 노동자 문학회와 나

아무래도 인천노동자문학회가 가장 빛났던 시절은, 사무실도 없었던 '주안 골목집' 시절이 아니었나 한다. 노동자문학회와 내가 맨 처음 인연을 맺은 것이 그 '골목집'에서였으니까. 90년인가 91년인가에 문학을 대중들에게 무기로 되돌려 주자는 데 동의하던 문학 단체들이 서울 신촌에서 모여 시 낭송도 하고 술도 한 잔 먹은 적이 있었는데 그 자리에서 인천에도 노동자문학회라는 단체가 있다는 얘기를 들었고, 그분들이 일주일에 한 번씩 모였던 '주안 골목 집'으로 찾아갔던 기억이 난다. 그 후로 노동자문학회와의 인연이 벌써 햇수로 7~8년 되어가나 보다. 문학회가 주최하는 문학교실에 가서 몇 번 강연도 했고, 문학회의 행사 때마다 거의 빠진 적이 없었던 것 같다. 93년인가에는 내가 집행위원장을 맡아 노동자문학회와 함께 제1회 인천 민족문학의 밤이라는 행사를 치러냈는데, 그것도 노동자문학회가 없었으면 가능하지 않았던 행사였다. 그 맥을 다시 이어받아야 할 것으로 생각한다.

이 단체는 특히 연극을 아주 많이 잘하는 모임이다. 물론 문학과 연극이 별개의 것은 아니겠지만 이 단체가 주최하던 행사를 보면 문학의 밤인지 연극의 밤인지 모를 정도로 거의 프로에 가깝다. 특히 내가 노동자문학회 식구들에게 가장 감동하는 부분은 뒤풀이의 안주다. 별것에 다 감동하는구나 하는 사람이 있을지 모르겠는데, 그게 그렇지가 않은 것이 문학회의 뒤풀이 안주는 꼭 사람 손이 여러 번 가거나, 집에서 날라 온 음식들이 대부분이기 때문이다. 예를 들면 빈대떡이라든가, 감자탕이라든가 하는 식인데 생각해 보라. 감자탕을 뒤풀이 안주로 먹기 위해서 손이 몇 번 가겠는지를. 사실 그것은 매우 귀찮고 번거로운 일이 아닐 수 없는데도 계속 그런 안주를 고집하는 것은 아마 문학회가 아직도 사람들이 모여 사는 곳이기 때문이라고 생각한다.

인천노동자문학회와 떼려야 뗄 수 없는 인물은 누가 뭐래도 오랫동안 문학회의 회장을 지낸 김해자 씨가 아닌가 한다. 앞에서 얘기한 골목집에 내가 처음으로 찾아갔을 때도 해자 씨가 그 자리에 있었던 것으로 기억한다. 나는 그에게 철저히 속았는데(?) 입성이나 말투 등이 아주 온전한 봉제 노동자여서 (물론 봉제 노동자의 입성이나 말투가 따로 있는 것은 아니겠지만) 그 후 몇 년 동안 만나면서도 소위 '노출'인 줄 알았고 나는 나중에야 그가 고대 국문과를 다닌 소위 '학출'이라는 것을 알았다. 그는 이번에 민족문학작가회의 기관지인 '작가'지로 문단에 데뷔했고, 전태일 문학상 소설 부문에서 우수상을 타기도 했는데 그동안 한 번도 초조해하지 않고 잘도 견뎌오더니 이렇게 좋은 날도 왔음을 함께 기뻐한다.

노동자문학회도 그동안 많은 우여곡절을 겪었다고 들었다. 그것은 우리 사회의 변화와 무관하지 않다. 노동문학이라는 것이 이 시대에도 여전히 가능한 것인지, 유효한 것인지도 더 많은 토론과 고민이 필요하겠지만 나 개인적으로는 이제 이름과 관계없이 그냥 모두에게 열린 문학 단체로 남아 주었으면 하는 생각이다.

지난번에 인천에 사는 주로 민족문학작가회의 소속의 시인과 소설가들이 모여서 술을 한잔 먹었는데 그런 성격의 모임은 인천에서는 4~5년 만에 처음이었다. 앞으로의 진로에 대해서 명확한 결정은 없었으나 한 달에 한 번씩 만나 토론도 하고 친목도 도모하기로 했는데 앞으로 이 모임과 인천노동자문학회가 함께 만나 공동으로 무슨 일을 해 볼 수도 있을 것이다. 앞으로도 계속 인천에서 가장 사람 냄새나는 훈훈한 정이 흐르는 단체가 되었으면 좋겠다. 건필하시기를.

(1995)

우울하고 부끄럽고 쓸쓸한
인문계 고등학교 교무실

며칠 전에 공문을 하나 구경했다. 교육개혁 박람회를 관람할 교사, 학부모들의 숫자와 관람할 날짜를 파악해서 보고하라는 공문이었는데, 보고 사항 중에는 버스를 타고 올 건지 전철을 타고 올 건지를 적으라는 항목도 있었다.

나는 "야, 관람자들에게 버스 토큰이나 전철 승차권이라도 주려는가 보다."하고 공문을 자세히 살펴보았지만 그런 구절은 어디에도 없었다.

나는 교육개혁과 박람회라는 말이 서로 어울려 쓰일 수 있다는 게 너무 신기하다. 교육개혁을 박람회라는 형식으로 사람들을 서울로 잔뜩 불러들여 구경시키는 것으로 풀어나가는 그 무모함과 대담함. 버스를 타고 올 건지 전철을 타고 올 건지 조사해서 보고하라는 그 친절성. 현실을 무시하는, 아니 현실에 무식한 교육 당국. 버스를 타고 가든 전철을 타고 가든 그걸 알아서 도대체 무엇에 쓰겠다는 것인지 나는 아무리 곰곰 생각해 봐도 모르겠다.

인문계 고등학교 교무실에서 쓰는 편지는 우울하다.

요즘 우리 교무실의 가장 큰 이슈는 동점자 처리 기준이라는 것이다. 아이들의 학업 성취도와 전혀 관계없이 무조건 아이들을 일 등에서 백 등까지 줄을 세워야 한다(전교생이 100명이 안 되는 학교나 평균 점수대에 몰린 아이들, 또는 체육, 음악, 미술 등 예체능 교과목의 경우는 정말로 난감하다). 그러기 위해서 우리 학교는 기말고사의 문항 당 배점을 소수점으로 하기로 했다. 문제의 난이도와 전혀 관계없이 4.2니 3.7이니 문제마다 배점을 한다.

배점 높은 문제를 맞으면 앞자리에 서고 그렇지 못한 사람은 아주 재수 없게도 뒷자리에 서는 것이다. 동점이 생기면 기말고사 점수가 높은 사람, 그래도 동점이 생기면 주관식 점수가 높은 사람, 그래도 또 동점이 생기면 생년월일이 늦은 사람 순서로 하기로 했다. 이제 늦게 태어났거나 먼저 태어난 것에 대하여 아이들이 부모들한테 따지고 들지도 모를 아주 이상한 세상에 우리는 살고 있다. (편집자 주 : 선생님이 원고를 쓰신 지 보름도 지나지 않아 이것조차 하나의 우발사건으로 끝나고 말았습니다.)

나는 정규 수업에서 다섯 반, 250명쯤 되는 아이들을 가르치고 있는데 소위 종합생활기록부의 논리대로라면 그 아이들의 한 학기의 성취도를 서술식으로 써내야 한다. 아 참, 나는 내가 가르치는 아이들 이름도 아직 다 모른다.

인문계 고등학교 교무실에서 쓰는 편지는 미안하고 부끄럽다.

현재와 같은 인문계 고등학교의 상황에서 교육부 관계자들은 도대체 무엇을 할 수 있다고 생각하는 걸까. 나는 일주일에 수업을 열다섯 시간 한다.

하루에 평균 세 시간 정도이므로 나름대로 새로운 교육방법도 연구하고 교재 연구도 충실히 하면서 수업을 진행할 수 있다. 본 수업만으로는 체력적으로도 크게 힘들지 않다. 문제는 보충수업과 야간에 진행하는 특별 보충수업인데, 보충수업은 하루에 평균 두 시간, 특별 보충수업은 일주일에 평균 한 시간 이상씩 한다. 그러니까 하루 평균 수업이 다섯 시간, 특별보충이 있는 날은 일곱 시간, 재수 없어 특활 전일제 날 수업을 미리 당겨서 하는 날에는 수업을 여덟 시간 한다. 그런 날은 아무것도 하기 싫고, 짜증만 나고, 머릿속에 아무 생각이 없다.

6차 교육과정 정신은 아이들이 미리 집에서 공부해 오고 선생들은 학습활동을 중심으로 아이들과 함께 공부하는 것이라는데, 그래서 그렇게 책도 두꺼워졌다는데(국어과 자습서는 놀랍게도 2만 원이 넘는다), 내가 아이들을 가르치는 방식은 옛날과 똑같다. 처음에 몇 번 아이들에게 미리 지문을 읽어오고 공부를 해오라고 숙제를 내주었는데 숙제 검사하다가, 아이들 손바닥 때리다가 한 시간 다 가고, 차라리 나 혼자 수업하기로 했다.

요즘 내 최대의 관심사는 그 두꺼운 책을 일 년 동안 다 가르칠 수 있을까 하는 점이다. 나는 지금 보충수업을 왜 하는지 특별 보충수업은 무엇 하려 하는지에 대해서 이제 지겨워서 더 따지기도 싫다. 돈을 받지 않느냐고 사람들은 되물을 텐데, 맞다. 나는 돈을 매우 많이 받는다. 그러나 나는 떳떳하게 월급으로 받고 싶지 그런 식으로 미안하고 부끄럽고 복합적인 감정으로 받고 싶지 않다.

단언컨대 나는 교육부에서 발표하는 교육개혁에 관한 모든 프로그램에 대해서 그 어느 것 하나도 찬성하지 않는다.

　찬성할 시간도, 찬성할 체력도 없다. 나는 보충수업하고, 밤에 특별 보충수업을 해야 하므로. 야간 자율학습 감독도 해야 하므로. 나는 올해는 담임을 맡지 않았지만, 작년 3학년 담임할 때만 해도 거의 매일 밤 열한 시에 퇴근했다. 내가 작년에 근무했던 그 학교는 올해는 토요일에도 밤 열한 시까지 야간자습을 한다.

　방학을 앞두고 우리 아이들이 봉사활동 때문에 야단이었다. 요즘 봉사활동 점수를 대학전형에 반영한다고 하니 안 할 수도 없다.

　아이들이 공부에만 얽매이지 말고 다양한 봉사활동을 통하여 남도 돕고 더불어 살아가는 사회를 배우게 하자는 것에야 그 누가 반대를 하겠는가. 그러나 교육부에서 원하는 대로 학생들이 지속적이고도 끊임없는 봉사활동을 하려면 시간이 있어야 하는데 아이들의 하루 생활은 남을 돕고 말고 할 정신적인, 시간적인 여유가 전혀 없다.

　또 다른 문제점은 학생들의 봉사활동에 대한 사회적 합의가 전혀 안 되어 있다는 점이다. 인문계 고등학교 학생의 경우 그래도 약간은 여유가 있는 방학 때 집중적으로 봉사활동을 할 수밖에 없는데 다른 지역은 몰라도 적어도 이곳은 아이들이 봉사활동 하러 오는 것을 반기지 않는 분위기다. 물론 아이들이 봉사활동 한다고 가서 오히려 귀찮게 하거나 분위기를 흐릴 수도 있겠지만 그런 것을 대학입학 점수에 반영하겠다는 발상 자체가 잘못된 것이다.

　모 어린이집은 봉사활동 학생은 받겠는데 다른 일은 아무것도 할 것이 없고 어린이집을 선전하는 선전지를 길에서 나누어주거나 벽에 붙이는 일만 해달라고 하기도 했다.

봉사활동 점수를 대학 시험에 넣겠다고 발표하기 전에 아이들이 평소에 봉사활동을 할 수 있도록 시간을 주거나 사회적인 여건을 마련해 주어야 한다.

나는 지금 양심선언하는 마음으로, 참회하는 마음으로 이 편지를 쓴다. 올해도 나는 사람들이 상상하는 액수 이상의 금액을 참고서 채택료로 받았다. 나에게 제발 참고서 채택료를 주지 말았으면 좋겠다. 참고서를 채택하지 않으면 되지 않느냐고 할 테지만 하루에 두 시간씩 하는 보충수업 시간에 진도도 못 나가고 그럼 나더러 무엇을 하란 말인가.

왜 거부하지 못하느냐고 할 테지만 이미 참고서의 정가에 포함된 소위 채택료가 엉뚱한 사람들의 주머니로 들어갈지도 모르는데 그렇게 하는 것도 잘하는 짓은 아니다.

아이들에게 되돌아가게 해야 하지만 아이들에게 돈으로 돌려줄 수도 없고, 아이들에게 학용품을 사줄 수도 없고, 국어 참고서만 깎아 팔 수도 없고 이 땅의 모든 인문계 고등학교 교사들과의 의리를 생각해서 이제 나 혼자 잘난 척하지 않기로 했다.

모의고사를 보면 1인당 몇 퍼센트의 학년 운영비가 나오는, 학습지를 신청하면 몇십 퍼센트가 학년 운영비로 떨어지는, 교육에 관한 거대 자본의 논리에 참패해 버린 인문계 고등학교 교무실.

인문계 고등학교 교무실에서 보내는 편지는 어둡고 우울하다.

이런 침울한 애기 말고 정말 살아 숨 쉬는 교무실, 신나는 교무실에서 편지를 쓸 수 있게 되기를 간절히 기원한다. 그런 교무실에서 살면서 아이들을 소신껏 신명 나게 가르쳐 보는 것이 인문계 고등학교, 아니 이 땅 한반도에서 교사라는 이름으로 살아가는 이들 대부분의 간절한 소망일 것이다.

학교 현장의 교사가 움직이지 않는, 움직일 여건이 전혀 안 되는 교육개혁은 학교운영위원회도, 종합생활기록부도, 봉사활동도 모두 공염불이다. 순서가 뒤바뀌었다. 교육개혁을 누가 하는가. 교사를 빼고 교육개혁이 가능하다고 생각하는가. 교사들의 자주적인 단결권을 인정해야 한다. 그리고 무엇이 문제인지 난마처럼 얽히고설킨 교육에 관한 문제를 머리 맞대고 하나씩 차근차근 풀어 나가야 한다. 인문계 고등학교 교무실에서 보내는 편지도 우울하지 않은, 부끄럽지 않은 날이 올 것인가.

오늘은 인문계 고등학교 교무실 창밖으로 비가 많이 내렸다.

(1996)

'다른 이들을 위한 삶'을 살기 위해 하는 공부

또다시 봄입니다.

학교 운동장 위로, 새 교복을 산뜻하게 차려입은, 새로 입학한 학생들의 웃음소리와 재잘거리는 소리가 꽃 무더기처럼 쏟아져 내립니다. 약간은 낯설고 약간은 두렵지만, 그러나 약간은 일말의 기대감과 호기심이 어우러져 있는 교실.

그러나 한참 웃고 뛰어놀아야 할 여러분들을 둘러싸고 있는, 여러분들이 지금 처한 상황은 여러분의 웃음소리처럼 그렇게 밝지도 않고 웃고 뛰어놀 수만은 없는 현실임을 여러분과 함께 슬퍼합니다. 세상은 봄을 맞아 산과 들판 온통 색깔이 푸른데 학교는 여전히, 아직도 이 세상에 미련이 남아 주춤거리는 겨울 끝자락처럼 우중충한 회색빛임을 여러분과 함께 안타까워합니다. 고등학교에 갓 입학한 신입생들은 새로운 고등학교 생활에 가슴 들떠 하며 새로 만난 선배들과 새로 만난 선생님들에 대해서 궁금해하고 새로운 꿈에 부풀어야 할 때이지만 현실은 전혀 그러하지 못하여, 끝없는 보충수업과 야간 자율학습이 여러분을 제일 먼저 기다리고 있음을 가슴 아파합니다. 새벽 일찍부터 밤늦게까지, 다람쥐 쳇바퀴 돌듯 하루하루를 기계처럼 반복하면서 살아가는 여러분들을 보면 참으로 안타깝고 가슴이 아픕니다.

그러나 사회적인 구조가 전반적으로 변하지 않는 이상, 대학을 다니지 않더라도 능력과 소질에 맞게 자기가 하고 싶은 일을 하고 거기에 따른 보수를 받는 사회, 대학을 다니지 않더라도 대접받는 사회, 능력과 전혀 관계없이 단지 대학을 다녔다는 이유 하나만으로 대우를 더 잘 받는 사회적 현실이 전반적으로 뜯어 고쳐지고 개혁되지 않는 이상 여러분들의 부모님과 여러분 또한 지금 당장은 이런 현실에서 벗어날 수 없음 또한 사실입니다. 인정하기 싫지만 인정할 수밖에 없는 현실, 어느 한 개인이 노력해서 고쳐지기는 어려운 현실. 사정이 이러하다면, 그래서 이왕에 할 공부라면 차라리 긍정적으로 사고해서 공부를 좀 더 재미있고 즐겁게 하면 어떻겠는가 하는 게 나의 생각입니다.

사실 대학입시를 떠나서라도, 사람이 끊임없이 공부하고 새로운 것을 알아 나가는 것은 매우 중요한 일입니다. 고등학교 국어 교과서 하권 첫 단원에 실린 박이문 교수님의 '나의 길 나의 삶'에도 나와 있는 것처럼 평생을 무엇이 참된 삶인가를 찾고, 나이와 관계없이 자신이 모르는 것을 끝까지 탐구하는 것은 인간으로서 가져야 할 매우 기본적인 태도가 아닌가 생각합니다. 사람이 살면서 끊임없이 배우는 것은 참 중요한 일입니다. 그리고 그렇게 한 공부가 자기 자신만을 위해서 쓰이는 것이 아니라 자신보다 덜 배운, 자신보다 덜 건강한, 자신보다 더 약한 이들을 위해서 쓰일 수 있다면 그것은 참으로 바람직하고 훌륭한 공부가 아니겠습니까.

말이 될지 모르겠지만, 역설적으로 여러분들이 열심히 공부하여 적어도 여러분들의 후배나 자식들에게는 이런 현실을 물려주지 않겠다는 각오로 공부를 하는 것은 또 어떻겠습니까.

지금이야 누구나 다 고등학교에 다니고, 웬만큼 성적이 되고 집에 여유가 있는 사람은 대학에도 가고 하지만 아직도 여러분 또래 중 많은 사람이 고등학교에 진학하지 못하고 여러분보다 훨씬 더 열악한 상황에서 공장에 다니거나 막노동을 하거나 하는 친구들이 매우 많습니다. 그런 친구들에 비하면 여러분들의 처지는 너무나 행복한 것이라고 할 수 있고 한 달 동안을 밤낮으로 일하여 겨우 몇십만 원 받는 노동자들의 처지에 비하면 여러분들은 어쩌면 부모님을 매우 잘 만나서 편하게(?) 공부만 하는 복에 겨운 사람들이라고 할 수도 있지 않겠습니까. 지금 자신이 처한 현실이 대단히 못마땅하더라도 조금은 참고 견디는 자세가 필요합니다. 그것이 무조건 나 하나만 잘 살자고 참고 견디는 것이 아니라 남을 위하고 나보다 못한 이를 위한 공부라고 생각할 때 조금은 의미 있는 일 아니겠습니까.

여러분들의 선배들 또한 고교 3년 동안, 하기 싫은 것을 억지로 시키는 점만은 약간 덜했습니다만 여러분들이 다녔던 지금과 크게 다르지 않았습니다. 저도 고등학교 3년 동안 열심히 학교에 다녔지만 늘 굉장히 초조하고 불안했습니다. 성적은 잘 나오지 않고 잠은 쏟아지고, 보고 싶은 영화, 보고 싶은 책, 만나고 싶은 여자친구 등등 공부를 열심히 하는 데 방해가 되는 걸림돌은 참 많았습니다. 또한, 내가 과연 어느 대학을 가서 무엇을 공부하게 될까, 나는 궁극적으로 무슨 직업을 택해서 살게 될까 봐 무척 궁금했습니다. 그러기 위해서는 지금 당장 무얼 해야 하나, 나는 괜히 영어책을 펼쳤다, 국어책을 펼쳤다 이 책 저 책을 책꽂이에서 넣었다 뺐다 하면서 늘 마음이 안정이 안 되었습니다. 화창한 봄날 세상을 쳐다보면 마음이 심란하여 늘 어디론가 떠나고 싶었고, 세상 사람들의 요란한 차림새를 보면 마음이 흔들렸습니다. 그래서 생각해 낸 것이 땅을 쳐다보고 걷는 것이었습니다. 가능하면 세상을 쳐다보지 않고 살았습니다. 그때 내가 세상을 쳐다보지 않고 살아 지금 무엇이 어떻게 달라져 있는지는 모르겠습니다. 다만 나 스스로는, 그때 당시 그냥 나 나름의 최선을 다했다는 만족감 같은 것은 조금 있습니다.

남을 짓누르기 위한 직업을 택하려고 공부하는 것이 아니라 남을 위하여 사는 직업을 택하기 위해 하는 공부, 그냥 모르는 것을 하나씩 깨닫는 기쁨을 얻기 위해 하는 공부라면 지금의 팍팍하고 고단한 고등학교 생활이 조금은 위로가 되고 덜 힘들지 않겠는가 고 생각합니다.

그래도 고등학교 생활이 자신의 인생 전체에서 가장 열심히 살았다고 자부할 수 있는 현재의 생활이 되기를 진심으로 바랍니다. '나, 전에도 앞으로도, 이렇게 열심히 살지 못할 것이다.'라고 그 누구에게도 자신 있게 말할 수 있는 정도의 현재의 시간이 되시기를 빕니다.

여러분에게 어울리는 말인지 모르겠으나 다음과 같은 말로 쓸쓸한 제 이야기를 이만 마칠까 합니다.

"살아가야 할 이유가 있는 자는 그 어떤 상황에도 견딜 수 있다."

(1996)

이 시대의 나의 스승

솔직히 고백하면, 나는 그동안 초등학교에서 대학원까지 학교에 다니면서 나를 가르친 수많은 선생님을 만났지만 늘 생각나거나 절절하게 마음속에 다가오는 내 인생의 불을 밝혀 준 스승이 없다.

점심 못 싸 온 제자들에게 점심을 먹이기 위하여 배가 아파 도시락을 못 먹겠다며 자신의 도시락을 나누어 주던 선생님을 만난 기억도 없고, 사람이 되라고 제자들의 손을 꼭 붙잡고 눈물 흘린 선생님을 만난 기억도 없다.

사실은 우리 대부분이 그럴 것이다. 그동안 내가 가르쳤던 제자들이 또 그렇게 나를 생각할 것인가. 제일 나쁜 선생으로 기억되지 않는 것만으로도 고마워해야 하지 않을까. 정말 생각나는 스승이란 우리가 그냥 만들어낸 허상이 아닐지.

생각해 보면 인생의 스승이란 꼭 학교라는 제도권에서 가르침을 준 사람만 말하는 것은 아닐 것이다. 그렇게 따진다면 나는 이 세상에 정말 스승이 너무 많은 사람이다. 나는 지난 2월 24일 자취하고 있던 대천에서 짐을 꾸려 인천으로 올라왔다. 이날은 내 개인사적으로는 대단히 의미가 큰 날인데 그것은 고등학교를 졸업하고 선생이 되겠다고 인천을 떠난 지 약 20여 년 만에 정식으로 선생이 되어서 다시 인천 집으로 돌아온 날이기 때문이다.

사적인 이야기가 허락된다면 조금만 내 얘기를 하고 넘어가겠다. 몇 번의 퇴학 위기를 간신히 넘기고 우여곡절 끝에 대학을 졸업한 나는 당연히 학점이 좋지 않았고, 원하던 경기도로는 발령을 못 받았지만, 다행히 충남 대천으로 발령을 받을 수 있었다.

거기서 아내를 만나 결혼하고 살림 꾸리고 살다가 교육운동의 끝자리에 끼게 되었다. 대천은 고향이 아니면 모두 그곳에서 떠나려고 하는 분위기였는데, 전교조 결성 때 누군가 책임질 사람이 필요했고 거기서 지회장을 맡았다가 해직되었다.

그런 와중에 아내가 인천으로 학교를 옮기게 되었고 나도 아내를 따라와서 전교조 인천지부에서 해직 기간 일을 했다. 94년 3월에 복직이 되었는데 또 대천으로 발령을 받아 2년 동안 혼자 자취를 하다가 이번 3월에 인천으로 정식 선생이 되어 오게 되었으니 그 세월이 벌써 20여 년이 흐른 거였다.

감개무량하기도 하고 가슴 벅차기도 해서 나는 인천으로 온 날 밤새도록 술을 퍼마셨는데 물론 이 시대의 나의 스승들과 함께였다.

늘 나를 가르치는, 언제나 생각나는, 가슴 절절한 나의 스승은 더불어 사는 참세상을 만들기 위하여 청춘을 바쳤고, 지금도 한 치의 흐트러짐 없이 그 길을 가고 있는 나의 후배들이다. 나는 이

후배들을 보면 언제나 내 마음속 깊은 곳으로부터 존경심이 저절로 우러나오는 것을 느낀다.

그날 밤 나와 밤새도록 함께 술을 먹어준 스승은 두 명이었다. 그들이 그동안 함께 잘 사는 세상을 만들기 위하여 인천에서 바친 피와 땀과 눈물과 노력을 감히 몇 줄의 글로 어떻게 줄일 수 있겠는가.

한 후배는 「말」지에 용희라는 필명으로 그림을 그리는 만화가인데 현장에 들어가 일하다가 프레스에 잘려서 지금 손가락 두 개가 없다. 아버지는 그가 노동자문화마당 '일터' 사건으로 감옥에 가 있을 때 돌아가셨고 어머니는 지금 편찮으시다. 그래도 그는 늘 웃는다. 그의 잘린 손가락에 대해서 발언하지 않는 모든 민주주의는 허구라고 나는 생각한다. 나는 그날 새벽이 밝아오는 월미도에서 그의 손을 잡고 소리 내어 울었다. 그 후배와 그의 손이 나의 스승이다.

또 다른 후배는 오랜 세월 동안 수배를 당해 심신이 피폐했을 텐데도 아직도 씩씩하고 힘이 있다. 그는 아직도 집을 못 들어가고 있다.

올해도 또 어김없이 스승의 날이 돌아올 것이고 아이들은 몇 개의 선물과 함께 내 가슴에 카네이션 한 송이를 달아 줄 것이다. 나는 또 한없이 부끄러울 것이고 나는 올해 스승의 날에는 나의 인생의 참스승은 누구인지 그리고 나는 그 스승들에게 어떻게 해 줘야 할 것인지를 결심하겠다.

만약 아이들이 찾아오거나 편지가 오면 나는 아이들에게 말하겠다. "나는 너희들의 스승이 아니다. 이 시대의 참스승은 더불어 살아가는 참세상을 만들기 위하여 교도소에서 거리에서 공장에서 지금도 싸우고 고생하는 있는 사람들이다"라고 말이다.

이 시대의 나의 스승들을 생각하면서 쓴 졸시 「이미혜」를 사족처럼 붙인다.

이미혜

'통일을 여는 민주 노동자회'
이미혜 회장은 해직교사 시절에 만난
내 친구인데
그는 대학 다니다가
공장에 투신하느라
졸업도 못 하였고
젊음을 바쳐서
다 함께 잘 사는
좋은 세상 만드느라
그 흔한 자격증 하나도 없다.
아버지는 사람 좋아 남 보증을 서 주었다가
그나마 있던 집 한 채도 날려버리고
그의 착한 후배들이 모아준 돈으로 작은 전세방에서
부모님 모시고 산다.

재작년 겨울에 입었던 낡은 까만 색 오바를

올겨울에도 입는 이미혜는

내가 한두 살 많으므로

내 후배인데

나는 아들이 벌써 국민학교 3학년 올라가고

그는 아직 시집도 안 갔다.

그의 그동안의 눈물과 고통이

전두환과 노태우 등을 감옥 가게 하였다.

그런데 참으로 이상한 것이

사람들은 노태우 전두환 등을

개새끼, 죽일 새끼 욕하면서

그들을 감옥 가게 한 미혜는 칭찬하지 않는다.

지금껏 문자 그대로 청춘을 바쳐

더불어 사는 세상 참 세상 만드느라

세속적인 그 어느 것도 이루어 놓은 것 없는 그에게

이제 먹고살아야 하지 않느냐고

한심하다는 듯한 눈으로

이상한 눈으로 쳐다보기만 한다.

그가 허구한 날 감시와 미행에 시달릴 때

골방에서 영어 테이프나 듣고 앉아 있었으면서

외국어 하나쯤은 능숙하게 구사해야 한다고 자랑한다.

그가 공장에서 실을 뽑을 때

자기 혼자 무슨 고시, 무슨 자격증 시험 준비했으면서

요즘은 역시 뭐니 뭐니 해도 전문성이라고 말한다.

그가 거듭되는 집회와 시위, 회의와 모임에 참가할 때

컴퓨터 앞에 앉아 컴퓨터 게임이나 두드렸으면서

요즘 세상에 아직 컴퓨터도 모르느냐고 비난한다.

계절이 바뀔 때마다 기침이 그치지 않는

미혜는 내 동생인데

대학도 졸업하고 운전면허증에 선생 자격증도 있는 나는

테트리스도 아주 잘할 줄 아는 나는

그에게 아무것도 해준 것이 없다.

복직하고 나서 딱 한 번 5만 원인가 미혜 통장에 넣어준 적이 있는데

겨우 돈 5만 원 넣어주면서

그가 조직사건에라도 엮여 교도소에 가게 되면

통장에 돈 넣어준 나도 끌려가게 되는 것을 아닐까 하는

한심한 생각을 했고,

그리고 술 두어 번 사주었다.

아, 그리고 전철 승차권 만 원짜리 한 번 사줬다.

나를 비롯한

그에게 아무것도 해준 것 없는 자들이여

한 번이라도 역사에 대하여 생각해 본 적이 있다면

그의 피와 땀을 기억해야 한다.

그의 눈물과 고통을 잊지 말아야 한다.

만일 더는 운동이 필요 없는 세상이 되면

그를 제일 좋은 집에서 살게 해야 하고

가장 좋은 차를 태워야 한다.

철마다 옷도 한 벌씩 사줘야 하고

계절이 바뀔 때마다 기침이 그치지 않는

그의 천식을 반드시 고쳐줘야 하는 것이다.

(1996)

내가 보는 노동법 개정

당연한 일을 하는데, 목숨까지 바쳐야 하는 나라

"지난해 12월 26일, 그날 아침 나는 내가 이렇게 거지 같은 나라에 태어난 것이 한스러웠다. 정말 나는 대통령 복도 지지리 없는 놈이라는 생각이 들었다. 여당 국회의원들이 아직 날도 밝지 않은 새벽에, 도둑고양이처럼 몰래 모여서 섰다 앉았다 세 번 만에, 법 한 건당 36초씩 단 7분 만에, 노동법과 안기부법을 뚝딱 날치기 통과시켜 버린 이 잔인하고 우둔한 나라에 내가 살고 있다는 것이 너무나 부끄럽고 한심스러웠다."

개자식들 이따위 나라가 어디 있어?

지난해 12월 26일. 나는 아침에 일어나서 졸린 눈을 비비며 습관처럼 TV를 켜고 아침 뉴스를 보다가 전에 내가 읽었던 소설 구절을 떠올렸다.

"개자식들! 이따위 나라가 어디 있어!"

그날 아침 나는 내가 이렇게 거지 같은 나라에 태어난 것이 너무도 한심하고 부끄러웠다. 정말 나는 대통령 복도 지지리 없는 놈이라는 생각이 들었다. 마치 갱영화 대부에 나오는 장면처럼. 두목은 교회에 가서 기도하고 하수인들에게, 날도 밝지 않은 새벽에, 도둑고양이 새끼들처럼, 야당에는 알리지도 않고, 자기들끼리만 몰래 모여서, 섰다 앉았다 세 번 만에 법 한 건당 36초씩 7분 만에, 노동법 안기부법을 뚝딱 날치기 통과시켜버린 이 못된 나라에 내가 사는 것이 너무 부끄럽고 한심스러웠다.

박정희 정권 아래에서 민청학련 사건으로 끌려 들어간 고규락이 모진 고문을 받다가 결국 사형을 당하게 되자 손연희가 외친 대사, "개자식들! 이따위 나라가 어디 있어!", (방현석의 소설 『10년간』에 나오는 대사) 그로부터 23년이 훨씬 넘게 지났는데도 우리는 여전히 똑같은 소리를 외쳐야 하는 이 나라에 살아가고 있다는 사실이 참으로 부끄러웠다.

"개자식들! 정말 이따위 나라가 어디 있어! 이게 나라야!"

24일 날치기 통과를 시도하다가 야당과 26일 10시에 원내총무 교섭을 하기로 하고, 26일 오후 2시에 국회 본회의를 열기로 합의하고서 새벽에 기습 날치기 통과시킨 것은 박정희의 3선 개헌 날치기 이후 국회 역사상 처음이라고 한다.

총파업 과정에서 충청도 지역에서 유행했다는 구호 한마디, "(큰 소리로 씩씩하게) 노사개혁하자더니 (충청도 풍으로 아주 느리게) 날치기가 뭐 여~ 씨 벌~."

노동법 안기부법이 날치기 통과되고 나서 며칠 후에 만난 한 후배가 과격하게 말했다.

"형! 노동자들도 노동자들이지만 특히 우리 같은 선생 노동자들은 모두 접싯물에 코를 콱 처박고 죽든지, 입에 칼을 물고 자살해 버려야 해. 형! 얼마나 이 나라 선생들이 같잖고, 별 볼 일 없고, 우습게 보였으면 날치기에서마저도 빼버려. 도대체 이게 무슨 나라야!" 나는 할 말이 없었다. 캐나다나 호주, 또는 뉴질랜드에 이민을 꿈꾸는 사람들이 차라리 부러워지는 그즈음이었다.

'있는' 전교조를 '없는'듯 여기는 잘못

사실 공무원과 교사의 노동조합 결성은 이미 국회를 통과한 적이 있는 문제다. 1989년 3월 임시국회에서 '6급 이하 공무원을 포함한 모든 근로자는 자유로이 노동조합을 조직하거나 이에 가입할 수 있고 단체교섭을 할 수 있다. 다만, 현역군인, 경찰공무원, 교정공무원, 소방공무원은 그러하지 아니하다'라는 개정안이, 당시의 야 3당이었던 평민당, 민주당, 공화당 등의 공동 발의로 통과되었다. 그러나 당시의 대통령이었던 노태우 씨가 거부권을 행사하는 바람에 폐기되고 말았다. 물론 그 당시의 민주당 총재는 김영삼 대통령이었고…….

노사관계개혁위원회 공익위원 안의 최종안은 '공무원의 단결권은 제2차 제도개혁 과제로 검토하고, 교원에 관한 특별법을 제정해 교사의 단결권과 제한적 교섭권을 인정하자'는 것이었다. 대부분 교사는 만족스럽지는 않았지만, 어느 정도 약간의 기대를 한 것도 사실이었다.

그런데 그것이 정부 쪽으로 넘어가면서 기존의 '교원 지위 향상을 위한 특별법'을 개정해 '(1)기존의 교육회를 복수로 조직할 수 있되, (2)시도 교원단체는 관할구역 교원의 1/5 이상, 연합 교원단체는 10개 이상의 시·도 교원단체가 회원이어야 등록할 수 있으며, (3)교섭·협의의 상대방인 교육감 또는 교육부 장관이 등록 허가 및 취소권을 가지며, (4) 원의 처우개선, 근무여건, 복지후생, 전문성 신장에 관한 사항만 협의할 수 있고, (5) 단결 활동에 관한 침해행위를 구제할 수 있는 조항은 두지 않고, (6)그나마도 2년간 시행을 유예한다.'고, 사실상의 제2 교총 안과 비슷하게 제멋대로 고치더니 그것마저도 팽개친 것이다. 시작할 때는 뭔가 그럴듯하게 만들어낼 것 같더니 결국은 제2 교총조차 인정을 못 하겠다는 뜻이었다.

전교조의 합법화 문제는 전교조로서는 비원(悲願)이다. 너무나 당연한 일을 하자고 하는데, 다른 모든 나라가 이미 하는 일을 하자고 하는데 왜 우리에게는 그것이 목숨을 버리고, 팔이 잘리고, 어린아이가 죽고 해야 하는 일인지 모르겠다. 생각하면 생각할수록 분통이 터진다. 죽어가는 교육을 살리기 위해서 결성한 전교조는 그로 인하여 그동안 많은 희생을 치렀다. 1,500명 이상의 교사들이 교단에서 쫓겨났으며 이광웅, 신용길, 정영상, 배주영 등 수

많은 교사가 합법화의 제단에 목숨을 바쳤다.

그리고 바로 작년 11월에도 여의도 노동자대회에 참석하고 돌아가던 경남 지역 선생님들과 가족들이 탄 버스가 굴러, 삼천포공고의 박 문곤 선생과 류다원 어린이가 숨졌고, 함께 버스에 탔던 유치원 선생님은 팔을 잘라내는 수술 끝에 평생 의수를 달고 다녀야 할 처지가 되고 말았다.

꺼질 뻔했던 전교조 합법화의 불씨가 노동 형제들의 고난에 찬 대파업 투쟁으로 말미암아 다시 살아났다. 정파적인 이익 때문에, 기득권 유지를 위하여 빈사 상태에 빠진 우리 교육을 개혁하지 않는다면 단언하건대 우리나라는 망하고 말 것이다. 교육이 이렇게 엉망진창인 나라에 무슨 미래가 있겠는가. 죽어가는 우리나라의 교육, 빈사 상태의 우리 교육을 개혁하기 위한 중요한 전제 조건 중의 하나가 교사들의 노동기본권을 인정하고 '이미 있는' 전교조를 합법화하는 일이다.

이즈음에 외국에서 들려오는 소식은 부럽다. 클린턴은 지난 2월 4일 대통령 연두교서를 발표하면서 앞으로 4년간 정책의 최우선 순위를 '교육개혁'에 두겠다고 했다. '모든 미국인이 세계에서 가장 훌륭한 교육을 받도록 하겠다'라고 하면서 그는 이를 위해 내년도 예산에 51억 달러를 반영하겠다고 했다. 51억 달러, 우리 돈으로 4조 원이 넘는 어마어마한 돈이다. 몇 달 안 남은 총선에서 승리가 예상되는 영국의 노동당도 교육이야말로 가장 중요한 투자'라고 하면서 초등학교 학급당 학생 수를 30명 이하로 줄이는 등의 교육개혁을 제1의 공약으로 내걸었다고 한다. 독일도 물론 마찬가지의 교육개혁을 펼치고 있다. 모두 우리가 부러워하는 교육 선진국인데도 말이다.

대통령이 노동자들의 요구에 밀려 각 정당의 총재들을 모아 놓고 영수회담을 하면서 정말 오랜만에 올바른 소리를 한마디 했다. "현실적으로 있는 민주노총을 없다고 하는 것은 잘못된 일이다."

전교조는 모진 탄압에도 불구하고 엄연히 살아 있는 실체이다. 현실적으로 '있는' 전교조를 '없는' 것처럼 하는 것은 정말 잘못된 일이다.

타원이를 참교육 제단에…

다음은 교무실에서 읽다가 눈물을 철철 흘린, 지난 11월 노동자대회 후 버스사고로 숨진 류타원 어린이를 하늘나라로 먼저 보낸 타원이의 아빠 류경렬 선생님이 쓴 편지다.

"입원한 지 꼭 2주일이 되는 일요일입니다. 주변 사람들의 만류도 마다하고 병원 치료가 없는 틈을 타서 딸의 무덤에 다녀왔습니다. 사고 때 다친 저의 머리 상처 때문에 동료들과 아내는 딸의 죽음을 알리지 말아야 한다고 의견을 모았답니다. 박문곤 선생님의 죽음 소식과 전교조장으로 장례가 치러진다는 사실을 우연히 듣고는 아내더러 나 대신 참여해서 명복을 빌어 달라고 부탁하고는 혼자 있는 병실에서 박 선생님의 명복을 빌면서 눈물을 흘렸습니다. 박 선생님의 장례식을 마친 이후 위원장님을 비롯한 많은 분이 저의 문병을 다녀가시며, 용기 잃지 말고 꿋꿋하게 견뎌야 한다기에 '그러겠다'라고 몇 번씩이나 다짐했는데 그 말씀들이 저의 딸 타원이의 죽음을 의미하고 있었음을 미처 몰랐습니다. 다음날 절대안정이 중요함과 놀라지 않겠다는 몇 번의 다짐 끝에 박 선생님과 함께 타원이 장례식이 치러졌다고 친구인 김정규 선생님이 눈물로 전해 주었습니다.

갑자기 89년 '모난 돌이 정 맞는다'며 앞장서지 말라시던 아버님의 말씀을 흘려듣고 해직된 지 꼭 15일 만에 나무라듯 운명하신 아버님 생각이 떠올랐습니다. 4년 반을 일정한 직업 없이 지내는 당신 아들을 맘 아프지만, 말없이 지켜보셨는데 이제 당신 손자마저 먼저 보내 버린 저를 한없이 원망하실 어머님이 떠올랐습니다. 시골 선생이지만 처자식 굶기지는 않겠다는 작은 안도감 하나만으로 딸을 저에게 맡긴 장인 장모님의 얼굴이 스쳐 지나갔습니다. 명랑한 녀석을 데려갈 때처럼 온전히 데려오지 못한 죄책감 속에 아내 얼굴이 어른거렸습니다. 언론을 통해 가끔 접하는 사고 소식을 우리 가족과 견줄라 치다가도 몸서리쳐지는 소름으로 상상조차 중단했던 그런 일이 바로 나에게 일어났다고는 믿어지지 않았습니다.

아내는 '큰맘 먹고 나오라'라는 후배의 전화를 떠올리며 설마 하는 온갖 상상력으로 약한 심장을 다독거리며 사고 현장에 가던 얘기, 딸의 죽음을 확인하고자 병원 영안실에서 이영주, 김정규 선생에게 떼쓴 얘기, 절대적인 후견인을 잃고 장례식장에서 징징거렸던 장남 원형이 얘기, 화장해서 한 줌 재로 변한 내 딸 타원이 얘기, 그리고 무덤에 묻었던 얘기까지 수술한 머리에 충격을 줄까 봐 남편에게도 알리지 못하고 행여 들킬까 봐 슬픔마저 감추어야 했던 고민을 제게 들려주며, 혼자 결정할 수밖에 없었던 일을 오히려 용서해서 달랬습니다. 당신의 쾌유가 우리 가정의 행복이라며 오직 당신 건강만 신경 써 달라며 오히려 위로해 주었습니다.

타원이의 밝고 맑은 명랑함이 참교육의 희생양이 되어 혹 해이해진 우리들의 마음을 다잡는 계기가 되고 공명심과 이해타산이 없이 하나로 뭉칠 수 있는 계기가 될 수 있다면 저의 예쁜 딸 타원이를 참교육 제단에 바칠 수 있겠다는 확신이 듭니다.

수많은 분의 위로 방문으로 넘긴 하루하루가 벌써 2주가 지나고 딸의 무덤 앞에 서서 첫인사를 나누었습니다. '우리 예쁜 딸 류타원(데레사) 여기 잠들다. 전국교직원노동조합'이라 쓰인 비문의 뜻대로 '우리의 딸'로 승화시켜 주신 전교조 동지들께 감사드립니다. 전국 어디에서나 아픔을 함께 해주시는 모든 분께 사죄와 감사를 함께 드리고 저의 자식 장례식에 함께 하고자 찾아주신 분들께 깊은 애정을 나누고 우리 가족 모두가 감사의 말씀 전합니다.

특히 11월 22일 자 소식지에 안양의 '어느 용기 없는 선생님'이 행복과 쾌유를 빌며 검은 양복을 입고 출근하셨다는 소식 가슴 깊이 받아들이겠습니다. 경상대학 병원에서 치료받고 있는 박해관, 이귀순 선생님이 겪고 있는 엄청난 고통 충분히 연상되고요. 조재순 선생님의 팔을 잘라낸 정신적 고통, 외롭게 치료받고 있는 황긍섭, 최은호, 정경우 선생님들의 아픔을 생각하며 나머지 상처는 마취 없이 꿰매 볼까 합니다.

고통을 당하고 계신 선생님들께 밝은 기운 보내 드립니다. 힘내세요.

끝으로 저희를 위로한다는 '좋은 명분'으로 '강요된 모금'이 되지 않기를 간절히 바랍니다. 우리 가족들은 타원이의 죽음이 순수한 희생이면 그것만으로 충분히 만족합니다. 함께 하지 못하는 분들의 아픈 마음까지 안아주는 '나의 전교조'가 있기에 '우리의 딸' 타원이를 바칩니다.

1996년 11월 24일 제일병원 류경렬 드림

(1997)

'꽃다지'가 계속 노래할 수 있게 하기 위해서 나는 무엇을 할까?

'꽃다지'와 내가 이렇게 가깝게 지내게 될 줄은 몰랐다. 그 동안 '꽃다지'에 대해서 어렴풋이만 알고 있다가 지난 96년인가 시청 옆 세실 극장에서 열렸던 콘서트를 구경하고 나서부터 관심을 끌게 되었다. 그 후 '꽃다지'는 인천에서 있었던 여러 집회와 모임에 자주 초대되었고 나는 그들의 팬이 되었다. '꽃다지'와 형, 동생 하며 지내게 된 것은 지난 1월, 내 세 번째 시집 출판기념회부터였다. 나는 내가 좋아하는 '꽃다지'를 내 출판기념회에 꼭 초대하고 싶어서 출판기념회를 준비하는 후배들에게 '꽃다지' 공연을 부탁했고, 후배들의 노력으로 내 꿈이 이루어졌다. 그날 향미와 밤새 워 술을 먹었는데, 다음 날 '꽃다지' 사무실에서 '꽃 사람' 신년회가 있다고 해서 '꽃 사람'이 무엇인지도 모르고 따라갔다가 바로 '꽃 사람'에 가입을 했다. 그전까지는 그냥 노래패와 팬으로서의 관계였는데 지금은 아주 오래 사귄 후배들처럼 되어 버렸다. 그리고 '꽃다지'와 친하게 지내는 것이 나는 아주 많이 자랑스럽기도 하다. '꽃 사람' 신년회가 있던 날 나는 아주 시건방진 발언을 했는데 그 발언의 내용이 무엇인고 하니 '꽃다지'를 통해서 나의 '음악적 꿈'을 실현하겠다는 거였다. 나에게도 약간의 음악적 재능이 있었는지 초등학교 때 기타를 배우고, 중학교 때부터 노래를 만들었다. 대학 1학년 때, 작은 예식장을 빌려 작곡 발표회라는 것을 했다. 내가 만든 노래들을 노래 잘하는 사람들에게 연습시켜 발표회를 했는데, 물론 나도 한 곡 불렀다. 그때 녹음해 놓은 테이프가 남아 있는데 지금 들어보면 하도 유치해서 얼굴이 화끈거린다. 특히 가사가 그런데, 말도 안 되는 사랑 타령에 노래도 어디서 한 번 들어 본 듯한 한심한 것들이다. 그래서 작곡은 완전히 포기했지만, 가끔 노래를 계속 만들었으면 어떻게 되었을까 궁금해지기도 한다. 그때는 노래가 운동이 되리라고는 생각도 못 했었다. 나 스스로 '꽃다지'와 친하게 지낸다고 생각하고는 있지만, '꽃다지'를 통해서 나의 '음악적 꿈'을 실현하겠다고 호언은 했지만, '꽃다지'를 위해서 내가 하는 일은 그러나 단 하나도 없다. 어떻게든 그들에게 작은 힘이라도 보태 주어야 할 텐데 말이다.

모든 진지한 것들이 웃음거리가 되는 이 시대에 참으로 '진지한' '꽃다지'를 계속하고 있다는 것은 고행이다. 거기서 민제처럼 매니저를 하든, 정연 씨처럼 기획실에서 안살림을 하든, 노래하든, 연주하든, 이 시대에 '꽃다지'를 계속하고 있다는 것은 마치 도를 닦는 것과 비슷하다고 나는 생각한다. 돈이 없으면 아무리 훌륭한 생각과 말을 해도 아무도 거들떠보지 않는 이 극악무도한 천민자본주의 판에서 한 달에 월급을 10만 원도 못 받으면서 버틸 사람은 없다. 그러니 음악에만 전념해도 모자랄 판에 음악 외적인 것에 대해 '꽃다지'는 끊임없이 고민할 수밖에 없다. 이 생활을 계속해야 하는지, 언제까지 이 생활을 계속할 수 있는지. '꽃다지'에는 지금 결혼한 사람이 한 명도 없다. 향미는 동생이 주는 용돈을 타 쓰고 있고, 용진이는 좁고 불편한 사무실에서 잔다. 태수는 집을 나와 성일이와 자취를 하고 있지만, 집에는 아직도 노래하고 있는 것을 숨기고 있다. 들어왔다가 조금 해 볼 만하면 모두 나간다. 그러니 계속 가수를 새로 뽑아야 하고 조금 연습하다가 무대에 오르고 생활이 어려우니 또 나간다. 참으로 가벼운 이 시대에, 우리 삶에 희망이 되는, 함께 잘 사는 세상을 위해 노래하는, 가수 개인이 아니라 가수 여럿의 집단적인 목소리를 모아 합창하는 '꽃다지' 같은 형태의 음악이 이 시대에 진정 필요하다면 우리는 그들이 노래를 계속할 수 있게 힘을 주어야 한다. 결혼하고도 계속 노래할 수 있게 해주어야 한다. '꽃다지'를 사랑한다면 그들의 생활까지 관심을 두고 책임을 져야 한다. 그래서 적어도 용진이가 맞선을 볼 때 노래를 계속할 거라는 사실이 맞선 본 여자에게 퇴짜 맞는 이유가 되는 세상은 만들지 말아야 할 것 아닌가?

엊그제 향미와 '꽃 사람'지를 만드는 상준이가 인천에 내려와서 또 밤새워 술을 먹었다. 그리고 술 먹는 내내 지난 1월에 '꽃 사람' 모임에 가입하고서도 아직 회비도 안 냈다는 사실에 너무나 부끄러웠다. 맨날 말로만 어쩌고저쩌고하는 놈. 이 글과 함께 국민은행 069-21-0664-333으로 가입비 2만 원, 연회비 4만 원, 합쳐서 6만 원 꼭 부쳐야겠다고 결심했다.

(2000)

아, 농민, 전용철

2005년도 벌써 저물어간다. 세밑이다. 우리 언제 한 번 뿌듯한, 우울하지 않은 연말을 보낸 적이 있었냐만, 올 세모는 특히 더 마음이 무겁다. 날씨마저 꽁꽁 얼어붙었다. 지금으로부터 꼭 3년 전 이맘때인 2002년 12월 19일, 노무현 후보가 대한민국의 16대 대통령으로 당선되던 날 밤, 적어도 국민이 길 위에서 공권력에 의해 맞아 죽는 일은 다시는 일어나지 않는 세상이 시작된 거라고 믿고 싶었었다. 그러나 여전히 민중들이, 농민들이, 노동자들이 분신으로, 음독으로, 폭력으로 죽어 나가야 하는 이 나라의 현실이 참담하다.

지난 11월 24일 새벽 6시 30분경 충남 보령농민회 주교면 지회장인 농민 전용철 씨가 운명했다. 전용철 씨는 지난달 11월 15일 열렸던 여의도 농민대회에 참석했다가 전경들(로 추정되는) 폭행에 뇌출혈을 일으켜 결국 죽음에 이르고 말았다. 11월 15일 식량주권을 지키기 위해 전국에서 모인 전용철 씨를 비롯한 농민들을 노무현 정권은 폭력으로 진압했다. 집회에 참여한, 이마에 주름살

깊게 팬, 우리의 아버지이고 형님인 농민들을 곤봉으로 내리치고, 군홧발로 짓밟은 그 날의 상황은 80년 광주와 2001년 4월 10일 대우자동차 앞을 연상시키는 가공할 폭력이었다. 전경들의 곤봉과 방패는 육, 칠십 대 노인의 머리조차 비켜 가지 않았다. 이날 전국에서 모인 600여 명의 농민이 크고 작은 부상을 하였으며, 결국 전용철 씨가 사망하는 일이 발생하고 말았다.

농민들의 죽음은 전용철 씨뿐만이 아니다. 농업인의 날인 11월 11일 전남 담양의 청년 정용품 씨는 쌀 개방을 반대하고 농촌을 살려야 한다는 내용의 유서를 남기고 농약을 먹고 스스로 목숨을 끊었다. 경북 성주군 여성농민회에서 문화부장으로 활동하던 오추옥 씨는 쌀 수입 국회 비준을 앞두고 '쌀 개방 안 돼. 차라리 농민을 죽여라'라는 유서를 남기고 11월 17일 세상을 떠났다. 전북 김제의 하신호 농민은 73세의 고령에도 불구하고 우리 쌀을 지키기 위해 전국농민대회에 참석했다 귀가한 후 갑자기 쓰러져 병원으로 실려 갔지만 끝내 숨을 거두고 말았다. 12월 1일에는 나주의 안치훈 농민이 음독자살했다. 또한, 진용규 농민은 분신, 김정호 농민은 실명, 배완희·이정구 농민은 뇌출혈, 홍덕표 농민은 사지마비 증상을 보이는 등 많은 농민이 현재 병원에 입원해 있다.

사실 농민들의 요구는 복잡하지 않다. 쌀 개방 협상안을 비준하기 전에 농민 대표가 참가하는 회의를 통해 농민의 생존 대책부터 마련하라는 것이었다. 이미 수천만 원씩의 농가 부채가 있는데, 쌀값마저 곤두박질치니 그 대책을 세워 달라는 것이었다. 식량이 무기로 쓰이는 판에 세계 곡물 시장을 쥐고 흔드는 미국의 다국적

곡물회사에 고스란히 쌀 시장을 내놓지 말고, 고독성 농약에 오염된 저가 중국 농산물에 대한 대책도 없는 쌀 시장 개방을 서두르지 말라는 것이었다. 이미 다 죽어가는 농촌을 살릴 길을 정부와 농민단체가 같이 모색해 보자는 것이었다. 그런 농민들의 요구에 대한 노무현 정부의 응답은 오직 전경의 곤봉과 날 세운 방패였다. 350만 농민들이 자신의 자식 같은 쌀을 불태우고 피눈물을 흘리며 '쌀은 주권이다!', '쌀은 생명이다!'를 외쳤지만 돌아온 것은 잔인한 폭력뿐이었다. 그러면서 이 정권은 말하기를, 전용철 씨는 집에서 넘어져서, 진용규 농민은 실수로 그렇게 된 것이라고 했다. 11월 23일, 국회는 농민들의 목숨을 건 반대에도 불구하고, 쌀 개방 국회 비준안을 통과시키고야 말았다.

한국농업과 농촌의 붕괴는 이제 시간문제다. 그러나 더 심각한 문제는 정부나 관변학자들조차 쌀 개방의 결과가 우리 농업, 더 나아가 우리나라의 미래에 미칠 영향을 전혀 가늠하지 못하고 있다는 것이다. 그냥 막연히 자동차 팔아 쌀 사 먹으면 된다는 것이다. 쌀과 농업은 단순히 먹는 문제가 아니라, 만 오천 년 동안 지탱해 온 우리 민족의 혼이고 문화이고 삶이고 목숨이다. 자동차와 반도체를 먹을 수는 없다. 우리 농촌 싹 망하고, 350만 농민 다 죽고 나면, 쌀 한 말 수입하는 데 자동차 몇 대, 반도체 몇 가마를 주어야 하는 세상이 올지도 모른다. 그것도 구걸하면서. 쌀 개방은 우리의 명줄을 외세에 내맡기는 것과 같다.

한 해의 농사를 끝내고 마을회관에 앉아 도란도란 한 해를 마무리하는 정담을 나누면서 막걸리라도 한잔 기울여야 할 세밑에 우리 농민들은 살을 에는 듯한 칼바람도 모자라 물대포를 맞고 하나 둘 아스팔트 위로 쓰러지고 있다. 맞은 물은 옷 위에 그대로 얼어붙고 있다. 위아래 이빨이 딱딱 서로 맞부딪힐 정도의 추위 속에서 농민들은 싸우고 있다. 그러나 사실 350만 농민들에게 더 큰 고통은 아스팔트 위의 추위가 아니라, 자식 같은, 손자 같은 전경들의 폭력이 아니라, 자신들 주위에 아무도 없다는 처절한 외로움과 거기서 오는 절망감일지 모른다. 입원하고 있는 농민들의 병원비도 현실적으로 절박한 문제다. 어느 여성 농민은 집회 때 부러진 갈비뼈가 폐를 찌르고 있는데도 천문학적인 병원비 때문에 퇴원을 고집하고 있다고 한다. 농민들의 하늘까지 사무치는 저 한, 아, 이를 어찌할 것인가.

(2005)

이재상을 위하여

지난 6월 16일 토요일 오후, 갈산 2동 주민 센터 건물에 있는 부평문화사랑방에서는 아름다운 피아노 선율과 묵직한 베이스음의 러시아 민요가 울려 퍼졌다. 극단 미르레퍼토리 이재상 대표가 주도해 오고 있는 와인파티 모임이다. 그동안 아트홀 소풍에서 매월 한 번씩 열리다가 이번에 부평문화사랑방으로 상주단체를 옮기면서 분기별로 1회씩 개최하기로 했다. 이날은 미르가 부평문화사랑방으로 옮긴 후 처음 가진 행사였다. 먼저 피아니스트 최희중이 널리 알려진 쇼팽의 녹턴 2번을 연주했다. 밤 달빛 아래서 들어야 제맛이었겠지만 직접 듣는 녹턴은 라디오에서 들을 때와는 또 다른, 원본만 가질 수 있는 아우라가 느껴졌다. 어렵게 인천에서 사설 오페라단인 미추홀오페라단을 이끄는 베이스 이도형은 러시아 민요 〈백학〉과 〈10월의 어느 멋진 날에〉를 장중한 저음으로 연주했다. 마지막으로 인천의 젊은 마임연기자 김원범 아트팩토리 대표는 그의 대표작 〈나무〉를 공연했다. 연극에서 마임으로 영역을 넓혀 온 김원범은 10여 년 전 영국에서 공부하고 돌아온 후 인천에서 활발한 활동을 펼치고 있는데, 이날 김원범의 공연은 마임과 현대무용의 경계를 따지는 일이 이미 무의미한 일임을 보여 주었다.

인천에서 활동하고 있는 예술인들의 네트워크를 지향하면서 만든 와인파티를 주관한 이재상은 원래 시인 지망생이었다. 1982년 그의 나이 열아홉에 우연히 선배가 만든 극단 '돌체'에 들어가 연극을 시작했는데, 그 후 한눈 한번 팔지 않고 올해로 30년이나 연극판을 떠나지 않고 버티고 있다. 원래 3년만 하고 그만두려던 연극을 무려 30년이나 해왔지만, 그는 단 한 번도 다른 걸 하겠다고 생각해 본 적이 없다. 그는 대학도 안 갔고, 결혼도 하지 않았다. 연극이 그의 대학이었고, 극단 식구들이 그의 가족이었다. 군 제대 후에는 인천시립극단 창단 회원으로 들어갔다. 그 후 극단 '즐거운 사람들'을 창단해 서울로 간 후 배우에서 연출가로 변신했다. 대학로 연극판에서 실력을 인정받으며 '잘 나가던' 그는 다시 고향 인천으로 돌아왔다. 2010년에는 우현예술상과 한국연극협회 '올해의 자랑스러운 연극인상 공로상'을 받았다. 지금까지 희곡 20여 편을 썼고, 60여 편을 연출했다. 그는 인천 연극계의 살아 있는 증거자다. 그리고 그는 올해 드디어 연극협회인천지회장 자리에 올랐다.

그의 연극은 다분히 철학적이다. 그는 연극 공연을 연극인과 관객이 모두 진보하는 기회라고 생각한다. 그는 연극 작품을 통해 세계를 어떻게 바라볼 것인가, 관객들이 어떻게 변화되었고 공연자 또한 어떻게 변화되었는가를 고민하고 있다. 그가 현재 고민하는 것들은 이런 것이다. 지역 문화의 발전을 위해서는 인천지역의 문화단체들이 발전해야 하는데, 담당 공무원들은 모든 것을 관객 수로 평가하니까 공연장 관계자들은 서울 등에서 이미 흥행에 성공한 작품들만 무대에 올리게 된다. 당연히 지역 문화단체들은 점점 설 자리를 잃게 된다. 현재 인천시 재정이 매우 어렵지만 그나마 얼마 안 되는 문화예술 관련 예산 삭감에 대해서도 불만이 많다. 그의 궁극적인 꿈은 인천에 연극전용관을 만드는 것이다. 마치 영화 보러 극장을 찾듯이 언제 어느 때나 그곳에 가면 연극을 관람할 수 있는 연극전용관 말이다.

  진정한 문화예술은 다양한 후원과 지원을 통해서 반드시 유지해야 한다. 그는 현재 일본 극단 '엠제이티 아트만(M. J. TATMAN)'의 공연을 도와주기 위해 일본에 가 있다. 그는 이 극단의 예술 감독을 겸하고 있는데 이 극단은 그가 창단을 지도한 극단이다. 물론 그럴 리야 없겠지만, 나는 가끔 그가 일본에서 돌아오지 않겠다고 할까 봐 겁이 날 때가 있다. 그는 현재 인천에서 그 누구보다도 인천의 격을 높이고 있는 사람이다.

(2012)

2부

인천에
살기
위하여

부평의 현안과 앞으로 나아갈 길

1. 시작하는 말

'부평' 하면 사람들의 머릿속에 어떤 인상이 가장 먼저 떠오를까? 94년 벌어진 북구청 세도(稅盜)사건? 현재 부평구청장의 막무가내식 판공비 미공개 문제? 기지촌? 부평공단? 부평과 관련하여 거론되는 인상들은 대부분 좋지 않은 것들이다. 나는 부평에서 40년 이상을 살아왔지만, 그동안 부평에 살고 있다는, 부평이 집이라는 사실이 한 번도 자랑스러웠던 적은 없었다. 공기 안 좋고, 교통 안 좋고, 인심 안 좋은 곳, 부평. 나에게 부평에서 살아간다는 것은 다만 별 의미 없이 어린 시절부터 살아왔으니까 그냥 습관적으로 살아가는 것에 지나지 않았다. 사실 지역에 흥미가 없었고, 지역에 별다른 관심이 없었다. 그렇다고 다른 곳으로 이사 가서 살 생각이나 계획 같은 것도 없었다. 그러다가 내 아이들의 고향이 되어 버렸고, 그래서 어차피 계속해서 내가 살아가야 할 곳이고 내 자식들이 살아가야 할 곳이라면 부평이라는 지역사회에 더 관심을 가져야겠다고 몇 년 전부터 생각을 고쳐먹게 되었다. 관심을 두고 보니 부평은 정말 문제가 많은 동네였다.

　다른 사람들은 부평이라는 이름을 어떻게 해석하는지 모르겠으나 나 나름대로는 '부의 평등'을 이루는 곳이라고 좋게 해석하고 싶다. 그러나 부평이라는 이름과 부평의 지역 현실은 전혀 서로 부합하지 못하고 있다. 나는 대한극장 앞을 지나서 출퇴근하고 있는데 출근할 때는 잘 안 보이지만, 퇴근할 때 신호등을 기다리면서 대한극장 뒤편을 바라보고 있으면 숨이 턱 막힌다. 그곳에는 지금 거대한 골프장이 세워지고 있다. 하필 부평역, 사람들이 가장 많이 지나다니는 곳, 다른 지역 사람들도 가장 많이 와 보고 가는 곳에 골프장이란 말인가. 그러나 나는 지금 건설하고 있는 이 거대한 골프장이야말로 현재 부평 지역사회의 여러 가지 문제들을 압축해서 상징적으로 보여 준다고 생각하고 있다. 빈부격차의 상징, 지역 주민들의 정서를 전혀 고려하지 않는 막무가내식 행정의 상징, 가진 자들의 후안무치한 몰상식의 상징, 돈벌이라면 무슨 일도 서슴지 않는 천민자본주의의 상징. 부평의 상징건물이 하필 골프장이라니. 이 골프장이 없어져야 부평이 그 이름에 부합하는, 진정으로 부가 평등을 이루는 살기 좋은 곳으로 거듭난다고 나는 생각한다.

　골프장 문제뿐만이 아니다. 그밖에도 부평 지역사회의 문제는 한둘이 아닌 데 환경, 교통, 교육 등등 어느 하나 만족스럽지 못하다. 그중에서도 가장 중요한 부평 지역의 문제는 말할 것도 없이 수십 년간 거기 그 자리에, 그대로 있는 소위 에스캄으로 불려온

'부평 미군 부대' 문제이다. 마치 부평의 원죄와도 같은.

이 글에서는 먼저 부평의 역사와 현황을 간단하게 살펴보고 주로 99년 한 해에 벌어졌던 부평 지역의 여러 현안 중 주로 인천연대가 대응했던 문제들을 따로따로 살펴본 후, 이 글을 마무리하고자 한다.

2. 부평의 역사와 현황

1) 부평의 역사

부평은 역사적으로 인천지역과는 다른 고유한 권역으로 발전하였다. 예로부터 철마산·만월산 줄기를 축으로 인천권과 분리되었는데, 이삼십 년 전만 해도 부평에서 인천으로 갈 때 같은 인천임에도 불구하고 지역 주민들은 꼭 '인천 간다'고 했고, 마찬가지로 인천에서 부평으로 올 때도 꼭 '부평 간다'라고 했다. 아직도 지역 정서상 인천과 부평은 여러 가지로 아주 다른데 예를 들어 택시가 서로 넘나들기를 싫어한다거나, '너는 인천사람, 나는 부평사람'하고 꼭 나누어 부르는 것 등을 들 수 있겠다.

부평에는 언제부터 사람이 살기 시작했을까. 현재의 서구 경서동에서는 선사시대 유물인 돌도끼, 돌칼 등이 출토되기도 하였는데 대부분 문헌도 선사시대부터 계양산을 중심으로 평야 지대가 펼쳐지고 하천이 흐르는 현재의 계양구 지역에 사람이 살았던 것으로 추정하고 있다. 삼국시대에는 한강 유역을 누가 차지하느냐에 따라 지명도 함께 달라지는데 부평 지역도 마찬가지로 삼국이 번갈아 한강 유역을 차지하면서 그 이름이 달라진다. 부평의 최초 지명은 470년 고구려 시대의 주부토군이며, 757년 통일신라 시대에는 장제군으로, 고려시대에는 995년에 수주로, 1150년에 안남으로, 1215년에는 계양으로, 1308년에는 길주로, 1310년에 부평부 등으로 불렸다. 그러니까 현재의 계양이라는 지명은 1215년, 부평이라는 지명은 1310년에 처음으로 등장하게 되는 것이다. 조선시대에도 역시 부평도호부로 불렸고, 1914년 부천군 신설로 부내면에 잠시 편입되었다가 1940년에 인천부에 편입되었다. 1945년 지방자치제 시행에 따라 인천부를 인천시로 개칭하였고 1945년 10월 10일에 인천부를 제물포시로 개칭, 제물포시 부평, 서곶지청 설치, 1948년 제물포시에서 인천시로, 부평, 서곶지청을 출장소로 환원, 1968년 구제 시행에 따라 부평출장소와 서곶출장소를 통합해 '북구'로 명명, 1981년 7월 1일 인천직할시 승격, 1988년 서구 분구, 1995년 1월 1일 인천광역시로 승격, 1995년 3월 1일, 북구를 계양구와 부평구로 분구하여 오늘에 이르고 있다. 따라서 원래 부평이라는 지명은 다 아는 것처럼 현재의 부평구를 말하는 것이 아니라 원래 부평도호부가 설치되었던 계양구의 계산동 등지를 말하는 것이었고, 그러다가 경인 전철이 현재와 같은 위치에 설치됨으로써 중심부가 현재의 부평구로 이동하게 되었으며, 결국 부평이라는 이름까지 이 부평구로 넘어오게 된 것이다. 그러니까 현재의 부평구로 불리는 곳이 생기기 시작한 지는 약 100년쯤 되었다고 할 수 있다.

2) 부평의 현황

부평구청 홈페이지에 수록된 자료에 의하면 부평구는 99년 9월 말 현재 면적은 32.03㎢로 전체 인천시 면적 957.81㎢의 3.4%를 차지하고 있다. 인구는 총 169,352세대 527,042명으로 남성은 266,432명, 여성은 260,610명이다. 98년 12월 31일 현재 인천광역시에 주민 등록된 인구가 2,498,404명이므로 부평구의 면적대비 인구밀도가 얼마나 높은지 알 수 있다. 부평구는 인천광역시의 10개 구, 군중에서 인구가 가장 많은 곳이기도 하다. 주택은 111,460호로 주택 보급률은 67.6%, 주민조직은 부평1동, 부평2동, 부평3동, 부평4동, 부평5동, 부평6동, 산곡1동, 산곡2동, 산곡3동, 산곡4동, 청천1동, 청천2동, 갈산1동, 갈산2동, 삼산동, 부개1동, 부개2동, 부개3동, 일신동, 십정1동, 십정2동 등 21개 동에 566개의 통과 3,712개의 반으로 구성되어 있다. 재정자립도는 52.1%이며 교육기관은 총 121개소로 유치원 60, 초등학교 32, 중학교 17, 고등학교 12, 기능대 1, 특수학교 5개 등이며 공원은 74개소, 등록된 자동차는 110,803대 등이다.

계양구의 면적은 45.59㎢, 인구는 270,538명이고 효성1동, 효성2동, 계산 1, 2, 3동, 작전1, 2동, 작전서운동, 계양1, 2동 등으로 구성되어 있는데, 이 글에서는 주로 부평구를 중심으로 기술하려고 한다.

3. 부평의 여러 가지 현안

위에서도 말한 것처럼 부평구의 여러 현안 중 그동안 부평구를 질곡으로 빠뜨렸던 가장 큰 문제는 말할 것도 없이 부평 미군 부대 문제이다. 그밖에도 99년에는 특히 계양산 개발문제, 부평공원 조성문제, 롯데백화점 문제, 구청장 판공비 공개 문제 등등이 불거진 한 해였는데 현안별로 하나씩 자세히 살펴보고자 한다.

1) 부평미군 부대

소위 에스캄으로 불리는 미군 부대는 다 아는 것처럼 16만 평이 훨씬 넘는 넓은 땅에 열 명도 안 되는 미군들이 근무하고 있는 곳이다. 부평구의 중심부에 자리하고 있어서, 합리적 국토 이용에 큰 걸림돌이 되는 곳이며 고질적인 부평 지역 교통문제의 중요한 원인이 되는 곳이다. 그동안 우리 땅 부평 미군 부대 되찾기 및 시민공원 조성을 위한 인천시민회의(이하 시민회의)와 부평 미군부대 공원화추진협의회(이하 공추협) 등 시민단체에서는 이 미군 부대를 시민공원으로 만들기 위한 노력을 여러모로 진행했는데 '시민회의'에서는 부대 정문 앞 월례집회, 걷기 대회, 인간 띠 잇기 등의 행사를 개최하였고, '공추협'에서도 99년 5월 29일 '부평미군부대 시민공원 만들기 5·29걷기 대회'를 개최하였다. 부평구청의 공식 입장도 "주한미군은 국가안보 차원에서 매우 큰 임무를 수행하고 있지만, 우리 구에 소재하고 있는 미군 부대는 제반 여

건상 군사적 기능을 발휘하기 곤란하며, 또한 도시의 중심부에 많은 면적을 확보하고 있어 주요 교통로를 차단하고 녹지 공간을 침해하고 있으므로 균형적인 도시 발전과 주민들의 휴식공간을 확보하기 위하여 장기계획으로 지역사회와 공동으로 미군 부대의 이전을 모색하고, 이전 터에는 인근의 88 정비부대 이전지와 연계한 대규모 시민공원의 조성을 구상하고 있다."라고 밝히고 있다.

시민들과 시민단체들의 그동안의 노력으로 부평 미군 부대 문제와 관련하여 작은 성과가 하나 있었는데 그것은 부대의 정문을 교통량이 비교적 적은 동아아파트 쪽으로 옮긴 일이다. 그동안 자동차들이 백운역 고가도로까지 밀려 있는 상황에서, 차가 전혀 드나들지도 않는 정문 앞에서 멍청하게 신호 대기를 하며 분노와 짜증을 느꼈던 인천 시민이 한둘이 아니었을 것이다. 물론 정문을 옮긴 것이 문제의 근본적인 해결책은 전혀 아니지만 어쨌든 부평 미군 부대 싸움과 관련하여 중요한 진전이라고 할 수 있고, 이런 작은 성과도 그동안 인천 시민들이 합심하여 노력한 성과라 할 것이다.

그러나 사실은 부평 미군 부대 문제를 해결하기 위해서는 보다 근본적인 문제가 먼저 해결되어야 한다. 이 미군기지의 법적인 근거는 소위 '소파(SOFA)'라고 하는 '한미행정협정'인데('한미행정협정'의 정식명칭은 '대한민국과 아메리카 합중국 간의 상호방위조약 제 4조에 의한 시설과 구역 및 대한민국에서의 합중국군대의 지위에 관한 협정'이다) 이 '한미행정협정'은 본문과 후속문서인 합의 의사록, 양해사항 등 3개의 문서로 구성되어 있으며, 3개의 문서는 31개 조와 각 조에 따른 수십 개의 조항으로 구성된 방대한 구조로 되어 있다. 일반적으로 국제법상 외국군대는 주둔하는 나라의 법률질서를 따라야 함이 마땅하다. 다만 외국군대는 주둔하는 나라에서 수행하는 특수한 임무의 효율적 수행을 위해 쌍방 법률의 범위 내에서 일정한 편의와 배려를 제공하게 되는데, 이것은 해당 국가와 미군 간에 협정으로 보장되는 것이다. 그러나 한·미 간의 SOFA는 미군들에 대한 편의 제공 차원을 넘어 한국의 주권을 상실할 정도로 지나치게 불평등하다. 다른 나라와 미국 간에 맺은 협정과 비교하면 특히 그러한데, 그래서 한국은 주한미군의 천국이란 오명에서 벗어나고 있지 못하는 것이다. 주한미군은 현재 8천만 평이 넘는 땅에 96개의 미군 기지를 설치, 주둔하고 있고 임대계약 기간도 없이 무상으로, 그것도 영구적으로 사용할 수 있는 권한이 미군에게 전적으로 있다. 다른 조건들도 모두 화가 나는 일이지만 '소파'에서 가장 불평등한 내용은 계약 기간이 없다는 사실이다. 중국은 그나마 계약 기간이 있어서 홍콩도 반환받고, 마카오도 400여 년 만에 반환받았지만, 현재의 소파 협정대로라면 현재의 미군기지는 천년만년 미국의 땅으로 있을 수밖에 없는 것이다. 자료에 의하면 우리나라는 지난 한 해 주한미군에게 간접 지원비만 1조 8천억을 지원했고 이 중에는 고속도로 통행료 면제, 공항이용료 면제, 혼잡통행료 면제 등 온갖 치사한 것까지 다 있다고 한다. 91년 개정된 협정 역시 부분적인 진전에도 불구하고 실제 한국 측의 권리행사를 제한시키는 조항들을 개정하지 않음으로써 기존의 협정과 거의 변함없는 불평등구조를 소중히 보존했다. 한마디로 미군기지는 현재 미군이 공짜로 사용하고 있으며 앞으로도 공짜로 영구히 사용할 수 있게 되어 있는 것이다. 우리 땅이면서도 우리의 권리를 전혀 주장할 수 없는 곳이 바로 미군기지인 것이다. 그러나 미국은 현재의 협정에 전혀 문제가 없다고 하면서 우리 정부의 개정 협상 요구에 응하지 않고 있다. 부평 미군 부대 문제의 해결은 역시 인천 시민의 그동안의 노력으로 미군 부대의 정문을 옮길 수 있었던 것처럼 우리 인천 시민들의 힘이 결집할 때만이 가능하다고 하겠다.

2) 계양산 개발

계양산은 부평의 진산으로서 온통 아파트 숲으로 둘러싸인 계양구와 부평구에 산소를 제공하고 있는 산소탱크의 역할을 하는 곳이다. 계양산은 갈 곳 없는 시민들이 부평에서 그나마 가족과 소풍을 가거나 등산을 할 수 있는 몇 안 되는 곳이다. 지난 90년 초에 대양개발이라는 회사에서 이곳에 놀이공원을 설치하려던 것을 '계양산 살리기 범시민운동 추진위원회' 등 시민단체의 힘으로 무산시킨 바 있는데 99년 11월 30일, 대양개발 측에서 또다시 인천시에 사업승인 신청서를 낼 방침이라고 밝혀 당시 '계양산 살리기 모임'에 참여했던 시민들과 대부분 시민들의 분노를 사고 있다. 대양개발(대표 김춘남) 측은 '도시 주변의 임야는 적극적으로 보존하지 않으면 급속히 훼손된다'라는 해괴한 논리로 계양공원 내 9만여 평에 지하 1층, 지상 3층 규모의 청소년회관을 비롯해 실내 스케이트장, 야외수영장, 야외극장, 골프 연습장, 과학교육관, 조각공원, 제트코스터 등 28종의 유희시설 등을 설치할 계획이라며 또다시 개발에 나서고 있는데, 이 사업은 이미 당시 인천시에 의해 불허된 일이다. 말로는 청소년회관 운운하지만, 산봉우리를 헐고, 수많은 문화재를 파헤치면서 공원면적 35% 이상의 면적에 골프장을 건설하려는 일은 누가 보아도 시민들을 위하는 일이 아니다. 앞으로도 부평의 거의 유일한 산소탱크인 이 계양산에 절대로 골프장이 들어서지 못하도록 시민들과 시민단체들은 적극적으로 나서야 할 것이다.

3) 부평공원 개발

99년, 순수한 시민들의 힘으로 관의 터무니없는 정책을 완벽하게 막아내고, 원래의 계획인 '시민들이 가족들과 함께 편히 쉴 수 있는 공원'으로 개발할 수 있도록 지켜낸 사안이 있었는데 그것이 바로 이 부평공원 문제이다. 부평공원은 미군 부대 맞은편에 주둔하고 있던 80정비대가 반환한 부평동 286일대 3만 4천여 평을 시민들의 휴식공간으로 만들겠다는 것이었는데 인천시도 애초에는 테마공원으로 조성할 계획을 세웠었고, 부평구도 지난 93년 이곳을 공원시설로 최초 결정한 뒤 공원 조성 계획안을 마련하고 본격적으로 공사에 착수했으며 오는 2003년까지 조성 완료하기로 계획되어 있었다. 시민들은 공원이 절대적으로 부족한 부평에 들어설 가족공원을 설레는 마음으로 기다려왔던 것이었는데, 느닷없이 최기선 인천시장이 부평공원에 4백 50억여 원의 독일의 외자를 유치해 놀이공원을 조성하겠다고 발표해서 시민들의 분노를 샀다. 놀이공원으로 바꾸겠다는 발표 당시는 어쨌든 외자를 유치해 오는 것이 마치 지방자치 단체장의 업적처럼 치부되던 분위기였는데, 이 외자 유치에 눈이 먼 최기선 시장이 외자 유치와 관련해서는 반드시 시민 의견을 수렴하겠다고 시의회에서 밝힌 뒤 불과 2주일 만에 도시철도 전문회사인 독일의 '츄츄'사와 외자 개발 기본합의서를 체결한 것이다. '평화와 참여로 가는 인천연대' 등 시민단체에서는 "최기선 인천시장이 시민단체와 시민, 전문가 등의 의견수렴을 거쳐 부평공원 외자 유치를 결정하겠다는 약속을 어기고 츄츄사와 일방적으로 기본합의서를 체결했다, 시민들의 동의도 구하지 않은 채 성급하게 외자유치계획을 추진하는 것은 2백 50만 인천 시민을 우롱하는 처사"라는 내용의 성명을 발표하기도 했는데, 만일 이곳에 놀이공원이 조성된다면 시민들의 휴식 공간보다는 돈벌이 장소로 전락하면서 부평의 교통 중심 지역으로서 극심한 교통체증을 불러일으키게 될 것은 불을 보듯 뻔한 일이었다. 츄츄사는 투자의향서에서 "송도 신도시와 수도권 신공항 개발에 관심을 두고 있다. 도시철도와 정거장, 선로 교각 등에 2억 달러를 제공할 용의가 있다."라고 밝히기도 했는데 사실 그들은 놀이공원보다는 신도시와 공항, 도시철도 등에 더 관심이 있었던 거였고, 최기선 시장은 외자 유치 성과에 연연해서 성급한 결정을 내렸다. 인천시는 지역에서 극심한 비난 여론이 일자 '부평공원 외자 유치 주민설명회'를 개최하려고 했지만, 설명회 주관을 외자 유치와 전혀 관련도 없는 공원 관련 부서에 맡기는 등 책임 떠넘기기에 급급하다는 비난을 받았다. 99년 5월 28일 개최된 설명회에서 평화와 참여로 가는 인천연대, 인천환경운동연합 등 시민단체들과 주민들은 한목소리로 시와 독일 츄츄사를 몰아붙였고 더욱이 여론조사에서도 67.9%의 주민들이 외자 유치를 반대한다고 밝힘에 따라 시의 사업추진 명분은 그 기반을 잃어버리게 되었다. 시는 7월 27일 드디어 독일 츄츄사로부터 외자를 유치해 부평공원에 놀이공원을 조성하려던 계획을 전면 백지화하기로 공식 발표할 수밖에 없었다. 1월부터 약 7개월여 동안 외자 유치 입장을 강하게 주장했던 시가 시민단체와 주민들의 반대에 무릎을 꿇는 망신을 자초한 결과를 빚은 것이다. 이제 부평 지역민들은 자신들의 힘으로 지켜낸 명실상부한 가족공원이 완성될 날을 기다릴 수 있게 되었다.

4) 롯데백화점

동아시티 백화점을 인수해 새롭게 문을 연 롯데백화점 문제 역시 99년 부평 지역에서 일어났던 주요한 사안 중의 하나였다. 이 문제는 지역 주민들의 정서를 무시하고 지역 주민들의 소음공해, 교통 불편 등을 전혀 고려하지 않은 채 재벌 특유의 고압적인 밀어붙이기식 개점과 주민들의 권리 찾기 의식이 충돌한 지점이기도 했다.

지난해 4월 23일, 동아 시티 백화점을 인수한 롯데 측이 가장 먼저 한 일은 지하 2층의 수영장을 수익성이 없다는 이유로 없애 버린 일이었다. 지역 주민들은 가뜩이나 체육시설이 부족한 마당에 기업의 이익만을 따져 수영장을 폐쇄한 조치를 이해할 수 없었다. 또한, 롯데는 애초에 9월 초 개점하려던 일정을 앞당겨 지난 8월 27일 개점하느라 일정을 무리하게 맞추면서 밤샘 공사로 인한 소음 유발과 분진 등을 방치해 지역 주민들의 원성을 사기도 했다. 수영장 폐쇄로 롯데 측에 가뜩이나 좋지 않은 감정이 있던 주민들은 분진과 소음으로 밤잠을 이루지 못하는 등 불편을 겪자 8월 25일 밤부터 다음날 오전 3시까지 소음피해를 보상하라며 백화점 공사장 앞에서 집단행동으로 맞섰다. 롯데 측은 주민들에게 상품권을 나눠 주며 문제를 무마하려고 했지만, 주민들의 원성을 수그러들게 하지는 못했다. 롯데백화점과 관련하여 또 다른 중요한 문제가 바로 주차장 문제였다. 동아건설은 지난 90년부터 91년까지 부평 1동 261번지 4백90m 길이의 국유 하천을 복개한 뒤 지난 94년 6월 8일 시티백화점의 주차장으로 무상으로 사용키로 하고 부평구에 기부했는데 당시 동아건설은 기부채납조건으로 주차장 및 도로 이외의 타목적으로 사용하지 못하며, 기부자는 사용권을 타인에게 양도하지 못하는 조건을 제시했었고 이 기부채납조건 때문에 현실적으로 롯데가 이 주차장을 양도받을 수 없는 상태였다. 주차장을 양도받지 못할 경우 영업에 막대한 차질을 입을 것이 뻔한 롯데는 매우 곤혹스러운 처지에 빠졌던 것인데 현재는 동아건설의 로고가 새겨진 조끼를 입은 주차 관리원 몇 명이 일하면서 겉으로는 마치 동아건설이 주차장을 관리하는 것처럼 하고 있으나, 그들이 확실히 동아건설 직원들인지는 알 수 없고, 그냥 어정쩡한 상태이다. 롯데백화점 문제는 예전 같았으면 시민들이 그냥 참고 넘어갔거나, 구청 측도 재벌의 비위를 건드리지 않는 쪽으로 나갔을 것이 뻔한 지역 사안이었는데 주민들의 '자기 권리 찾기 의식'이 높아진 전형적인 사례라고 할 수 있다.

5) 판공비 공개

99년은 부평구청장을 비롯한 6개 구청장이 판공비 공개를 하지 않음으로써 부평구의 오명이 더욱 높아진 한해였다. '인천연대' 등은 먼저 '정보공개 청구법'에 따라 6개 구청장 등의 판공비에 관한 정보공개를 요청했고, 2개 구청은 이를 받아들여 공개했으나 부평구청장을 비롯한 나머지 4개 구청은 '사생활 보호' 운운의 말도 안 되는 이유를 들어 거부했고, 인천연대는 6개 구청장을 상대로 '1998.1.1부터 같은 해 12. 31까지 각 피고 명의로 집행된 기관운영 업무추진비, 직책급 업무추진비, 대민 활동비, 시책추진 업무추진비, 특수활동비 등의 예산이 낭비되고 있다는 의혹을 해소하고, 위 예산들이 올바르게 집행되고 있는지를 감시함으로써 부당한 예산집행을 방지하기 위하여, 열람 및 사본 교부방법에 따라 각 피고 명의로 집행된 위 각 예산의 사용일시, 장소, 내역 및 영수증 일체'에 대한 정보 공개소송을 제기하기에 이르렀다. 그리고 전국에서 처음으로 99년 10월 15일 드디어 원고 승소 판결을 받아내기도 하였다. 이미 공개한 구청장들의 사용 내역을 보면 단란

주점 접대비, 교회 헌금, 지역 유력자들과의 식사비 등 사적인 용도로 쓴 것들이 대부분이었다. 이 판공비 사안에 대한 거부를 이유 없다고 판시한 재판부는 매우 명쾌한 논리로 판공비를 공개할 것을 결정했는데 다음은 그 판결문의 일부이다.

"피고들이 이 사건 각 특수활동비의 집행명세에 법인 등의 영업상 비밀에 관한 사항으로서 공개될 경우 법인 등의 정당한 이익을 현저히 해할 우려가 있는 정보가 포함되어 있다고 주장하지만, 이 사건 각 특수활동비 집행명세에 영업상의 비밀에 관한 정보가 포함되어 있는지에 관하여 보건데, 특수활동비는 지방자치단체장인 피고들이 지방행정의 원활한 추진 및 원활한 사업추진을 위한 대민 활동을 전개하는 과정에서 많은 사람과 함께 식사하거나 특정 단체나 개인을 격려하는 등 공적인 활동에 소요되는 경비를 조달할 목적으로 책정된 예산으로서, 그 집행내역에 자치단체장인 피고들이 면담장소 등으로 이용한 식당 등의 위치, 명칭과 음식요금, 면담대상자 등 특정 법인 단체 또는 개인에 관한 정보가 기재되어 있다고 하더라도, 그 정보가 그 법인 등의 영업상 유, 무형의 비밀이나 노하우에 관한 사항을 포함하고 있어 이를 공개할 경우 그 법인 등의 영업상의 지위가 위협받는다거나 그 법인 등에 대한 사회적 평가가 저하하는 등 기존의 정당한 이익이 현저히 침해받는다고 인정할 만한 아무런 근거가 없는 반면, 오히려 지방 행정수행 및 원활한 사업추진을 위한 대민 활동이라는 매우 포괄적이고 애매한 용도에 지출될 것이 예상된 특수활동비에서는 본래의 목적을 벗어나 기관장 임의로 운영되는 등 자의적이고 방만한 예산집행의 여지를 미리 차단하고 시민들의 참여와 감시를 보장함으로써 그 집행의 합법성과 효율성을 확보하기 위하여서도 그 집행내역을 공개할 필요성이 크다고 할 것인바, 위와 같은 제반 사정을 종합하여 보면 이 사건 각 특수활동비의 집행내역이 법인 등의 영업상 비밀에 관한 정보를 포함하고 있어 법 제7조 제1항 제7호의 비공개 사유에 해당한다고 볼 수는 없다고 할 것이므로 피고인들의 위 주장도 이유 없다."

'인천연대'와 '참여연대' 등의 그동안의 노력으로 지난해에는 서울시장과 경기도지사 등의 판공비 공개를 끌어내기도 하였는데 이와 같은 사회적 분위기와 법원의 판결에도 불구하고 부평구청장을 비롯한 대부분 구청장은 구구한 변명과 말도 안 되는 논리로 일관하면서 아직도 판공비를 공개하지 않고 있다. 공개를 안 하는 것은 오히려 판공비 사용에 심각한 문제가 있다는 것을 방증하는 것이라고밖에 생각할 수 없다. 인천연대에서는 한 달 이상을 부평구청을 비롯한 각 구청 앞에서 피케팅과 시위를 벌이기도 했는데 부평구청장을 비롯한 여타 구청장들은 이제라도 자신들의 판공비를 하루빨리 공개해서 행정의 투명성을 밝혀야 할 것이다.

6) 시군의회 의원 외유

지방자치사에서 중요한 진전을 이룬 지방의회와 관련하여 시민들 대부분은 아직도 시, 군, 구의회가 제대로 자리를 잡지 못하고 있다고 생각하고 있다. 특히 시의회나 군, 구의회 의원들의 자질과 관련하여 말들이 많은데 부평구 의회에서도 지난 한 해 웃지 못할 일들이 많이 벌어졌다. 예를 들면 Y2K 문제 대응에 대하여 보고하는 구청 공무원에게 '컴퓨터를 새로 산 지 얼마 되지도 않았는데 왜 자꾸 컴퓨터가 고장 났다고 하느냐?'는 등의 상식 이하의 발언을 일삼았고, IMF 등 경제난으로 자치단체마다 예산을 대폭 삭감하는 등의 경제적 위기에도 아랑곳하지 않고 일부 기초의회에서 관광성 해외여행을 다녀 빈축을 사기도 했다. 부평구 의회 총무위원회도 소속 의원 9명이 2월 말 14일 동안 일본·스위스·독일·이탈리아 등 4개국에 시찰을 다녀왔는데 공무원 3명이 낀 이 외국 시찰에 쓴 예산만 1인당 4백만 원씩 모두 4천 8백여만 원에 달하고 있다. 시찰 후의 보고문이라는 것도 내용 대부분이 여행 현지에 대한 일반적인 소개에 그쳐 목적 없는 '관광성'이었음을 그대로 드러내고 있다. 보고서에 소개된 내용은 대부분 중·고등학교 교과서에서도 얼마든지 찾아볼 수 있는 초보적인 여행 정보 수준이라고 하는데 더욱이 이 보고서는 외국 시찰에 나선 의원들이 직접 쓴 게 아니라 함께 수행한 의회 사무국 직원들이 작성한 것으로 알려지기도 했다. 그래서 일부 시민들은 '도대체 구의회 의원들이 하는 일이 뭐냐? 의회를 없애버려야 한다'라고 분노하기도 했는데 뽑아만 놓고 시민들이 아무런 관심을 기울이지 않으면 의원들이 멋대로 시민들의 피 같은 세금을 쓰는 일은 앞으로도 계속될 것이다. 인천에서는 시, 군, 구의회를 감시할 목적으로 99년 9월 20일 '참여 민주주의 실현을 위한 인천 시민 의정 지기라는'이 결성되기도 하였는데 '의정지기단'은 "지방자치를 일컬어 풀뿌리 민주주의라고 한다. 의정지기 활동은 인천 시민의 참여를 통해 지방자치의 참주인으로 서기 위한 너무나 소중한 일이다. 오늘날 점점 더해가는 정치 불신과 정치 냉소주의를 극복하고 다양한 주민참여 활동을 통해 참여 민주주의를 실현하고 지역 발전에 이바지한다는 사명감과 책임감으로 나서야 한다. 또한, 의정활동에 대한 지원 및 감사 활동으로 지방자치단체의 행정의 민주화를 견인해 가며, 지역 현안을 발굴, 연구하여 대안을 제시하는 의정지기단이 되고자 한다."라며 그 의의와 목적을 밝히기도 했다. 지방의회 의원들도 이러한 의정감시 활동을 무조건 배척할 것이 아니라 진정한 풀뿌리 민주주의를 실현하기 위하여 시민단체와 함께 일해 나간다는 자세로 임해야 할 것이다.

7) 자전거 도로

중요한 부평의 현안 중의 하나가 교통문제와 환경문제라는 것에 이의를 달 사람은 아무도 없을 것이다. 이 두 가지 문제를 한꺼번에 풀 수 있는 유력한 방법이 바로 자전거 타기이다. 물론 현재 여러 도로에 자전거 도로를 만들어 놓기는 하였으나 사실은 그냥 도로 위에 줄만 그어 놓은 수준으로 한마디로 예산만 낭비한 무용지물인 것이다. 현재의 자전거 도로는 차들이 불법 주차하거나 인도 이용되기 일쑤여서 사용 불가능한 자전거 전용도로가 상당수에 달하는 등 관리상태 또한 엉망이다. 또, 인도와 함께 설치한 자전거 도로 중 상당 구간이 단절되어 있거나 또 보도 턱도 너무 높아 통행에 큰 불편을 주는 것은 물론 사고위험마저 안고 있다. 부평구 청천 2동 안병원 앞 인도 위에는 지하철 공기 배출구가 설치돼 있어 도로 폭이 겨우 1m밖에 안 된다고 하며, 이 때문에 병원 담 바로 옆에 설치한 폭 1m의 자전거 전용도로는 인도로 사용되고 있을 뿐 자전거 통행을 할 수 없는 상태라고 한다. 대부분의 자전거 도로는 폭이 너무 좁아 기능을 상실한 채 각종 차량의 주차장으로 이용되는 등 형식적으로 설치된 것이다. 인천환경운동연합이 지난 한 해 동안 인천지역 자전거 전용도로 43개 소 81㎞에 대한 실태를 조사한 결과에서도 아예 사용할 수 없는 곳이 모두 19곳에 이르는 것으로 나타났다. 에너지 낭비를 막고 대기오염 및 교통체증을 줄이기 위한 자전거 전용도로는 정책적인 뒷받침이 매우 중요한데 지하철역에 자전거 보관소를 설치한다든가 하는 정책이 필요하다. 여하튼 이와 같은 자전거 도로 정책은 시민들과 행정 관청 모두 자동차 위주의 사고방식에서 인간 위주의 사고로 전환할 때만 가능하다고 하겠다.

8) 지하철 역 문화 공간화

인천 지하철이 설계상 문제가 많고 이로 인해 고질적인 적자난에 오랜 기간 시달릴 것이라는 전망 속에서도 어쨌든 지하철이 개통되었다. 이왕 운행할 지하철이라면 이 시설을 적극적으로 활용하는 것이 절실하게 필요한데 그중의 하나가 바로 지하철 공간의 문화공간으로의 활용이다. 지하철공사 등에서도 지하철 공간을 문화공간으로 사용하는 문제에 대해 더욱 적극적인 사고로 나가야 할 것이다. 가뜩이나 문화공간이 태부족한 부평에서 지하철 공간을 문화공간으로 활용한다면 그나마 시민들의 숨통이 약간 트일 수 있을 것이다. 미술작품의 상설전시나, 기획전시, 공연 등 연구하기에 따라서는 공간을 많은 용도로 활용할 수 있을 것이다.

9) 아파트 공동체 운동

부평구는 말 그대로 아파트의 숲이다. 야트막한 산 위에만 올라가 보아도 부평구 전체가 아파트로 둘러싸여 있음을 쉽게 알 수 있다. 이왕 살아가야 할 아파트라면 현재의 조건에서라도 투명하고 쾌적한 아파트 문화를 만들어나가야 할 것이다. 이제 우리 부평에서도 아파트 공동체 문화 운동을 벌여 나가야 한다. 인천지역에서 60%의 주거 공간을 차지하고 있는 아파트의 건강한 공동체 문화를 가꾸어 나가야 한다. 입주자대표회의의 민주적 운영이나 관리비, 아파트단지 부녀회나 입주자대표회의와의 관계 설정 등의 문제를 그냥 주민들에게만 맡길 것이 아니라 가능하다면 법률이나 조례 등으로 제정해야 한다. 인천지역 거주형태의 대부분을 차지하는 아파트의 공동체 문화를 만들어나가는 작업은 부평 지역을 건강한 사회로 만들기 위해 필수적이라고 할 수 있다. 아파트는 지역 주민들이 마음만 먹는다면 오히려 공동체 운동을 펼치기에 매우 유리한 조건이라고 할 수 있다. 왜냐하면, 주민들의 나이, 생활 정도, 자녀들의 나이 등이 비슷한 경우가 많은데, 그럼으로써 그들의 관심사 또한 비슷하다고 할 수 있으며, 대부분 아파트가 이미 관리사무소를 비롯한 공동공간들이 있으므로 모임 장소도 따로 고민할 필요가 없는 것이다. 이런 공동공간을 적극적으로 활용하는 방안을 마련하는 것도 중요하다. 이러한 아파트 공동체 운동이 성공한 사례로 수원의 삼환아파트를 꼽는데 아파트의 도시 부평에서도 이러한 모범사례가 많이 나왔으면 하는 바람이다.

10) 기타

99년, 부평 3동 지역 주민들은 역시 순수한 주민들의 힘으로 인천시에서 계획했던, 삼릉에서 부평공원 위를 지나 현대 아파트 쪽으로 내려던 고가도로 건설을 저지하였다. 물론 고가도로가 건설되면 동네가 두 개로 쪼개지는 문제도 있었지만, 주민들은 그보다 부평공원 위로 고가도로가 지나가게 됨으로써 공원이 공원으로서의 구실을 전혀 못 하고, 공원에서 쉬면서도 불안에 떨어야 한다는 사실에 더욱 문제의식을 느꼈다.

그밖에도 지난해 부평 지역에는 부평역 광장의 공원화 문제, 농협 건물 매입 의혹 문제, 경인고속도로 사용료 폐지문제, 공보관과 구 구청사 사용문제, 산곡동 지적오류 문제 등이 있었으나 지면 관계상 줄이려고 한다.

3. 맺는 말

내가 지금 바라고 원하는 사회는 뭐 그리 대단하고 요란한 사회가 아니다. 그냥 상식이 통하는 사회, 가진 돈이나, 직업, 성별, 태어난 민족 때문에 차별받지 않는 사회, 우리 사회의 구성원 모두가 존중받는 그런 사회를 원한다. 거기에 한 가지 더 바라는 것이 있다면 남과 북이 하나로 합쳐진 통일된 사회를 나는 원한다. 그러나 아직 우리나라는 특히 인천은 그리고 부평은 그런 상식이 통하지 않는 곳이다. 50년 만에 정권도 바뀌고 세상이 아주 완벽히 살 만하게 되었다는데 무슨 뜬금없는 소리냐고 할지 모르겠지만 우리나라는 여전히 상식이 통하지 않는 나라다. 여전히 가진 자들의 나라, 힘 있는 자들의 나라이지 힘없고 가진 것 없는 사람들의 나라는 아니다. 여전히 소위 명문대학, 명문고 출신들이 모여 자기들 멋대로 움직이는 나라이지 대다수 시민의 의지와 소망대로 되는 나라가 아니다. 나는 내가 살아가는 우리 인천, 우리 부평만이라도 그런 상식이 통하는 사회로 만들어나갔으면 하는 것이 나의 작은 소망이다. 그동안의 대부분 운동들은 체제의 변혁과 직, 간접적으로 관계가 있었다. 건국 후 약 50년 동안은 모든 운동의 목표는 사실 체제의 변혁이었다. 그것은 어쩌면 당연하였다. 그러나 아직 만족스럽지는 않지만, 그동안 민주주의를 위해 몸 바친 사람들의 희생으로 절차적 민주주의가 약간은 진전되었고, 그러면서 차츰 시민운동의 역할이 증대하게 되었다. 지역 시민운동의 활성화야말로 풀뿌리 민주주의 실현의 최종적 완성이라고 할 수 있다.

지금까지 살펴본 것처럼 부평은 문제가 많은 지역이다. 그러나 역설적으로 지역에 문제가 많음으로써 또한 그만큼 할 일이 많은 곳이다. 앞에서도 말했지만 나라 전체는 둘째 치고라도 일단 나는 부평을 상식이 통하는 지역으로 만들고 싶다. 소위 지역의 유력자들이 밀실에 모여 지역의 중요한 일들을 자기들의 입맛에 맞게 음모적으로 결정하는 방식이 아니라 모든 사안을 지역사회에서 공론화하고 가능한 많은 시민의 여론을 모으고, 가능한 많은 지역 주민들이 참석하여 결정해야 한다. 그리고 자기가 바람직한 지역에 살고 싶다면 지역이 그렇게 되도록 적극적으로 참여해서 만들어나가야 한다. 대통령도 그렇고 국회의원도 그렇고 구청장, 시의회, 구의회 의원 모두 마찬가지다. 뽑아만 놓고 그들이 어떤 결정을 내리는지에 대하여 아무런 관심이 없다면 지역의 삶의 질 운운할 자격이 없는 사람들이다. 우리가 아무런 관심을 두지 않는 사이에도 어쨌든 그들은 우리 운명을 좌우할 중요한 결정들을 끊임없이 하는 것이다. 민주주의 국가란 말 그대로 국민이 주인이 되는 나라다. 민주주의 국가란 우리가 피땀 흘려 번 돈으로 낸 세금으로 운영되는 나라이다. 내가 낸 세금을 자기들 멋대로 쓰고 있다면, 내가 낸 세금을 교회 헌금 내는 데 쓰고 있다면, 내가 낸 세금을 단란주점 팁으로 주고 있다면, 내가 낸 세금을 일부 의원들이 외국 놀러 다니는 데 쓰고 있다면, 얼마나 분통 터지는 일인가. 부평도 이제 주인 없는 도시가 아니라 주인 있는 도시가 되어야 한다. 그 주인은 다른 사람이 아닌 바로 내가 되어야 한다. 내가 여기서 말하는 지역의 주인이란 지역에서 나고 자란 몇몇 토박이 세력을 말하는 것이 절대 아니다. 지역에서 살아가고 있고, 지역에 관심을 두고 있고, 지역을 사랑하고 있으면 그들이 바로 이 지역의 주인인 것이다. 그동안 대부분의 지역 주민들은 자기 이해관계가 얽힌 사안엔 지나칠 정도로 집착하면서도 일반적이고 구조적인 지역 사회문제에 대해선 거의 관심을 기울이지 않고 있었다. 그러나 부평 지역에도 지역에 관심을 두기 위한 모임들이 지난 96년부터 서서히 생기기 시작하였다. 부평시민모임이나, 평화와 참여로 가는 인천연대 부평·계양지부, 부평미군부대 공원화추진협의회, 부평 사랑회 같은 시민 사회 단체가 생겼다. 그러나 아직은 시작에 불과하고, 단체들의 재정이나, 전문성 또한 기대에 많이 못 미치는 형편이다. 내가 살아가고 있는 지역이 자랑스럽기 위해서는 나 스스로 지역을 그렇게 만들어야 한다. 지역민 모두는 자기 취미나 적성에 맞는 다양한 시민, 사회단체를 만들고 그 구성원이 되어야 한다. 그것이 어렵다면 그런 단체에 후원이라도 해야 한다. 그것이 우리 사회를 몇 사람만 잘난 척하는 사회가 아니라 더불어, 함께 살아가는 사회로 만들어나가는 지름길이다.

* 덧붙임 : 이 글을 쓰기 위하여 경인일보 이희동 기자의 부평 지역 관련 기사에서 많은 도움을 받았음을 밝힙니다.

(2000)

인천 사람, 인천 문화

인천에 산 지 50년이 훨씬 넘는다. 어머니 등에 업혀 백일 때 충북 청원군 가덕에서 인천 부평으로 올라온 후, 인천에서만, 그것도 부평에서만 그것도 백운역 근처에서만 50여 년을 넘게 살았다. 물론 공부와 직장 때문에 잠시 부평을 떠난 적은 있었지만, 어머니는 계속 살고 계셨으므로 떠나지 않은 거나 마찬가지다. 올해 대학교 2학년인 작은 아이는 태어나서 줄곧 한 아파트에서만 살았다.

생각해 보면 농경사회도 아닌데 그것도 도시에서, 한 곳에서만 50년을 넘게 살았다는 건 어쨌든 대단한 일임이 틀림없다. 그러나 집이 거처하는 공동체의 공간이 아니라 재산 가치로, 투자 가치로 환원돼 버린 현대에, 그래서 자꾸 집을 사고팔면서 재산 가치를 증식해야 하는 신 유목의 시대에, 나 같은 사람은 매우 드물고 못난 사람임도 틀림없는 것 같다.

50년 이상을 인천에서, 부평에서 살았지만 실은 그냥 별 관심 없이 살았다. 아니 잠만 잤다. 마음먹고 인천을, 부평을 돌아다녀

본 적도 없다. 마음먹고 인천을, 부평을 공부해 본 적도 없다. 인천의, 부평의 주인이라고 생각해 본 적도 없다. 그래서 정치의 계절만 되면 무주공산인 듯 인천, 부평과 아무런 연고도 없는 이들이 집적거리는 것도 다 나 같은 사람 때문이라는 생각이 든다.

이런 고민 속에서 탄생한 단체가 사단법인 '인천 사람과 문화'다. 이 단체는 현재 발족식을 앞두고 있는데, 새얼문화재단의 지용택 이사장을 모시고 '조봉암과 인천사람'이라는 제목으로 발족기념 강연회를 가질 예정이다.

좌와 우를 넘고 위와 아래를 뛰어넘는, '인천'에 일차적 정체성을 갖는 단체를 만드는 꿈. 바다의 도시 인천, 노동자의 도시 인천, 다문화의 도시 인천, 다양성의 도시 인천, 평화의 도시 인천을 함께 만들어나가는 꿈. 내가 요즘 갖게 된 새로운 꿈이다.

일단 인천에 관한 공부를 시작하려고 한다. 어느 정도 인천에 관한 공부가 마무리되면 인천 답사를 다니려고 한다. 강화도를 비롯한 인천의 섬들까지 모두 다녀보려고 한다. 그리고 인천에 무엇이 있고 무엇이 없는지 알아보려고 한다.

'인천 앞바다에 사이다가 떴어도'로 시작하는 서영춘 선생의 인천에 관한 만담도 고맙다. 월미도에 은하레일이 아니라 사이다병을 띄웠으면 좋겠다. 키치 적이라 비판받아도 외지인들이 인천에 오게 하는 일이라면 용서될 수 있을 것이다.

'인천 짠물'이라는 말이 있다. 주안염전 때문에 생겼다는 얘기도 있고, 경향 각지에서 모인 인천에서 살아남으려면 '짜게' 살아야 했기 때문이라는 설도 있고, 당구 실력이 점수보다 강하기 때문이라는 설도 있고, 그것이 소위 '쿠션 빠킹'이 있어서 그렇다는 설도 있는데, '쿠션 빠킹'도 계속 유지했으면 좋겠다.

'인천의 성냥공장, 성냥공장 아가씨'라는 노래를 부끄러워만 할 게 아니라 성냥을 인천의 관광 상품으로 개발했으면 좋겠다. 한때 동인천, 주안, 부평의 지하상가가 부끄러운 적이 있었다. 그러나 어차피 지하상가를 메워 버릴 것이 아니라면, 지하상가의 '이야기'를 개발해서 사람들을 끌어모았으면 좋겠다. 전 세계 수많은 여행자가 찾는 터키의 '그랜드 바자'가 뭐 별건가? 부평 기지촌 출신이라는 게 부끄러운 적이 있었지만, 이제는 부끄럽지 않다.

부평 미군 부대가 나가면 그곳에 '미군박물관'을 만들었으면 좋겠다. 인천의 그 모든 것이 인천의 콘텐츠가 될 수 있다고 생각한다. 인천사람들이 인천에 높은 빌딩이 있어서 인천을 자랑스럽게 생각하지는 않을 것이다. 외지 분들이 인천에 높은 빌딩을 보려고 오지는 않을 것이다. 인천사람과 인천문화, 요즘 꼭 끌어안고 있는, 머릿속을 떠나지 않고 있는 '화두'다.

(2011)

인천에 희망이 있을까?

얼마 전에 모 지역방송에 출연할 일이 있어 갔다가 방송사 사장과 나눈 얘기 한 토막. 인천에서 벌어지는 일들은 방송에 좀처럼 나오지 않는다. 혹시 어쩌다가 나오면 나쁜 일만 나온다. 누가 누구를 죽인 일, 불난 일, 물이 넘친 일, 공직자들이 부정을 저지른 일만 나온다. 반대로 서울은 햇볕 좋은 봄날, 가족들이 공원에 나와 휴일 한낮을 즐기는 화면이 나온다. 그러니 인천 시민들 사이에 인천은 서울보다 사람 살 곳이 못 된다는 인식이 자연스럽게 형성되고, 그래서 능력과 기회만 되면 인천을 떠나고 싶어 하고, 인천에서 경제행위를 해도 집은 서울에 두려고 한다는 것이다. 결론은 인천에도 방송국, 특히 TV 방송국이 있어야 한다는 것인데 일리 있는 얘기였다.

조금 다른 얘기인데, 인천의 공직자들이 이따금 부정을 저지르기야 하겠지만 나는 그것이 결코 인천만의 문제는 아니라고 본다. 또한, 인천의 공직자들이 다른 지역에 비해 부정한 사람들이 많아서 그런 건 아니라고 본다. 공직자들의 비리와 비위가 방송과 신문에 자주 보도되고 있는 것에 대한 매우 독특한 해석이 있는데, 그건 '인천'이라서 그렇다는 것이다. '인천'이라서 그렇다는 것은 대체 무슨 뜻인가.

다 아는 것처럼, 인천은 인구 구성비가 매우 다양한 도시이다. 일단 조상 대대로 인천에서 태어나고 살아온 토착세력, 한국전쟁 시기에 월남한 이북 출신 세력, 산업화 시기에 상경한 호남세력, 물길이 가까워 심지어는 학교도 인천으로 다녔던 충청세력이 있다. 아시아 여러 나라에서 온 노동자들, 심지어 소위 새터민들도 인천에 많다. 그래서 각 세력이 각축하다 보면 그런 비위와 비리가 쉽게 겉으로 드러난다는 것이다.

거기보다 광주나 대구 등 인구 구성비가 비교적 단일한 도시에서 비위와 비리가 일어나도 동창회 등 사조직에서 미리 걸러져 좀처럼 언론에 드러나지 않는다는 것이다. 심지어 언론도 지역 정서에서 자유스러울 수 없다는 것이다.

나는 그동안 그런 광주나 대구가 부러웠다. 그러나 지금은 생각이 바뀌었다. 인구 구성비가 단일한 도시는 일사불란할지 몰라도, 일의 처리가 빠를지는 몰라도, 그건 도시 건강에 매우 좋지 않다. 생물학적으로도 동종교배는 필망이다. 잡종 교배가 건강하고 오래 간다. 좋지 않은 상황이 제때 겉으로 드러나지 않으면 결국 몸은 곪아 터지면서 돌이킬 수 없을 정도로 망가지고 만다. 아플 때 아파야 스스로 치유능력을 갖추게 된다.

인구 구성비가 다양한 인천은 마치 당쟁의 순기능처럼 각 세력이 각축하는 사이 건강하고 활기 있는 도시가 될 수 있다. 나는 향후 한반도를 이끌어 갈 정치력과 지도력은 다양한 세력이 각축하고 있는 인천에서 나올 것이라고 본다.

내가 몸담은 (사)인천사람과문화에선 올해 말까지 '인천의 과거와 현재 그리고 미래'라는 제목으로 연속포럼을 진행할 예정이다.

지역전문가와 원로들을 모시고 인천의 과거는 어떠했고, 현재는 어떠하며, 미래는 어떨 것인가에 대해 집중적으로 토론하고 공부하려 한다. 그래서 인천을 사분오열의 희망 없는 곳이 아니라 다양한 세력이 합쳐져 보다 더 큰 힘으로 바뀌는 희망 있는 곳으로 만들어 가려고 한다.

인천에 희망이 있을까? 희망이 있다. 그것도 희망이 아주 많다. 인천의 다양한 인구 구성비는 이제 더 부끄러움이 아니라 자랑이고 기회다.

지역의 원로 한 분은 인천을 '해불양수'의 도시라 했다. 바다는 이 강물 저 강물 가리지 않고 모두 품는다.

인천은 바다의 도시다. 바다의 도시 인천은 출신 지역을 가리지 않고 모두 품는다. 바다의 도시 인천은 신분을 가리지 않고 모두 품는다. 그리고 모두 함께 커다란 희망을 만든다. 그리하여 우리가 인천에서 만든 희망을 전국으로 아니 한반도 전체로 전염시켜 나갔으면 좋겠다.

(2011)

인천은 '파랑색',
희망, 젊음, 가능성의 도시다

최근에 지난 5년 동안 쓴 졸시 들을 모아 『인천에 살기 위하여』라는 제목의 여섯 번째 시집을 펴냈다. 시집 출간을 기념해서 지난 2월 18일 부평아트센터에서 조촐한 콘서트도 열었다. 기념회를 준비하는 데 사단법인 인천사람과문화의 열성 회원 한 분이 출판기념회에 참석할 분들에게 드레스코드를 지정하자고 제안을 했다. 처음에는 약간 남우세스러운 것 같아서 대답을 안 하다가, 하도 강권을 해서 마지못해 그러자고 했다. 결국은 그분의 제안 덕분에 출판기념 콘서트가 재미있게 진행됐다.

그가 내게 제안한 색깔은 파란색이었다. 인천은 바다의 도시이고 항구의 도시이고 하늘길이 열려 있는 공항의 도시이니, 인천의 상징색은 당연히 파란색으로 해야 한다는 것이었다. 중국 하면 전 세계인들 모두 빨간색을 떠올리는 것처럼, 보자마자 바로 한눈에 알 수 있는 색깔 마케팅이 매우 중요한 시대라고 했다.

듣고 보니 그럴듯했다. 색깔 마케팅이 중요한 거야 이미 알고 있었지만, 인천의 상징색을 파란색으로 하자는 건 생각해 보지 못한 부분이었다. 혹시나 해서 인천시 홈페이지에 들어가 봤더니 내가 잘못 찾아서 그런 건지, 인천의 상징색 같은 건 없는 것 같았다.

인천시의 상징색을 파란색으로 정할 것을 제안한다. 인천의 상징색을 조례로 제정해 가능한 인천시의 모든 상징물을 파란색 계통으로 통일할 것을 제안한다. 인천시의 모든 공식적 비공식적 행사에서 넥타이와 스카프 등 드레스 코드를 파란색으로 지정하자. 파란색은 희망, 젊음을 상징한다. 인천은 파란색처럼 희망의 도시이고 가능성의 도시다. 인천은 누가 뭐래도 바다와 항구와 공항의 도시다. 그런데도 인천은 그동안 한사코 서울만 바라보며 바다를 등지고 살아왔다. 인구 구성비가 다양한 인천은 희망이 없다고 하는데 난 전혀 그렇게 생각하지 않는다. 오히려 건강하고 활기 있는 도시가 될 수 있다. 인천의 다양한 인구 구성비는 이제 더는 부끄러움이 아니라 자랑이고 기회다. 더구나 이제 우리 아이들의 고향은 모두 인천이 아닌가. 나부터 월말에 열리는 운영이사회에서 사단법인 인천사람과문화의 로고 색깔부터 파란색 계통으로 바꾸자고 제안해야겠다.

다음은 내 가슴에 새긴 한 구절이다.

인생에서 성공하려면 반드시 다음의 네 가지가 괜찮아야 한다. 첫째, 자신의 품질이 괜찮아야 한다. 둘째, 다른 사람도 괜찮다고 말해 줘야 한다. 셋째, 괜찮다고 말을 하는 사람 역시 괜찮아야 한다. 넷째, 괜찮은 사람의 건강 역시 괜찮아야 한다.

- 왕리친(후난대 교수)

사마천의 『사기』 연구의 권위자인 중국의 왕리친 후난대 교수가 한 말이다. 우선 자신의 품질이 괜찮아야 하고, 다른 사람도 괜찮다고 말해 줘야 하며, 또한 괜찮다고 말을 하는 사람 역시 괜찮아야 하며, 괜찮은 사람의 건강 역시 괜찮아야 한다는 것이다. 살면서 한 번쯤은 이 말을 꼭 되새겨 보기 바란다. 나는 남 앞에 나설 만큼 괜찮은 사람인지, 남들도 그렇게 얘기하는지, 내 얘기를 해주는 사람이 괜찮은 사람인지, 자신의 건강은 괜찮은지를.

(2014)

지역 언론의 중요성

내가 글을 쓰고 있는 지면에 관해 쓴소리하려니 미안하기도 하고 누워서 침 뱉기가 아닌가 싶기도 해서 여러 번 망설였지만, 용기를 내서 이 칼럼을 쓴다. 며칠 전 인천일보의 유능한 젊은 기자가 회사를 떠났다는 소식을 들었다. 이 기자는 지역 신문기자로는 매우 드물게 환경 전문기자로 활동하면서, 지난 10여 년간 인천에서 벌어지는 환경파괴 행위를 감시하는 등 환경보호에 앞장서왔다. 환경 전문성을 키우기 위해 자비로 프랑스로 유학까지 다녀왔고, 얼마 전에는 인천 앞바다 대부분 섬을 다녀온 결과를 책으로 출판하기도 했다. 무슨 일인가 궁금해 문자를 보냈더니 기대에 부응하지 못하고 회사를 떠나게 되어서 죄송하다는 뜻으로 답장을 보내왔다. 유능한 기자 한 명이 어쩔 수 없이, 거의 타의로 또 인천일보를 떠나게 되었다. 가슴이 아프고 속이 상했다.

지난 1월 10일 자 인천일보 지면에는, 인천법원 앞에서 인천일보 임금채권단협의회가 기자회견을 열고 있는 사진이 실렸다. 이 날은 법원에서 인천일보 사옥경매가 열린 날이었다. 인천일보 전

직원이 참여한 이 '협의회'는 '인천일보 사옥경매 중지', '현 사태에 책임 있는 경영진 즉각 사퇴'를 촉구하면서 "현 경영진은 특히 직원들을 2000%가 넘는 임금체불로 내몰아 신용불량자, 가정파탄자로 만들면서도 회사를 정상화할 수 있는 유일한 방법인 기업회생을 고의로 무산시키는 등 경영권 지키기만 혈안이 돼 있다."라며 "인천일보 편집국 데스크를 비롯한 전 직원들은 인천일보 사옥경매 중지와 대표이사의 즉각 사퇴 및 횡령 등 각종 범법 행위에 대한 고소·고발을 진행하는 한편, 직원들의 독자적 힘으로 기업회생을 다시 신청할 계획"이라고 말했다.

이날 진행된 사옥경매는 입찰자가 없어 연기됐다고 하는데, 이 사진은 여러 가지로 참 기괴했다. 법원 안에서 기자회견 등을 취재해야 할 기자들이 거꾸로 법원 밖에서 기자회견을 하는 것도 이상했다.

인천일보를 16면으로 줄여 발행한 게 벌써 10여 일이 지났다. 인천일보 기자들이 수년간 임금을 제대로 못 받아 왔다는 것은 이미 '잘 알려진 비밀'이다. 생활고를 도저히 견디지 못한 많은 기자는 이미 회사를 떠났다. 인천지역에 제대로 된 신문사 하나는 있어야 한다는 사명감으로 끝까지 버티기에는 현재 남아 있는 기자들도 너무 힘겹다.

인천일보는 누가 뭐래도 인천 언론의 기둥이다. 인천일보는 1988년 7월 15일에 창간됐다. 1987년 6월 민주항쟁의 산물인 것이다. 인천시청에 출입하는 언론매체는 모두 합쳐 40개도 넘지만, 인천에 본사를 둔 주요 신문은 인천일보와 기호일보 달랑 2개뿐이다. 2006년 인천일보에서 분리된 '인천신문'도 인천에 본사를 뒀지만, 지금은 발행이 중단된 상태다.

인천에서 지역신문을 꾸려나간다는 건 어려운 일이다. 인천은 서울에 인접한 수도권 위성도시라는 숙명 때문에 중앙지와 경쟁하기가 몹시 벅차다. 더구나 수많은 온라인 매체의 등장으로 종이신문이 얼마나 버틸 수 있을지에 대한 우려도 있다.

종편 등 언론의 과당경쟁으로 광고시장도 급격하게 축소되고 있다. 그러나 인구 300만에 육박하는 인천에 제대로 된 신문사 하나 살아남을 수 없다면 인구는 많지만 제대로 된 사람은 없는 부끄러운 도시가 되고 말 것이다.

지역사회의 공익과 풀뿌리 민주주의는 제대로 된 언론으로부터 시작된다고 나는 확신한다. 인천이 문화, 복지, 의료 등 모든 면이 엉망이라고 하는데 언론마저 죽는다면 나머지도 절대로 제대로 살아날 수 없다. 지역 언론은 지역을, 시 정부를, 시의회를 인천의 권력자들을 끊임없이 비판해야 한다. 그것이 인천을 살리는 길이고, 인천이 사는 길이다.

아침에 일어나 내가 제일 먼저 하는 일이 아파트 문을 열고 나가 새벽에 배달되어 온 인천일보를 펼쳐 보는 일이다. 지난 수년간처럼 앞으로도 계속, 나는 매일 아침을 인천일보와 함께 시작하고 싶다.

(2013)

기초 의회에 좀 더 관심을

 인천지역 기초의원들에 대한 자질 시비가 끊이지 않고 있다. 최근 동구의회 의장과 동구청 고위 간부들이 점심시간을 40분이나 넘기면서까지 술을 마셔 주민들의 비난을 받은 데 이어 남동구의회 한 의원은 술에 취해 주민에게 욕설을 퍼붓는 추태를 부렸다. 남구의회는 지역 현안과 관련해 이해관계가 있는 기업체 간부를 불러내 향응을 받아 의회의 품위를 실추시켰다며 의장에 대한 불신임안을 통과시켰다. 남구의회는 자질 시비 때문에 올해 들어 의장을 세 번이나 바꿨다.
 왜 이런 일이 되풀이되고 있을까. 기초의원들은 자신을 뽑아준 유권자를 전혀 두려워하지 않는 것 같다. 주민에게 봉사하려는 자세가 아니라 주민 위에 군림하려고 하거나 자신의 지위를 이용해 임기 중 무언가 이익을 챙기려고 하기 때문이다. 또 당선만 되면 임기가 보장될 뿐만 아니라 다음 선거가 닥치면 적당히 선거운동원을 동원하고 의정 보고회 형식의 유인물이나 몇 번 돌리면 된다고 생각하는 것 같다.

지방의원들의 자질 시비를 근절하기 위해서는 차기 선거에서 저질 의원들을 반드시 낙선시키는 것과 함께 주민들이 의원들을 심판할 수 있는 주민소환제 등을 도입하는 것이 필요하다.

그러나 가장 큰 원인은 기초의회에 대한 주민들의 무관심에 있다. 기초의원을 뽑아 놓고 그들이 의정활동을 어떻게 하고 있는지에 대해 아무런 관심이 없으니 고질적인 감투싸움이나 벌이고 자기들 편한 대로 주민들의 운명을 결정하고 있다. 시민들은 내가 사는 지역의 기초의회에 좀 더 관심을 가져야 한다. 우리가 피땀 흘려 벌어 세금으로 낸 돈으로 운영되는 기초의회가 아닌가.

(2003)

경인방송 사태와 '시대공감'

iTV 경인방송을 생각할 때마다 애증이 교차한다. 1997년 10월 경인방송(당시 인천방송)이 개국 되었을 때 인천 시민들은 그렇게 열망하던 지역 방송국이 드디어 인천에서도 생겨난 사실에 대해 너나없이 기뻐하고 즐거워했으며, '이제 인천에도 우리 살아가는 모습을, 우리 살아가는 동네 소식을 TV에서 볼 수 있겠구나'하는 기대감에 부풀었던 게 사실이었다. 그러나 경인방송은 그동안 인천 시민들의 바람을 전혀 충족시켜 주지 못했다. 경인방송은 대주주인 동양제철화학, 대한제당 등 대기업의 이익을 극대화하기 위한 수단으로만 여겨져 왔으며, 또한 경인방송은 그 정체성이 인천인지 경기도인지 아니면 전국인지가 모호했다. 도대체 몇 명이나 시청하는지 모를 중국 드라마, 골프, 프로레슬링, 시효 지난 개그맨들을 데려다가 만든 저질 코미디를 남발하는 등 전파를 낭비해 왔고, 되지도 않을 '서울방송 흉내 내기'만 일삼아 왔다. 그러더니 이제 한술 더 떠서 지난 2002년 선거에서 인천시장에 민주당 후보로 출마했다가 낙선한 회장의 2006년 선거출마 홍보 수단으로 전락하고 말았다니 참으로 한심하고 기가 찰 노릇이다.

지난해부터 '지배주주의 기만적이고, 무책임한 경영 태도'에 맞서 근본적인 방송사 소유구조 개편 등을 요구하며 농성을 벌여 온 경인방송 노동조합이 회장의 서울 집무실 폐쇄 과정에서 입수한 것이라는 'ㅇㅇㅇ 이미지 고양을 위한 플랜'이라는 문건에는 '(이 계획은) 회장의 차기 선거출마를 염두에 둔 기본 전략으로서, 단계별 이미지 강화 및 인천 시민의 잠재의식에 장기간에 걸쳐 호감도 및 선호도 제고를 위한 이미지 메이킹 차원에서 수립된 마케팅 캠페인 전략'이라고 나와 있으며, '전략이 살아 있으나 티 안 나게', '회장을 단계별로 iTV에 자주 노출시켜, 시청자들에게 ㅇㅇㅇ의 이미지와 경인방송의 이미지를 동일화시켜야 하며', 이와 함께 'iTV 연중캠페인'과 젊은 층을 목표로 한 '초대형 콘서트' 등 iTV를 선거에 이용하기 위한 단계적이고 구체적인 방안이 제시되어 있다고 한다.

실제로 지난해 8월 14일에는 '자신의 시구 모습을 방송하기 위해 프로야구 중계를 예정보다 5분 먼저 시작하라고 지시'한 바 있고, 12월 2일에 방송됐던 인천경제시민포럼은 '자신이 나왔다는 이유로 방송에 내보내라는 주문 때문에 방송하게 됐다'라고 하며, '현장에 있는 기자들이 이런 지시를 자주 받고 있고, 매달 취재지시를 거부한 사례가 두세 건은 된다.'라고 한다. 한편 12월 31일 신년 맞이 특집방송에서는 회장이 직접 출연해 인천 시민에 대해 인사를 하는 등 iTV를 '사유화하려는 의도를 노골화'해왔다고 하며, 또한 '경인방송을 방문하는 방문객들에게 나누어 주는 기념품마저도 회장의 인사말을 삽입함으로써 잠재적 유권자인 학생과 부모들에게 간접홍보를 해왔다'라고 한다. 인천시장에 출마하려는 정치적인 욕심으로 경인방송을 사유화해왔다니, 자신의 정치적 출세를 위하여 사회적 공기인 방송을 개인 출세 수단으로 남용해 왔다니, 회장의 부도덕한 처세는 참으로 지탄받아 마땅하다.

그러나 경인방송에 희망이 전혀 없는 것은 아니다. 경인방송에는 전파를 낭비하는 프로그램만 있는 것이 아니라 〈시대공감〉과 같은 훌륭한 프로그램과 방송, 언론의 시대적 소명을 잃지 않으려는 훌륭한 피디, 기자, 작가들이 있다. MBC의 PD 수첩 등과 비교해도 전혀 뒤지지 않을 시사 프로그램인 〈시대공감〉은 '상업적 민영방송'에 아직 없어지지 않고 살아 있는 게 신기할 정도로 그동안 우리 사회의 환부를 가차 없이 고발해 왔고, 사회적 약자의 편에 서서 방송해 왔다.

공중파는 일부 재벌의 재산이 아니라 국민 모두의 공동재산이다. 더구나 경인방송은 인천 시민들과 인천지역 시민단체들의 투쟁과 노고의 산물이었다. 그렇지 않다고 하더라도 방송을 자신의 정치적 출세와 일신의 영달을 위하여 사유화한다는 것은 요즘 같은 '대명천지'에 도저히 용납할 수 없는 일이다. 회장은 하루빨리 경인방송 구성원들과 인천 시민들 앞에 사죄하고 즉각 물러나야 한다. 그리고 경인방송은 경인방송의 설립 정신, 〈시대공감〉의 정신을 되살려 인천 시민들을 위한 '공익적 민영방송'으로 거듭 태어나야 한다. 이렇게 할 때 경인방송은 시민들의 관심과 사랑을 다시 받을 수 있을 것이다.

(2004)

2부 인천에 살기 위하여

굴업도를 지킬 수 있을까

　굴업도를 사랑하는 문화예술인모임 회원, 인천작가회의의 시인 몇 명과 함께 굴업도에 다녀왔다. 마을로 걸어 들어가는 고개의 숲길이 예뻤다. 굴업도 앞바다에 떠 있는 선단여에 얽힌 전설은 안타까웠고, 신석기시대 유적인 패총이 아직도 남아 있다는 게 신기했다. 사구 위를 미끄러지며 걸을 때는 마치 사막을 걷는 기분이었다. 코끼리바위는 이름 그대로 코끼리를 쏙 빼닮았다. 계절마다 온도 차가 커 금이 간 바위가 파도에 맞아떨어져 나가면서 코끼리바위와 같은 절경을 만들어냈다. 코끼리바위 앞에서 보는 굴업도의 노을은 장관이었다. 붉은 노을이 백사장까지 물들여 흰 모래사장은 붉은 칠한 도화지 같았다. 개머리초지 산등성이에 올라서니 보기 드문 풍광이 펼쳐졌다. 능선 양편으로는 서해 바다가 끝없이 펼쳐져 있고 금방망이 꽃과 억새와 강아지풀을 닮은 이름도 묘한 수크령은 이국적 풍경을 자아냈다. 요절한 제주의 사진가 김영갑이 목숨 걸고 찍은 사진들에 나오는 제주의 오름 같았다. 능선 끝으로 가니 정말로 초지의 이름처럼 개의 머리를 닮았다.

초지가 생긴 유래가 재미있었다.

　1970년대까지 소를 방목했기 때문에 나무가 거의 사라졌고, 소가 없어진 후에도 방목한 염소와 사슴 등이 억새 초원에 길을 만들고 키가 너무 큰 억새들을 억제함으로써 햇빛이 잘 들게 되었다. 그래서 엉겅퀴나 금방망이꽃 등 꿀이 많은 식물들을 잘 자라게 해주었다. 그래서 왕은점표범나비에게 꿀을 충분히 공급하는 구실을 해주었다. 왕은점표범나비는 멸종위기야생동식물 2급이다. 굴업도에는 왕은점표범나비 말고도 천연기념물이자 멸종 위기종 1급인 매와 검은머리물떼새도 살고 있고 먹구렁이도 살고 있다. 굴업도는 그동안 개발이 거의 없었고 주민의 이동도 적어서 외래식물도 거의 없다. 굴업도는 또한 소사나무 군락지이기도 하다. 일 년 중 절반 동안 물이 마르는 묵기미연못 해안사구 습지에는 미꾸라지를 비롯해 도둑게, 물방개 등 50여 종의 곤충들이 살고 있다. 굴업도는 한마디로 멸종 위기 동식물들의 보고요, 토종 동식물들의 천국이었다.

　밤에는 도시에서는 전혀 볼 수 없는 별들이 모두 굴업도에 모여 한꺼번에 바다로 쏟아져 내렸다. 육지로 나오는 배 시간 때문에 소굴업도로도 불리는 토끼섬을 못 본 게 몹시 아쉬웠지만, 토끼섬에는 절벽이 활 모양으로 파인 거대한 '해식와'가 있다. 문화재청이 '국내 어디서도 보기 힘든 해안지형의 백미'라고 평가한 곳이다. 해안 절벽을 몇천 년 동안 파도가 때렸고, 침식의 강도에 따라 동굴이 파였다. 한국녹색회에서 이곳을 천연기념물로 지정해 달라고 문화재청에 요청했지만, 현재 차일피일 결정이 미뤄지고 있다. 굴업도는 지난 2009년 산림청이 우리나라의 가장 아름다운 숲으로 선정하기도 한 곳이고, 또한 '꼭 지켜야 할 자연유산' 환경부 장관상을 받은 곳이기도 하다. 1920년대 초까지만 해도 민어 파시가 형성되던 어업 전진기지였고, 파시 때에는 어선 수백 척이 모여들었다. 부천경찰서에서 일본인 순사를 파견해 치안을 담당했을 정도였다.

그런데 이 천혜의 절경 굴업도가 요즘 다시 세인의 관심을 끌고 있다. CJ그룹이 굴업도의 98.5%를 사들인 후 섬 전체를 깎아 2012년까지 2564억 원을 들여 골프장을 비롯해 호텔, 해양리조트, 마리나, 워터 파크 등이 들어선 대규모 관광단지를 조성할 예정이라고 밝혔기 때문이다. 이제 굴업도의 동섬과 서섬 모두 굴착기의 삽날에 깡그리 날아가 버리게 생겼다.

굴업도의 운명이 참으로 기구하다. 다 아는 것처럼 지난 1994년 정부는 굴업도를 방사성폐기물 관리시설 터로 선정했다. 이 발표를 들은 덕적도의 주민들은 '굴업도 핵폐기물 처리장 건설 결사반대 덕적면 투쟁위원회'를 결성했으며, 이후 95년 11월 30일 정부가 지정·고시를 해제하겠다고 공식 발표할 때까지 약 1년여에 걸쳐 피나는 싸움을 전개했다. 그렇게 구속까지 당하면서 목숨으로 지킨 굴업도가 뭐 쉬서 뭐 준다고 몇 년 전 재벌기업에 통째로 팔려 버린 것이다. 주민들은 현재 개발 반대 측과 개발 찬성 측으로 갈려 있고, 자본의 탐욕은 마을 공동체마저 갈가리 찢어 놓았다. 개발을 찬성하는 분들도 섬의 삶이 워낙 팍팍하다 보니 어쩔 수 없는 선택이었을 것이지만, 일이 이 지경으로 진행되기까지의 가장 큰 책임은 사실 그동안 수수방관해 온 인천시에 있다.

지난달 인천의 시민단체들은 '굴업도는 인천 시민의 힘으로 지켜낸 국민 공공의 자산이다. 굴업도는 생태적으로 보존가치가 매우 높은 보석 같은 섬이다. CJ는 굴업도 개발계획을 대폭 수정하거나 포기해야 한다. 인천시는 굴업도를 보호하기 위한 관리계획을 시급히 수립해야 한다.'라는 등의 내용으로 공동성명을 발표했다. 이 성명은 무조건 개발에 반대하는 것이 아니라 굴업도 문제에 일단의 해결책을 제시하고 있는데, 가능하면 개발을 줄이거나 불가피하게 개발을 하더라도 반드시 생태 친환경 쪽으로 가야 한다는 것이다. 그것이 궁극적으로 인천 시민뿐만 아니라 굴업도와 덕적도의 주민들을 살리는 길이기도 하다.

민박집에서 점심을 차려 주던 할머니가 20대 때 찍은 사진이 민박집 벽에 걸려 있었다. 굴업도를 까뭉개면 할머니가 섬에서 살아온 70여 년 세월과 사연이 이 세상에서 영원히 사라질 것이다. 굴업도의 귀한 동식물을, 바람과 공기와 바다와 하늘의 별들을 한갓 골프장과 바꿀 수 없다. 굴업도의 바람과 공기와 바다와 별, 설마 이것까지 그들이 사들이지는 않았겠지. 굴업도를 몇몇 돈 많은 이들만 즐기는 곳이 아니라 인천 시민 전체가 즐기는 곳으로 만들어야 한다. 남이섬이나 일본의 나오시마처럼 만들어 전 국민, 전 세계인들이 찾아오는 곳으로 만들어야 한다. 굴업도 문제의 원만한 해결로 인천에 살고 있다는 게 부끄러운 일이 아니라 자랑스러운 일이 되고 싶다. 굴업도를 지킬 수 있을까?

(2011)

이상한(?) 의사들

의사들이 돈을 많이 버는 이 사회가 때로 곤혹스럽다. 의사들이 고소득이라는 것은 그만큼 이 사회 구성원들 대부분 몸이 병들어 있다는 뜻이기 때문이다. 사람들의 몸이 아파야만 자신의 존재증명이 된다는 사실에 세상의 의사들은 정체성의 혼란을 느끼지 않을까, 약간 궁금하기도 하다. 의사는 '좋은' 직업이다. 천박한 자본주의에서 '좋은' 직업의 선택 기준이란 그 직업을 갖기 위해 투자한 것의 몇 배, 몇십 배 되는 소득을 올리는 것, 그것도 평생을 안정적으로 지위와 명예, 부를 누리면서 살아가는 직업이다.

그런데 이 세상에 아주 이상한(?) 의사들이 있다. 사람들의 치아를 미리미리 건강하게 만들어서 자신들의 돈벌이를 스스로 막으려는 이상한 의사들이 있다. 그들이 누구냐 하면 바로 '건강사회를 위한 치과 의사회' 소속의 의사들이다. 그리고 이들이 자신들의 시간과 비용을 들여 10여 년 이상 꾸준히 해 오고 있는 일이 바로 수돗물에 불소를 넣어 충치를 예방하자는 운동이다.

수돗물 불소화 운동이란 수돗물에 0.8ppm 이하의 낮은 농도로 불소 화합물을 투입해 치아우식증, 즉 충치를 예방하자는 운동이다. 수돗물에 불소를 넣으면 적당량의 불소가 우리 몸에 흡수되어 치아의 표면층인 법랑질을 산에 강하게 만들어 준다. 충치는 감기 다음으로 빈번한 질환으로 치료비용 자체는 감기보다 더 많이 든다고 하며, 만 5세의 82%, 만 12, 3세의 76.1%가 충치로 고통받고 있다고 한다. 우리나라 사람이 영구치를 잃게 되는 원인 중 85% 이상이 충치 때문이라고 하는데, 불소화를 위해서 필요한 경비는 매우 저렴해서 일 인당 평생 경비가 충치 치료를 위해 치과의원에 한두 번 가는 진료비와 비슷하다고 한다.

현재 불소화 운동은 일부 환경단체들의 반대에 직면해 있는데 사실 환경운동과 생태주의에 반대할 사람은 없을 것이다. 나도 전폭적으로 환경운동에 찬동하는 사람이고, 생태주의에 대해서도 역시 우리 사회가 그렇게 가야 한다고 믿고 있다. 다만 불소 문제는 이 땅에 합리와 이성과 상식이 실현되는 문제로 접근하면 어떨까 싶다. 바람직한 근대정신, 합리나 이성 등을 우리 사회는 그동안 한 번도 경험해 보지 못했다. 선후 문제로 생각할 게 아니라는 것을 잘 알지만, 개인적으로는 이 땅에 합리와 이성을 우선 실현한 후에 자연이나 환경문제에 눈을 돌리고 싶다. 솔직히 이 세상 사람 중에 환경친화적인 삶이나 전원적인 삶을 살고 싶지 않은 사람이 있을까. 그러나 그보다 더 중요한 문제가 평등의 문제, 부의 정당한 분배 문제, 지금 당장 굶어 죽지 않는 문제라고 생각한다. 환경도 중요하지만, 사람도 중요하다.

냉소적으로 말하면, 사실 수돗물 불소화 운동은 있는 자는 더욱 있게 되고 없는 자는 대를 이어 더욱 찢어지게 가난할 수밖에 없는 막되어 먹은 이 자본주의 판에서는 맞지 않는 운동이다. 한치도 틀리지 않고 치아의 상태가 그 사람의 계급을 정확하게 말해주는 이 사회에서 충치가 생기면 치과에 가서 돈을 내고 치료를 받으면 되는 것이다. 더 돈이 많은 사람은 충치가 생기기 전에 미리미리 불소 정제를 먹거나, 불소치약을 쓰거나, 불소 껌을 씹거나, 불소 도포액을 바르거나, 불소 양치액으로 입안을 헹구거나, 불소 함유 음료수를 먹거나 하면 되는 것이다. 수돗물 불소화 운동은 가진 자들이 온갖 초국적 기업의 불소 관련 상품을 마음대로 사서 쓸 자유를 박탈하는 것이다. 없는 자들은 충치를 앓지 말거나 아파도 꾹꾹 참거나 하면 되는 것이다.

수돗물 불소화는 개인의 경제 수준이나 교육수준, 사회적 지위 등과 관계없이 누구에게나 평등하게 충치 예방효과가 있다. 수돗물 불소화는 따라서 더불어 사는 공동체를 지향하는 사회라면 반드시 필요한 사업이다. 가장 간단하게, 가장 싸게, 가장 안전한 방법으로 사람들이 가장 고통스러워하고 가장 지출이 많은 질병을 미리 예방하고 치료할 수 있는데도 실천하지 않는 사회는 바람직한 사회가 아니다. 수돗물 불소화는 한 사회의 공동체적 수준을 가늠하는 지표다. 그래서 수입의 감소를 뻔히 알면서 자기 돈 들여 불소화 운동을 하는 건치의 이상한(?) 의사들의 분투는 자본주의 판에서는 낯설지만, 매우 신성한 것이다. 또한, 참으로 도덕적인 가치를 지향하는 운동이다. 수돗물에 불소를 넣어 인천 시민들의 충치 예방을 바라는 인천의 '건치' 식구들에게서 신자유주의를 극복할 작은 희망을 보는 것이다.

(2005)

덕적팔경과 갯티길

　덕적도에 다녀왔다. 연안부두를 떠난 배는 1시간 10여 분 만에 덕적도 진리 선착장에 도착했다. 서포리 해변은 마치 동해안 같았다. 물도 제법 맑고 깨끗했고 바위에는 굴도 다닥다닥 붙어 있었다. 해수욕장 옆 솔숲 사이로는 데크를 깔아 삼림욕 산책로를 만들었다. 제11회 아름다운 숲 전국대회에서 어울림상을 받은 곳이다. 비조봉은 높이가 비록 292m밖에 안 되지만 바다에서 바로 솟아 올라와서 그런지 제법 우뚝하고 오르기에도 만만치 않았다. 한 시간여를 숨 가쁘게 오르니 서해안이 한눈에 들어온다. 오른쪽이 굴업도, 맞은편이 문갑도다. 덕적군도란 말이 실감 난다. 작년 굴업도를 방문했을 때 문갑도 등을 거쳐서 맨 마지막으로 갔었기 때문에 굴업도가 덕적도에서 매우 먼 섬인 줄 알았다. 역시 직접 눈으로 보지 않고는 알 수 없다.
　봉우리에서 내려다보는 바다 풍경이 시쳇말로 장난이 아니다. 사실 그동안은 덕적도가 이렇게 아름다운 섬인 줄 몰랐다. 바다와 섬이 적당한 간격으로 점점이 떠 있고 햇빛을 머금은 서해는 물고

기의 비늘처럼 반짝인다. 비조봉 정상 누각에 오르니 산에 오르느라 흘렸던 땀이 순식간에 사라졌다. 비조봉은 서해에서는 드물게 일출과 일몰을 모두 볼 수 있는 곳이다. 북리 쑥개해변은 지금이야 작은 포구지만 과거 번성하던 시절에는 극장이 두 개나 있었다. 물론 학교도 있었다. 한국전쟁 당시에는 황해도에서 배를 타고 피난 온 사람들까지 포함해 1만 2천여 명이 살던 큰 마을이었다고 한다. 밧지름해변은 서포리 해변과는 또 다른 아름다움이 있었다. 어디에 내놓아도 손색없는 풍경이다.

덕적군도에는 덕적팔경이 있다. 국수봉의 단풍, 용담으로 돌아오는 범선, 운주봉에서 바라보는 달, 황해의 낙조, 문갑도의 글 읽는 소리, 울도의 새우잡이 배들이 밝혀 놓은 불, 선갑도의 선갑봉에 걸린 저녁 구름, 서포리 해변에 기러기 내려앉는 모습 등인데 이 덕적 팔경이 '비조봉에서 내려다보는 바다의 모습'을 더해 '덕적 구경'으로 만들면 좋겠다.

서해안 섬에는 또 갯티길이라는 게 있다. 문갑도가 고향인 후배 시인 이세기 등에 따르면 갯티는 갯바위와 갯벌 사이의 공간으로 모래 갯벌이다. 갯티는 삶을 이끌어가는 신성한 장소이며, 노동의 공간이며, 놀이터이며 문화공간이기도 하다.

이 길들을 찾아내고 가꾸고 다듬어 갯티길이라 이름 짓고 여행자들을 불러 모아야 한다. 무색무취한 '둘레길'이라는 길 이름은 이제 너무 식상하다. 우리 인천은 우리가 가지고 있는 것도 찾아내 쓰지를 못한다.

서해안 섬 지방에 널린 수많은 설화와 전설과 민담을 찾아내서 우리만의 이야기를 만들어내야 한다. 심청이 빠져 죽은 인당수는 어디일까? 서해바다 어디쯤일 것이다. 고증을 거쳐 일정한 지점을 인당수로 정한 다음 인당수까지 가는 동안 배 안에서 심청전 공연을 보여 준다. 해당화 꽃 필 때를 맞춰 해당화 축제를 한다.

 인천에는 섬이 무려 170여 개나 있다. 물론 국민이 많이 찾아오게 하기 위해서는 선결되어야 할 과제가 있다. 서해의 섬으로 가는 뱃삯을 낮추는 것. 현재 인천 시민들에게 주어지고 있는 운임 50% 감면 혜택을 전 국민에게도 줘야 한다. 그건 사실 혜택도 아니다. 전철, 시내버스 등을 탈 때 우리가 실제 들어가는 비용을 전부 내고 타지 않는 것처럼 뱃삯도 전철, 시내버스와 똑같은 대중교통 정책이 적용되어야 한다. 그래서 사람들을 많이 오게 하면 서해평화는 저절로 따라온다.

 서해5도보다 상대적으로 너무 무심했던 덕적군도. 공기 좋고 물 좋고 산 좋은 덕적군도. 하늘만 돕는다면 뱃길은 정체나 지체가 없다. 이제 휴일이 되면 꽉 막힌 도로에서 전전긍긍하지 말고 우리 인천의 섬으로 가자. 보길도, 청산도 못지않은 인천의 섬 덕적군도로 가자. '수도권의 한려수도, 수도권의 다도해' 덕적군도로 가자. 돌아오는 뱃길, 덕적도 선착장을 떠난 지 한 시간 10분여 만에 정확하게 연안부두에 도착했다. 1시간 10분은 이런저런 상념을 떠올리기에도 매우 부족한 시간이었다.

(2012)

스티커를 붙이며

사무실에 나가서 스티커를 붙였다. (사)인천사람과문화 회원카드를 만들었는데 이메일 주소 쓰는 난을 빼먹었다. 따로 스티커로 인쇄해 붙이는데, 눈도 안 보이고 일이 만만치 않았다. 스티커를 붙이면서 생각했다.

"일 좀 잘하지. 실무자 한 사람의 실수로 이렇게 여러 사람 고생하잖아."

입 밖으로 말하지는 않았다. 시민단체 일이라는 게 업무는 산처럼 쌓여 있지만, 인력은 태부족이라 사실 언제든지 일어날 수 있는 실수였다. 그동안 이런저런 단체의 대표 노릇을 하면서 했던 모든 나의 '잘난 척'은 사실 상근자들의 수고 때문이었다. 상근자들이 잠시도 쉬지 않고 물밑에서 발을 움직였기에 상근하지 않는 내가 안전하게 잘난 척하면서 물 위로 떠 있을 수 있었다.

우리 사회에는 상근자 또는 시민운동가 또는 사무국장 또는 사무처장으로 불리는 이들이 있다. 최저 생계비에도 못 미치는 상근비를 받으면서도 우리 사회를 함께 잘사는 세상으로 만들기 위해 시민사회단체에서, 문화단체에서, 환경단체에서, 진보정당에서 밤낮으로 고군분투하는 이들이다. 그러나 이들이 칭찬만 받는 건 아니다. 단체의 특성상 아무래도 남을 비판하는 일이 많고, 그럴 때마다 천지사방에서 욕을 바가지로 먹는다. 이들은 돈은 돈대로 못 벌면서 욕은 욕대로 먹으니, 참으로 죽을 맛이고 하루에도 몇 번씩 때려치우고 싶은 마음이 굴뚝같다.

만일 정말로 상근자 또는 시민운동가 또는 사무국장 또는 사무처장으로 불리는 이들이 동시에 모두 일을 그만둔다면 우리 사회는 어떻게 될까? 비판하는 사람들이 없으니 아주 평화롭고 조용하게 잘 굴러갈까? 이들이 동시에 모두 일을 그만둔 이후의 사회를 상상하면 참으로 끔찍하다. 권력 있는 이, 돈 있는 이, 힘 있는 이들이 지금보다 훨씬 더 판치는 세상이 될 게 뻔하다. 그게 상근자 또는 시민운동가 또는 사무국장 또는 사무처장으로 불리는 이들의 존재 이유다. 그러므로 약육강식의 사회가 아니라, 권력 있는 자들만 판치는 세상이 아니라, 여성, 노인, 어린이 등 사회적 약자들도 모두 함께 잘 사는 세상이 되기를 원한다면, 그게 진정으로 인간다운 세상이라고 생각한다면, 우리는 그들이 활동을 지속해 나갈 수 있도록 도와야 한다.

(사)인천사람과문화도 전도가 양양한 청년 한 명이 최저 생계비에도 못 미치는 활동비를 받기로 하고 상근을 시작했다. 인천 모 대학의 총학생회장까지 지낸 청년이 사람과 문화 사무국장이란 직책으로 이제 막 상근을 시작했다. 나는 이 청년이 학창 시절 품었던 꿈을 잃지 않으면서, 상근 하면서, 자아실현을 하면서, 결혼

도 하고 아이도 낳는 걸 보고 싶다. 나는 사실 누구보다도 그의 부모님에게 미안하다. 나의 이 미안한 마음을 조금이라도 없애기 위해 난 조금 뻔뻔해지기로 했다. 내가 '스티커를 붙였던' 회원카드를 만나는 사람들에게 뻔뻔하게 내밀기로 했다. 아니 당당하게 내밀기로 했다. 내가 카드를 내미는 이들에게 함께 잘사는 세상을 만드는 데 동참할 기회를 주는 일이라고 생각하기로 했다.

"우리가 저녁 식사를 제대로 할 수 있는 것은 정육점·양조장·빵집 주인들이 관대해서가 아니라 그들이 이익을 추구하는 사람들이기 때문이다"라고 한 애덤 스미스의 말이 적어도 인천에서는 틀렸다는 걸 보여 주고 싶다. 인간의 행위는 오직 '이기심'에서 나오는 것이라는 소위 신자유주의자들의 언설이 적어도 인천에서는 틀렸다는 걸 보여 주고 싶다. "인간은 오직 자기 자신 아니면 기껏해야 자기 가족만을 생각하는 이기적인 존재들"이라는 신자유주의 학자들의 말이 적어도 인천에선 헛소리라는 걸 보여 주고 싶다.

우리는 죽을 때 무얼 가장 후회할까? 돈 많이 못 번 걸 후회하면서 죽을까? 높은 지위를 얻지 못한 걸 후회하면서 죽을까? 아마도 그건 아닐 것이다. 가족과 친구와 이웃과 더 많은 사랑을 나누지 못한 걸 후회하면서 죽을 것이다. 우리는 인간이므로.

(2011)

인천과 중국, 그리고 강정

역사적으로 인천은 중국과 밀접한 관련을 맺어 왔다. 산둥성에서 새벽에 우는 닭 소리가 인천에서 들린다는 말이 있을 정도로 지리적으로 근접해 있기도 하지만, 이런 이유로 우리나라에서 가장 큰 차이나타운도 인천에 있다. 특히 인천은 중국으로 가는 바닷길과 하늘길이 활짝 열려 있는 곳이다.

인천을 기점으로 중국을 오가는 국제여객선 운영사는 모두 아홉 개나 되고, 무려 열 개의 항로를 운항하고 있다. 인천공항을 통해 중국으로 가는 하늘길은 북경, 천진, 상해는 말할 것도 없고, 계림, 남경, 대련, 목단강, 선양, 심천, 서안, 옌지, 옌타이, 웨이하이, 창사, 창춘, 칭다오, 충칭, 쿤밍, 하얼빈, 광주, 허베이, 황산 등 20여 곳 이상이나 된다. 통일만 되면 인천은 중국으로 땅길까지 활짝 열린다. 강화에 북으로 통하는 다리만 놓으면 중국 대륙을 관통하는 철도인 중국 횡단철도와 연결할 수 있고, 이것이 시베리아 횡단철도까지 연결되면 인천에서 유럽까지 기차 타고 갈 수 있는 육로가 열리게 된다.

중국은 면적이 약 960만㎢로 동서남북으로 각각 6천㎞나 되는 참으로 거대한 나라다. 육지 국경선의 거리만 약 2만 2천 8백㎞로 무려 14개국 이상의 나라와 국경을 맞대고 있다. 인구는 약 14억, 무려 세계인구의 5분의 1이다. 그러나 문맹률은 10%밖에 안 된다. 평균수명은 73세. 세계 5대 은행 중 3개가 중국에 있고, 경제 규모는 이미 일본을 제치고 세계 2위이다.

중국은 '하드파워' 즉, 국토, 군사력, 인구, 경제 등 외형만 큰 나라가 아니다. 더 주목해야 할 것은 소위 '소프트파워', 바로 문화의 힘이다. 중국에선 연간 30억 부 이상의 잡지와 60억 부 이상의 서적이 발간된다. 한 작품당 가격이 100만 달러가 넘는 화가가 15명 이상이나 된다. 영화제작사가 300곳이 넘고 매년 400편 이상의 영화를 찍는다. 디자인학교만 50개가 넘고 도서관은 20만 개가 넘는다. 사립학교만 10만 개가 넘고, 부자 중 80%가 45세 미만이다. 또 대도시만 해도 7백 개가 넘고 중국이 외국에 세운 공자학교가 5백 곳이 넘는다. 전 세계에 공자만 연구하는 공자학회가 260곳이 넘으며, 세계인들에게 중국어를 거의 무료로 가르치는 공자교실이 60여 곳이 넘는다.

이유야 어쨌든, 싫든 좋든 이제 우리나라는 (인천은 말할 것도 없지만) 중국과는 떼려야 뗄 수 없는 사이가 되었다. 중국이, 중국 경제가 쉽게 붕괴하지도 않겠지만 만일 중국이 망한다면 우리나라 경제뿐만 아니라 세계 경제도 함께 휘청거릴 수밖에 없게 되었다. 우리나라가 먹고 살기 위해서는 중국과 관계가 매우 원만해야 한다.

그런데 지금 제주 강정에서는 이런 사정과 정반대의 길로 달려가고 있는 일이 자행되고 있다. 정부는 '민군 복합형 관광미항'이라는 매우 해괴한 단어를 동원하면서 제주 강정에 군사기지를 건설하고 있다. 대체 누구로부터 누구를 지키려는 건지 모를 기지를 강정에 건설하고 있다. 몇천 년에 걸쳐 만들어진 천혜의 구럼비 해안을 포클레인으로 까뭉개면서 해군기지를 건설하고 있다. 이 기지가 중국을 견제하기 위한 미국 주도의 소위 미사일 방어(MD)시스템 계획의 전초기지로 사용될 거라는 건 알 만한 사람은 다 안다. 이 기지건설이 군비경쟁을 부추김으로써 중국을 자극하고 결국 한반도의 안보를 위협하는 또 다른 불씨가 될 거라는 사실은 불 보듯 뻔하다.

정부 당국이 해야 할 일은 제주도의 해군기지 건설이 아니라 그 돈으로 중국처럼 우리나라의 '소프트파워' 즉, 문화발전에 투자하는 일이다. 북한과의 화해 협력에 힘쓰고 북으로 땅길을 내는 데 투자하는 일이다. 두 개로 나눠진 인천항 국제여객터미널을 하루빨리 하나로 합치는 일이다. 택시기사는 말할 것도 없고, 인천항에 종사하는 분들도 어느 중국 항로가 국제종합1터미널을 이용하고, 2터미널을 이용하는지 잘 구분하지 못하고 있는 현실을 빨리 끝내는 일이다.

그래서 인천에서 중국을 오가는 길이 더욱 편해졌으면 좋겠다. 그래서 인천에 중국 관광객들이 많이 왔으면 좋겠다.

(2011)

인천 홀대론(1)

운이 없는 건지, 인천은 그동안 공교롭게도 시장의 당적이 대통령과 달랐다. 지난 민주당 10년 집권 기간 동안 인천시장은 한나라당 소속이었고, 새누리당이 집권하고 있는 현재 인천시장의 소속 정당은 민주당이다. 그래서 그런 건지는 알 수 없지만, 인천은 중앙정부로부터 지속해서 홀대를 받아 왔단다. 시 발표에 따르면, 2010년 기준 인천시 내국세 납부액 3조 4416억 원 중 지방교부세로 돌려받은 금액은 1천 329억 원, 3.86%에 불과하지만 부산은 32%, 대구는 11%다. 올해 보통교부세는 1천 911억 원으로 부산의 1/5, 대구의 1/4 수준에 불과하다.

평창 동계올림픽 국비 지원은 도로 70%, 경기장 75% 이상인 데 반해 인천아시아경기대회 국비 지원은 현재 22% 정도다. 지난 2002년 부산 아시아경기대회 국비 지원은 36%였고, 2011년 대구 육상경기대회 국비 지원은 35%였다. 부산 지하철 2호선 건설 부채 1조 8천억 원은 정부에서 인수했다. 인천시는 전국 16개 시·도 가운데 국립종합대가 없는 유일한 도시이며, 국립문화시설은 국립생물자원관 달랑 하나다. 반면 혐오, 기피, 오염시설 및 재산권 피해시설은 인천에 집중돼 있는데, 수도권 쓰레기 매립지는 1,540만㎡로 세계 최대다. 그러나 매립지 반입비율은 서울 57%, 경기 31%이고 인천은 12%에 불과하다. 발전소 5개소 및 정유시설에서 생산하는 총 전력량의 63%를 수도권으로 송전한다. LNG 생산기지는 국내 천연가스 수요의 70% 이상을 공급한다.

이러한 시설로 인한 대기오염의 사회적 피해비용은 2조 1462억원이나 된다. 인천 앞바다 쓰레기는 서울, 경기도 쓰레기가 대부분이지만 처리비용은 인천시가 절반을 부담하고 있다. 인천시가 발표한 이런저런 통계를 듣고 있다 보면 인천은 바보들만 살아가는 곳이라는 생각이 든다. 인천이 무시당하는 것 같아 기분이 좋을 리 없지만, 그러나 만일 정말로 홀대론 같은 게 있다면 그것에 맞서 어떻게 타개해 나갈 것인지에 대한 노력은 하지 않고 누구에게 일러바치는 듯이 홀대론만 외치고 있는 인천시도 사실은 영 마뜩잖다.

2014년 아시아경기대회는 태어날 때부터 팔자가 사나웠다. 유치 때는 민주당 대통령에, 한나라당 시장이었고, 현재는 새누리당 대통령에 민주당 시장이다. 주 경기장과 관련해서는 유치 당시 한나라당 안상수 전 시장이 서구에 신축을 약속했는데, 2년 전 지방선거에서 당선된 민주당 송영길 시장은 문학경기장을 리모델링해서 경기를 치른다고 발표했다. 그 후 송 시장은 서구 시민들의 압력에 굴복해 서구에 신축하기로 번복했다.

경기장까지 이어지는 지하철 2호선까지 한꺼번에 건설해야 하니 어쩌면 인천의 재정적자는 너무나 당연한 일이다. 서구 주민들을 지역 이기주의로만 매도할 수 없는 것이, 시 정부가 이미 한 약속을 지키라는 것은 어쩌면 당연한 요구이고 권리다. 문제는 애초 설계 기준으로 주 경기장을 비롯한 8개 경기장의 연간 예상 수입은 134억 6천 200만 원, 지출은 215억 9천 100만 원으로 매년 81억 2천 900만 원의 적자 발생이 예상된다는 것이다.

경기가 좋아진다고 가상하여 상업 시설 낙찰률 150%를 적용하고 상업 시설을 대폭 늘려도 연간 수입은 182억5천300만 원, 지출은 212억400만 원으로 연간 예상 적자가 29억5천100만 원이다. 이 적자는 경기가 끝나면 어차피 인천 시민들의 세금으로 매년 고스란히 메워야 한다.

이 와중에 2014년 아시아경기대회 개·폐막식 때 인천에 관한 내용은 전혀 들어가지 않는다고 한다. 아마도 지난 2007년 도시축전처럼 서울의 기획사를 불러들여 기획사만 배를 불리는 일을 다시 반복하려는 모양이다. 내 집에서, 80% 이상의 내 돈을 들여 잔치하는데, 나만 쏙 빼놓고, 남들이 모든 계획을 짜고, 그래서 그 잔치에서 내 이야기를 할 수 없다니, 이게 무슨 황당무계한 경우인가? 아무리 생각해도 이번 일만은 도저히 이해하기 어렵다. 할 수도 없고 안 할 수도 없는 2014년 잔치를 앞둔 인천 시민들은 이래저래 우울한 일투성이다.

(2012)

인천 홀대론(2)

지난번 이 난에다 주로 중앙정치권에서 인천을 홀대한다는 내용으로 '인천 홀대론'이라는 제목의 칼럼을 썼다. 그러나 '인천 홀대'는 대통령이나 중앙정치권에 의해서만 벌어지는 게 아닌 모양이다. 지난달 23일 자 보도로는 경인교육대학교 인천본교와 경기캠퍼스의 정교수 가운데 인천 거주자는 전체 18%에 불과하단다. 국회 교육과학기술위원장인 민주당 신학용(인천 계양갑) 의원이 경인교대로부터 제출받은 '경인교대 전임교수 130여 명의 거주지 현황'에 따르면 인천에 거주하는 교수는 고작 23명에 불과하다. 서울이 72명으로 전체 55%, 경기도가 34명인데 서울 거주자 72명 가운데 강남·서초·송파 등 소위 강남 3구 거주자가 28명, 목동이나 여의도 등 양천구·영등포구 거주자가 21명이다. 특히 인천캠퍼스 소속 교수 57명 중에서도 서울 한강 이남 및 경기도 거주자들이 56%에 달하는 32명이다.

그동안 경인교대가 인천을 완전히 떠나 안양에 있는 경기캠퍼스로 옮긴다는 소문이 무성했었는데 교수들 대부분이 서울, 서울에서도 강남3구나 한강 이남 지역에 거주하고 있어, 안양 캠퍼스로 출퇴근하는 것이 훨씬 더 편리하기 때문에 이전을 추진했다는 게 신 의원의 견해다. 설마 자기들 출퇴근 편해지자고 인천 시민의 뜻을 '개 무시'한 채 인천을 떠나려는 결정을 했겠느냐 마는 교수들의 현주소지를 보면 신 의원의 지적이 전혀 근거 없는 것은 아닌 듯하다. 그동안 경인교대는 인천캠퍼스의 학부 기능을 안양으로 옮기고 인천에는 평생교육원 정도만 남겨 놓으려다가 인천 시민들의 반발에 부딪히자 현재는 애초의 계획을 보류하고 있는 것으로 알려졌지만 그것도 끝까지 가봐야 안다.

인천 소재 대학의 교수들이 인천에 살지 않고 있는 문제는 사실 어제오늘 얘기는 아니다. 몇 년 전 통계이기는 하지만 모 신문사에서 조사한 바에 의하면 시립인천대 교수 249명 가운데 절반이 넘는 132명(53%)이 서울에 살고 있었고, 경기도에 산다고 한 경우도 41명(16%)이었으며 인천에 사는 교수는 불과 76명(31%)에 불과했다. 인천대 교수의 2/3가 다른 지역에 거주했다. 시립대에서 국립대 법인으로의 전환을 앞둔 현재 다시 조사한다고 해도 다른 지역 거주율이 더 높아지면 높아졌지 낮아지지 않을 것이다.

시립대였던 인천대도 이럴진대 사립대인 인하대를 비롯한 나머지 대학은 아마 더할 것이다. 인천의 몇몇 뜻있는 이들은 '인천의 교수들이 인천에 살면서 인천을 고민하는 것과 그렇지 않은 것은 하늘과 땅 차이다. 교수나 연구자들이 그 지역과 호흡하면서 함께 할 때 모든 것이 제대로 이루어진다. 교육하고 연구하는 사람은 일반인과 달리 인천지역의 구체적인 사정을 아는 게 중요하다. 지식인의 지역에 대한 이해가 없으면 사회문제 해결을 위한 참여도도 낮게 마련' 이라고 입을 모으고 있다.

그러나 사실 교수들을 비롯한 인천 여론주도층의 인천 거주 문제는 교수집단의 문제만은 아니다. 교사들의 경우, 아이들이 써낸 집 주소가 어디인지 전혀 모르는데 그 학생의 환경과 처지를 충분히 헤아리기는 매우 어렵다. 일반 공무원들도 마찬가지다. 지역에 대한 정책을 펴고 정책을 결정할 때 자기가 현재 사는 곳이라면 앞으로 자기 자식이 계속 살아가야 할 곳이라면 정책 방향이 조금은 더 올바른 방향으로 나아가지 않을까? 언론인, 문화예술인, 지역의 손꼽히는 시민단체 간부들도 모두 마찬가지다.

인하대와 인천대를 비롯한 인천 소재 대학의 교수들이 인천 전역에 흩어져 살면서 인천에 관심을 두고 글을 쓴다면 인천은 아마 천지가 개벽할 정도로 달라질 것이라고 확신한다.

살지 않는 땅에 사랑하는 마음이 생길 리가 없다. 인천에 살지 않는 것은 그 누구보다도 인천을 홀대하는 것이다. 들리는 말에 의하면 현재 2014 아시안 게임 조직위원회에 파견된 시 공무원들의 인천 홀대는 중앙부처에서 내려온 공무원들과 크게 다르지 않다고 한다. 그들의 주소지가 어디인지 몹시 궁금하다. 인천 여론주도층들의 '인천 살기운동'이라도 펼쳐야 하는 걸까?

(2012)

인천을 화해와 평화의 도시로

인천 하면 떠오르는 게 뭘까? 인천 앞바다에서 벌어진 구한말 신미양요와 병인양요 등 일방적인 외세의 침입? 청일전쟁, 러일전쟁 등 남의 나라끼리의 전쟁에 우리 앞마당을 빌려준 일? 한국전쟁 시의 인천 상륙작전? 그밖에 자유공원? 맥아더 동상? 그러고 보니 모두 전쟁과 연관된 부정적이고 부끄러운 것들뿐이다. 이러한 역사적 사실들 때문에 그동안 인천은 냉전과 분단이라는 부정적인 이미지를 불식하지 못했다.

그런데, 그동안 인천에 살아가고 있는 것이 하나도 자랑스럽지 않았던 필자가 이번에 뿌듯함과 긍지를 처음으로 느끼게 되었으니, 그 이유는 다름이 아니라 바로 우리 인천에서 오는 6월 14일부터 17일까지 3박 4일간 북측 100여 명과 재외인사 40여 명을 포함한 대표단 700여 명이 참가한 가운데 "6·15 공동선언 발표 4돌 기념 우리민족대회"가 열리게 된 것이다.

6·15 공동선언이 무엇인가. 2000년 평양에서 남북의 두 정상이 합의한 이 선언은 우리나라의 통일문제를 외세가 아니라 이 나라

의 주인인 바로 우리 민족끼리 서로 힘을 합쳐 자주적으로 해결해 나가기로 한 이 민족의 새로운 헌장이 아니던가. 우리 민족에게 6·15 공동선언은 우리 민족이 평화통일로 나아가는 데 있어서의 중대한 이정표이자 통일시대의 개막을 선언하는 기념비적인 일이었으며 우리 민족의 앞날을 밝히는 중차대한 선언이었다.

그런 뜻깊은 6·15 공동선언을 기념하는 행사가 지방에서는 처음으로 바로 우리 인천에서 열리게 된 것이다. 이 대회는 민족 대화합 선언 채택, 평화와 통일을 위한 6,15킬로미터 마라톤, 문화행사 등을 갖기로 합의했다고 하는데, 준비위원회 측은 특히 2년 전 워커힐에서 열렸던 서울대회에서의 폐쇄적인 형태를 지양하여 장소를 문학경기장으로 정함으로써 원하는 인천 시민 누구나 참가할 수 있는 열린 대회를 계획하고 있는 것으로 알려졌다. 더욱 고무적인 것은 안상수 시장도 이미 이 대회를 적극적으로 돕겠다는 의지를 피력하였으며, 아울러 북한과의 교류협력 조례 제정, 북한교류 협력위원회 구성, 북한교류 협력기금 조성 등 구체적인 계획을 제시했다. 또한, 이 대회를 계기로 "인천이 대북 교류의 전진기지로서 자리매김할 수 있도록 각종 사업을 추진하겠다."라고 천명하였고, 인천과 '물류 공동화'를 추진하고 있는 개성이나 인천과 가장 가까운 황해남도 장연군, 룡연군 등과의 자매결연도 추진하겠다고 밝혔다. 안 시장의 발표를 적극적으로 환영하며 지지한다. 이참에 아직도 인천에 남아 있는 분단상징 기념물들을 모두 철거하고, 해안 철책선들도 완전히 걷어 내야 한다. 그리고 인천과 아무런 인연도 없는 춤 축제를 즉각 폐지하고 대신 평화축제를 시작하는 것이 마땅하다.

이번 민족대회를 계기로 우리 인천은 이제 전쟁과 분단의 도시에서 화해와 평화의 도시로 거듭 태어나야 한다. 그리하여 우리 인천이 다가올 통일을 주도하는 도시로 다시 태어나야 한다. 이번 대회가 결과적으로 통일을 한 걸음 앞당겨 우리 민족사에 길이 남는 대회가 되어야 한다.

더구나 인천은 그 어느 지역보다도 실향민들이 많이 사는 도시이다. 어느 모임에서나 부모님의 고향이 북녘인 사람을 조사해보면 놀랍게도 30%를 넘는다. 그만큼 북녘에 고향을 두고 온 실향민이 많다는 방증일 것이다. 통계에 의하면 인천에 거주하는 이북5도민회 회원은 77만여 명에 달한다고 하는데, 그중 황해도 도민회가 가장 많은 36만 명이고, 평안남도 도민회가 13만 명, 그다음으로 평안북도 도민회 9만여 명, 함경남도 도민회 8만여 명, 함경북도 도민회 4만여 명, 도서 도민회 7만여 명 등이라고 한다. 그러고 보니 필자가 일하고 있는 시민단체의 이정욱 공동대표도 황해도 연백이 고향인 실향민이다.

사실 50년 이상 우리는 섬나라였다. 삼면이 바다로 둘러싸이고, 위쪽으로는 갈 수 없었으니 그게 섬나라 아니고 뭔가?

남과 북은 같은 피를 둘이 나눈 한 형제다. 북과 남은 같은 말을 쓰는 한 겨레다. 이 지구 위에 같은 민족끼리 헤어져 살아가는 나라는 우리가 유일하다. 통일은 무조건 하는 것이지 논리적으로 따져 보고하는 게 아니다. 헤어진 형제가 다시 합쳐 살아가는데 무슨 논리를 따지는가? 문학 월드컵경기장에서 남과 북과 재외동포들이 함께 어깨 걸고 춤추고 노래할 생각을 하니 벌써 가슴이 쿵쾅거린다.

(2004)

문학산 시민공원 준공 기념
시민걷기대회

  그동안 인천사람들은 문학산이 인천의 진산이라고 하면서도 정작 문학산 꼭대기에는 한 번도 올라가 보지 못했다. 문학산은 백제 시조 온조의 형 비류가 도읍하여 산성까지 쌓은 유서 깊은 곳이라고 아이들에게 가르치면서도 정작 인천 시민들은 문학산을 둘러싼 흉물스러운 철조망 때문에 문학산 꼭대기에 한 번도 올라가 보지는 못했다. 대신 문학산 꼭대기는 미사일 발사기지가 차지하고 있었다. '배꼽산'이라고도 불렀던 문학산인데, 말하자면 인천사람들은 수십 년간 배꼽에 미사일을 처박고 살아온 것이나 마찬가지였다.

  불행 중 다행으로, 지난 1998년 미사일 오발 사고로 인천 시민들이 나서 배꼽에 꽂혀 있는 미사일을 제발 빼달라고 요구하였고, 인천시와 국방부의 합의에 따라 올해 6월에는 문학산이 시민의 품으로 돌아오는 줄 알았다. 기쁨을 감추기 어려워하며 인천 시민들은 그 순간을 숨죽여 고대해 왔다. 그런데, 아닌 밤중에 홍두깨인가? 자다가 봉창 두드린다고 해야 할까? 미사일 기지 이전은커녕 나이키인가 아디다스인가 하는 미사일 대신, 'SAM-X'인지 '쌤 아저씨'인지 하는 소위 '차기 유도무기' 사업의 목적으로 패트리엇 미사일이 설치된다는 거다. 하도 어이가 없어 말이 안 나온다.

나는 국방부에서 문학산에 설치하고자 하는 패트리엇이 누구로부터 누구를 지키자는 것인지 이해하기 어렵다. 만일 미사일이 북을 향하는 거라면 당장 걷어치우라. 이미 개성공단에서는 북쪽과 남쪽의 노동자 몇천 명이 함께 물건을 생산하고 있다. 지난해 우리민족대회에 이어 오는 9월에는 문학경기장에서 아시아 육상경기대회가 열리고, 북쪽 선수단도 응원단과 함께 참가할 예정이다. 인천은 이제 더는 분단과 전쟁을 상징하는 도시가 아니다. 인천은 이미 평화의 도시로 통일시대를 선도하고 있다. 이름도 똑같은 문학경기장에서는 북녘 동포와 육상경기를 하면서, 문학산에는 미사일 설치라니, 뭔가 말이 안 되지 않는가? 둘 중 하나는 분명 잘못된 일 아닌가? 만약 중국을 견제하기 위한 소위 미국의 MD 계획의 일환이라면, 그래서 미사일이 중국을 향하는 거라면 그건 더욱 우스운 꼴이다. 우리나라가 미국의 식민지가 아닌 다음에야 왜 남의 나라인 미국의 방위 계획을 우리 인천사람들 배꼽 위에 배치하나? 남의 나라 방위 계획에 왜 우리 인천사람들이 볼모가 되어야 하는가? 더구나 1조가 넘는 우리 국민의 세금을 들여서 말이다.

이제 국방부도 과거의 미망에서 빨리 빠져나와야 한다. 인천 시민 단 한 사람도 동의하지 않는 일을 힘으로 밀어붙이려고 해서는 안 된다. 국민이 동의하지 않는 국가 방위는 진정한 국가 방위가 아니다. 군부 독재정권 시절도 아닌 소위 참여정부의 시대 아닌가? 내년에 지방선거에 나설 인천시장을 비롯한 지역정치인들도 명확한 견해 표명이 있어야 한다. 누가 진심으로 시민의 삶을 걱정하는 인천의 일꾼인지 우리는 똑똑히 지켜볼 것이다. 그리하여 나는 소망한다. 이제 더는 '문학산 패트리엇 미사일 배치 철회 걷기 대회' 같은 이런 말도 안 되는 집회 말고, '문학산 시민공원 준공 기념 시민 걷기 대회', 뭐, 이런 집회에 참여하고 싶은 것이다.

(2005)

죽산의 꿈, 인천의 꿈

지난 6월 13일 ㈔인천사람과문화에서 주최한 올해 인문학 콘서트 세 번째 초대 손님은 인천 출신 소설가 이원규 선생이었다. 그는 최근 600쪽이 넘는 묵직한 『조봉암 평전』을 출간했는데, 아마도 이 평전은 여러 면에서 우리 출판 역사에 길이 남을 책임이 확실하다. 그는 이 책을 쓰기 위해 중국·러시아·일본 등에 남겨진 죽산의 발자취를 따라 20여 차례 답사했고 자료 수집에만 2년 반, 집필에만 3년이 걸렸다. 이 책에는 미발표 사진 포함 100여 장의 사진과 300여 개의 주석, 그리고 200여 개의 참고문헌이 수록돼 있는데, 그래서 이 책을 완성하는 데 무려 5년이 넘게 걸렸다. 그는 이날 강연에서 "최근 5년간 작품 연보가 없다. 오직 이 책을 완성하기 위한 기간이었다."라고 말했다. 이원규 선생은 어린 시절부터 향토사학자인 부친 이훈익 선생에게 죽산에 관한 이야기를 수없이 들었다. 중·고교 시절에는 강화 출신 친구가 많아 강화를 뻔질나게 드나들었고, 그의 학연과 지연·혈연 등 온갖 인맥을 총동원해 이 책을 썼다. 대부분 죽산의 전기는 8·15 광복 후 집중돼 있으므로 광복 이전의 삶은 별로 조명되지 못했는데, 비로소 죽산의 삶 전체를 들여다본, 명실상부한 평전이 완성된 것이다. 그는 어느 신문과의 인터뷰에서 "나는 죽산을 쓰기 위해 작가가 된 거 같았어요. 이 평전을 쓸 수 있는 사람은 오로지 나밖에 없다고 생각했어요."라고까지 말했다. 이 책을 통독한 느낌은 죽산은 모든 면에서 완벽한 영웅이 아니라 인간적인 약점도 많은 인물이고, 그래서 더욱 친근감이 느껴지는 인물이라는 것이었다.

 죽산은 우리 현대사에서 인천이 낳은 가장 큰 인물이다. 조봉암은 누구인가? 그는 일제 강점 직전 강화도 농가에서 태어났고 정규학력은 보통학교 졸업이 전부였다. 군청 사환, 임시 고원, 대서소 보조원 등으로 일했으나 마음을 사로잡는 화술, 뛰어난 강연술, 그리고 탁월한 사회기술 등을 갖추면서 비범한 인물로 성장했다. 고학으로 일본의 세이소쿠영어학교와 모스크바의 동방노력자공산대학에서 공부하기도 했다. 강화도의 3·1 만세운동에 참여해 서대문 형무소에서 옥살이를 했고, 공산주의가 조국 독립의 최선의 길이라고 판단해 조선공산당 창당의 주역이 됐으며, 상하이 망명 투쟁 중 체포를 당해 7년간 신의주형무소에 수감됐다. 8·15광복 후 전향했으며, 인천에서 제헌 국회의원으로 당선된 후 초대 농림부 장관으로서 농지개혁을 입안했다. 그 후 국회의원과 국회 부의장을 지내고 대통령선거에서 두 번이나 차점 낙선했다. 그러나 조국 독립을 위한 최선의 방편으로 선택했던 공산주의가 전향한 뒤에도 원죄처럼 그를 따라다녔고, 이승만 정권의 북진통일 정책에 맞서 평화통일을 주장한 것을 빌미로 국가변란과 간첩죄의

누명을 쓰고 억울하게 1959년 사법살인을 당했다가, 무려 60여 년만인 지난 2011년 1월 20일 대법원에서 재판관 전원일치로 무죄선고를 받았다.

그의 정치 노선을 현재 시각으로 본다면 제3의 길을 모색한 '사민주의자', '이성적인 타협주의자', 또는 '양심적 개혁정치인'이라고 할 수 있을 것이다. 그가 내걸었던 모토는 책임정치, 경제민주화, 평화통일이었다. 그러나 그는 주장을 내세우면서도 끝까지 화합하고 양보하며 선의의 정책대결을 원했다. 그는 이상적인 정반합론의 실천자였으며 어찌 보면 지독한 현실주의자였다. 그가 남긴 글이나 유언을 보면 그가 사법살인을 당했다는 것이 전혀 믿어지지 않을 정도로 지극히 상식적이다. 이런 이를 간첩으로 몰아 사형시킨 나라가 과거의 우리나라였다. 그는 옥중 유언에서 "우리가 못한 일을 우리가 알지 못하는 후배들이 해나갈 것이네. 결국, 어느 땐가 평화통일의 날이 올 것이고, 국민이 골고루 잘 사는 날이 올 것이네. 나는 씨만 뿌리고 가네."라고 말했다. 죽산이 뿌린 복지와 평화의 씨앗을 뒤에 남은 후배인 우리가 우리 인천에서 싹 틔우고 꽃피워야 한다. 강연을 마칠 무렵 이원규 선생의 눈에 약간 물기가 어렸다. 그가 눈물을 보인 이유는 무엇일까? 평전을 쓰기 위해 오롯이 바친 지난 5년 세월이 주마등처럼 지나가서인가? 아니면 죽산의 꿈과는 너무 먼 현재 우리의 현실이 속상해서 흘린 통한의 눈물인가? 이루지 못한 죽산의 꿈과 인천의 꿈과 이원규 선생의 꿈이 질정 없이 생각나는 밤이었다.

(2013)

인천에도 사람이 살고 있을까?

인천에도 사람이 살고 있을까? 어이없는 질문이다. 인천에는 280만에 육박하는 사람이 살고 있다. 너무 많아서 좁아터질 지경이다. 그런데도 왜 인천은 마치 사람이 살지 않는 것처럼 무시당할까. 정치의 계절만 되면 왜 인천에 살지도 않고, 살아 본 적도 없고, 앞으로도 살 생각 없는 사람들이 집적거릴까. 만일 대구나 부산, 광주나 전주였다면 그렇게 했을까.

인천이 무시당하는 가장 큰 이유는 인천에 '사람'은 많지만 '인천사람'은 많지 않기 때문이다. 그러면 누가 인천사람일까. 먼저 당연히 인천에서 태어난 사람이 인천사람이다. 그러면 인천에서 태어난 사람은 모두 인천사람인가. 아니다. 인천에서 사는 사람이 인천사람이다. 그러면 인천에서 사는 사람은 모두 인천사람인가. 아니다. 인천을 사랑해야 인천사람이다.

그러면 누가 인천사람이 아닐까. 인천에서 태어나지 않은 사람은 인천사람이 아닐까. 아니다. 인천에서 태어나지 않은 사람도 인천에 살고 있으면 인천사람이다. 그러면 태어나지 않았지만, 인천에 살고 있으면 인천사람인가. 아니다. 인천을 사랑해야 인천사람이다. 인천에 살고 있지 않은 사람은 인천사람이 아닐까. 아니다. 직장 등 여러 가지 사정상 인천에 살고 있지는 못하지만, 인천을 사랑하면서 늘 돌아올 준비가 되어 있는 사람은 인천사람이다. 인천에 살면서도 모든 경제행위는 서울에서 하는 사람, 인천에서 돈을 벌면서도 살기는 다른 지역에 사는 사람은 인천사람이 아니다.

정리하면, 인천사람은 인천에서 태어났든 태어나지 않았든, 인천에서 살든 살지 않든, 인천을 사랑하고, 인천을 중심으로 사고하고, 인천을 내 자식들이 살기 좋은 곳으로 만드는 데 동참하고, 가능하면 모든 경제행위를 인천에서 하고, 적어도 내 자식들을 인천에 있는 학교로 보내는 사람이다.

인천에도 문화가 있을까. 뜬금없는 질문이다. 인천에는 인천문화재단이 있고, 예총도 있고, 민예총도 있고, 인천시민예술센터도 있고, 극단 '십년후'도 있고, 극단 '미르'도 있다. 그런데도 왜 인천에서 문화 활동하는 것을 거의 미친 사람 취급할까. 왜 서울에서 되는 행사가 인천에서는 안 될까.

인천이 문화적으로 무시당하는 가장 큰 이유는 인천에 '문화'는 많지만 '인천문화'는 많지 않기 때문이다. 그러면 무엇이 인천문화일까. 그냥 노래하고, 그림 그리고, 쓰고, 춤추고, 찍고, 공연하면 모두 인천문화일까. 아니다. 인천문화는 평화의 문화여야 한다. 한반도의 숙명이 그러하지만, 특히 우리 인천은 남북의 평화공존이 없다면 경제고 뭐고 살길이 없다는 걸 이번 천안함과 연평도 사건을 보면서 똑똑히 보았다.

인천문화는 바다의 문화여야 한다. 인천은 역사적으로도 현실적으로도 해양도시가 확실한데도 그동안 한사코 바다를 등지고 살아왔다. 오히려 바다로 나가지 못하도록 살벌한 철조망으로 막아 놓았다. 인천문화는 노동자의 문화여야 한다. 그나마 인천이 먹고살 만하게 된 것은 부평, 주안, 남동 등지의 산업단지 때문이고, 거기서 흘린 노동자들의 피와 땀 때문이다.

인천은 다문화여야 한다. 실향민, 호남, 충청 등 지역적으로도 그러하고, 베트남, 캄보디아, 중국, 인도네시아 등 국적으로도 그러하다. 심지어 새터민들의 문화까지 포용하는 다문화여야 한다.

요즘 한 모임에 나가고 있는데, 자연스럽게 인천사람과 인천문화에 관한 토론이 활발하다. 특히 고무적인 것은, 인천에서 나고 자란 2세대들이 인천의 여론주도층으로 건강하게 성장하고 있다는 것이다. 옆집 살던 사람이 정치도 했으면 좋겠다. 앞집 사는 사람이 정치를 그만둔 사람이면 좋겠다. 뒷집 사람이 인천지역의 교수나 교사, 공무원이면 좋겠다. 인천문화 때문에 살고 싶은 인천, 인천문화 때문에 도저히 떠날 수 없는 인천이 되었으면 좋겠다.

(2011)

3부

그래도 이 땅에
살기
위하여

반세기를 기다린 반나절 짧은 여행 아쉬워
개성여행기

나는 지난 2008년 2월 3일, 당일치기 개성관광을 다녀왔다. 지난해 12월 5일부터 시작된 개성관광은 이제 꼭 한 달 남짓 지났는데, 북쪽에서 남측 사람들에게 관광이 허락된 곳 중 내가 안 가본 유일한 지역이라 꼭 가보고 싶었다. 신문 보도를 보니 개성관광의 인기가 좋아 이미 3월까지의 예약이 대부분 완료되었다고 한다. 어쨌든 잘된 일이다.

그런데 여행을 앞두고 한 가지 고민이 있었다. 출입사무소까지 가는 버스가 너무 일찍 출발하는 것이었다. 새벽 5시 50분에 현대 계동사옥 앞에서 모인다는데 인천에서 그 시간에 거기까지 갈 수 있는 대중교통편은 없었다. 난 그동안, 마치 내가 서울 사람인 양 허위의식에 사로잡혀 살아온 것이 부끄러웠다. 난 인천 '지방' 사람이 확실히 맞다. 하는 수 없이 함께 가기로 한 선배 집에서 하룻밤 신세를 질 수밖에 없었는데, 그래서 자연스럽게 이번 여행은 1박 2일 여행이 돼 버렸고, 당연히 전날 퍼먹은 술 때문에 개성관광을 하는 온종일 고통을 당했으니, 뻔한 순서였다.

개성이고 뭐고 다 그만두고 잠이나 더 잤으면 좋겠다는 심정이었지만, 또 그럴 수는 없는 일이라, 새벽 4시 반쯤에 일어나 택시를 타고 현대 계동사옥 앞으로 갔다. 5시 53분에 출발해서 6시 10분에 마포구청역 앞에서 사람들을 한 번 태우고, 7시 약간 넘어서 경의선 도로 출입사무소에 도착했다. 바로 이 길이다. 노무현 대통령이 지난해 남북 정상회담을 위해 평양을 다녀올 때 달렸던 길. 한 번쯤 감회에 젖을 법도 하건만 작취미성이라, 난 버스 안에서 오직 '실수'하지 않기만을 바라고 또 바랄 뿐이었다.

현대 아산 직원에게 여행에 관한 약간의 설명을 듣고, 휴대전화를 맡기고, 7시 30분부터 나라를 넘어가는 '출국'이 아니라 경계를 넘어가는 '출경' 절차를 밟았다. '출경'이라…. 금강산 갈 때도 느낀 사실이지만, 고심 끝에 잘 만든 말이라고 생각한다. 다시 버스를 타고 정말로 남과 북의 경계를 넘어 북의 경계로 들어가는 '입경' 절차를 밟았다. 절차래 봐야 짐 검사와 이미 제출된 사진과 관광증을 대조해 보는 일. 북쪽에서 일하는 현대 아산 직원들이 모두 나와 반갑게 맞이해준다. 버스는 개성시 외곽을 거쳐 개성 시내로 들어간다. 일요일이라 그런지 주민들이 길에 많이 나와 있다.

개성 평양 간 도로를 거쳐 9시 30분쯤에 박연폭포에 도착했다. 개성 시내에서 27km 떨어진 곳이다. 박연폭포는 꽁꽁 얼어붙었다. 웅장한 폭포 소리와 함께 시원스레 떨어져 내리는 물줄기를 보지 못해 아쉬웠지만, 겨울은 겨울 나름대로 폭포의 정취가 있다. 꽁꽁 언 겨울이라 폭포 아래까지 내려가 볼 수도 있다. 한반도는 사계절이 있어 불편하기도 하지만, 계절 따라 달라지는 자연의 모습 때문에 사실 우리는 네 개의 자연을 가진 셈이다. 그러니 박연폭포도 당연히 계절마다 모두 다른 4개의 박연폭포가 있다. 난 이제 겨울 박연폭포 하나만 보았을 뿐이니, 봄·여름·가을 세 번은 더 개성에 와야 한다.

박연폭포는 우리나라 3대 폭포로 유명한데, 금강산의 구룡폭포와 설악산의 대승폭포, 그리고 바로 이 박연폭포다.

'박연'이란 폭포 명은 폭포가 떨어지는 못의 둘레가 마치 바가지처럼 생겨서 붙은 이름이라고 한다. 황진이가 서경덕과 박연폭포와 자신을 '송도 3절'로 일컬어 더 유명하다.

폭포 맞은편에 '범사정'이라는 정자가 있다. '범'자는 간신히 읽었는데 '사'자가 까다로웠다. 생각해 보니 관동별곡에 나오는 글자였다. '뗏목 사'자였다. 관동별곡의 바로 이 부분 "선사랄 띄워내여 두우로 향하살가, 션인을 차자려 단혈의 머므살가."에서 '선사, 신선이 타는 뗏목', 선생도 가르치고도 모르는데, 아이들은 고전문학이 얼마나 어려울까?

고려 시대 때 쌓은 대흥산성 북문을 지나 관음사로 갔다. 절을 가기 전, 무슨 용도의 건물인지는 모르겠지만 매우 간단명료한 팻말이 보여 함께 간 조재도 형과 한참을 웃었다. 퀴즈를 내도 좋을 것 같다. 출입금지를 우리말 한 글자로 줄이면? 정답은 '섯'.

관음사로 오르는 숲속 바위 위에 쌓인 눈이 겨울의 정취를 더욱 깊게 한다. 관음사 은행나무를 지나 대웅전에 도착했다. 북쪽의 스님은 복장과 머리카락 형태가 우리와 다르다. 대웅전 오른쪽 관음굴 속의 관세음보살 좌상 앞에 켜 놓은 촛불이 관음사의 성스러운 분위기를 더하고, 대웅전 앞에 얌전히 서 있는 석탑은 고졸하다.

박연폭포를 다 보고 나서 11시 30분쯤 다시 버스에 올랐다. 개성 시내 통일의 거리 등을 거쳐 점심을 먹기 위해 통일관과 민속여관으로 갔다. 내가 속한 3조는 민속여관이었다. 식당 문 앞에서 물수건을 나누어 주는 풍경은 여전하다. 점심은 13첩 반상기를 먹었다. 13첩 반상기는 놋그릇에 담아야 제격이라고 한다. 맛도 맛이지만 13첩 반상기를 차려 놓은 장면 자체가 눈길을 끌었다.

개성 남대문 북쪽에 있는 개성 민속여관은 조선 시대 전통가옥 단지를 여관으로 개조하여 1989년 개장하였다고 한다. 여관 안을 가로질러 흐르는 실개천이 인상적이었다.

점심을 먹고 남대문을 지나 정몽주의 위패를 모신 숭양서원에 갔다. 남대문이라는 글씨는 선죽교의 비석과 아울러 모두 한석봉의 글씨라고 한다.

난 처음에 송양서원인 줄 알았는데 함께 간 친구 최성수 시인이 '숭'자라고 한다. 그래도 명색이 한문 선생이라 다르다. 다녀와서 한자 사전을 찾아보니 '崧' 자가 '우뚝 솟을 숭' 자다. 숭양서원은 개성시 선죽동에 있는데, 정몽주의 집터에 정몽주의 충절과 서경덕의 학덕을 아울러 기리기 위해 세운 서원이다.

서원을 다 보고 나서 자남산여관을 거쳐 선죽교로 갔다. 바로 저기가 자남산여관이로구나. 남북 간 회의가 있을 때마다 언론에 자주 나오던 곳. 이제 자남산여관도 더는 상상 속의 장소가 아니다.

선죽교 맞은편에 세워놓은 표충비로 갔다. 정몽주의 충절을 기리기 위해 세운 비인데, 엉뚱하게 거북이의 코를 만지면 비는 게 이루어진다는 속설 때문에(여자는 왼쪽 거북이, 남자는 오른쪽 거북이) 거북이의 콧등이 만질만질하다. 표충비를 다 보고 나니 3시 30분쯤. 벌써 개성관광이 끝나갈 시간이다.

개성관광의 마지막 코스인 고려박물관으로 갔다. 이 박물관 건물은 원래는 고려 시대 때 지어진 성균관 건물인데, 이 건물을 이용하여 고려 시대 유물 천여 점을 모아 박물관으로 꾸몄다. 그래서 박물관 안마당의 은행나무와 느티나무들은 대부분 몇백 년의 수령을 자랑한다. 고려 시대 벽화가 인상적이었고, 조선 시대 사고팔던 노비의 값이 눈길을 끌었다. 소 한 마리에 4백 필인데, 15세 넘은 여자 종은 120필, 남자 종은 100필이다.

개성관광도 금강산처럼 2박 3일, 아니면 적어도 1박 2일은 돼야 할 것 같다. 왕건왕릉과 공민왕릉, 영통사와 만월대, 첨성대는 보지도 못했다. 콘텐츠를 더 개발해서 한 번이 아니라 두 번 세 번 오고 싶은 곳으로 만들면 좋겠다. 그런 면에서 금강산 관광은 훌륭하다. 교예, 온천, 등산 등 콘텐츠가 풍부하다.

개성 공업지구를 버스 안에서 둘러봤다. 노 대통령이 방북 길에 차고 갔다는 로만손 시계 공장도 보이고, 귀로에 방문했다는 신원에벤에셀도 보인다.

개성 공업지구는 여전히 현재진행형이다. 개성 넓은 벌판에 2단계 공사가 한창이다. 북이 개성을 공업지구로 개방한 것은 사실 대단한 결심이다. 북으로서는 휴전선을 개성 뒤로 물려 앉힌 것이나 마찬가지다. 그래서 개성 공업지구의 성공은 남과 북 모두에게 대단히 중요한 문제다.

난관이 없을 수 없겠으나, 어려움을 현명하고 슬기롭게 극복하여 남과 북의 모범적인 경제 협력 모델이 되어야 한다. 그래서 자꾸 왔다 갔다 하고, 그래서 세계 유일의 분단국가라는 오명을 하루빨리 벗어야 한다.

우리 민족은 능력 있는 민족이다. 중국과 일본 등 강대국 사이에서 어쨌든 멸망하지 않고 몇천 년을 버텨왔다. 어쨌든 세계에서 미국과 대거리를 하고 있는 유일한 곳이 한반도 북쪽이고, 어쨌든 물려받은 아무런 자원도 없이 경제 규모가 세계 10위니 11위니 하게 된 곳이 한반도 남쪽이다.

임진강 통일의 다리를 지난 버스는 저녁 7시경 새벽 출발한 곳에다 우리를 내려놓았다. 현대아산빌딩은 일요일인데도 빌딩 여기저기 불이 켜져 있다. 난 현대 재벌과 아무 관계도 없지만, 개인적으로 현대아산의 이 북쪽 관광 사업만은 잘되었으면 좋겠다. 이 사업은 단순한 관광 사업이 아니다. 통일을 앞당기는 매우 중요한, 역사적이고 민족적인 사업이다. 더구나 현대아산으로서는 회장의 목숨까지 바친 일 아닌가? 4월에는 비로봉 등의 금강산 내 금강, 5월에는 백두산 관광도 시작된다고 하니, 이 관광들도 모두 잘 되었으면 좋겠다.

앞으로는 인천 강화에서 개성으로 놓인 다리를 건너 개성관광을 할 수 있는 날도 오겠지. 그러면 전날부터 집을 떠나지 않아도 되겠지. 남의 집 신세를 지다 술 퍼먹고, 정작 구경은 하는 둥 마는 둥 하는, 그런 어리석은 짓을 안 해도 되겠지.

(2008)

문학으로 여는 통일(1)
6·15 남북작가대회

20일 아침 인천공항에 도착하니 안개 때문에 평양에서 비행기가 못 왔다는 소식이 전해졌다. 역시 평양 길은 쉽지 않았다. 한참을 더 기다린 끝에야 고려항공 전세기에 올랐다. 2001년 8·15 통일축전 때 방북한 경험이 있어 무조건적 감흥은 줄었으나 감개무량하기는 마찬가지였다.

비행기 안에서 노동신문을 봤다. 사진이 많이 늘었다. 4년 만에 다시 먹어 보는 룡성맥주를 한잔하고 나니 벌써 평양이었다. 이렇게 가까운 거리를 1945년 '전국문학인대회' 결렬과 1989년 '남북작가대회' 무산을 딛고 60년 만에 온 것이다.

평양 순안공항에서 간단한 행사를 마치고 버스를 타고 평양 시내를 향해 달렸다. 거리의 구호도 많이 줄어들었다. 특히 미국과 관련된 구호는 거의 눈에 띄지 않았다. 뭔가 미묘한 변화가 감지되는 듯했다. 해외에서 참석한 작가들의 대표성 문제에 대한 이견 때문에 약간의 차질이 빚어졌다. 아무리 세밀하게 예비회담을 진행해도 문제는 끊임없이 발생하기 마련이었다. 60년 만에 만난 것 아닌가. 어찌 보면 당연했다.

예정 시간보다 3시간 정도 늦게 인민문화궁전에 도착해서 '6·15 공동선언 실천을 위한 민족작가대회' 본 대회를 진행했다. 긴 시간의 토론을 거쳐 6·15 민족문학인협회 구성, 6·15 통일문학상 제정, 기관지 '통일문학' 운영 등에 합의했다. 바야흐로 '분단 시대의 문학'에서 '6·15 시대의 문학'의 시작을 알리는 결정들이었다.

작년 인천에서 열린 '우리민족대회'에 참가했던 북의 신흥국 시인을 개막연회에서 다시 만나니 반갑기 그지없었다. 그러나 인천에서 만났던 사람을 평양에서 또 만난 건 신 시인뿐만이 아니었다. 놀랍게도 9월 아시아 육상경기대회 협의차 미리 방북해 있던 인천연대의 박길상 사무처장과 인천일보의 백종환 기자가 연회장으로 성큼성큼 들어오는 것이었다. 북에서는 좀처럼 있기 어려운 일이라는데 북 당국에서 인천을 특별대우 해주고 있다는 느낌이 들었다.

고려호텔 2212호에서 내려다본 평양은 깜깜한 어둠 속에 벌써 곤히 잠들어 있었다. 잠이 안 와 1층 로비에 있는 생맥줏집으로 내려갔다. 4년 만에 다시 온 북녘에서의 첫 밤을 평양 흑맥주가 가만 내버려 두지 않았다.

21일 김 주석 생가인 만경대 고향집, 김구 선생 등이 참가한 남북연석회의가 열렸던 대동강 가의 쑥섬, 주체사상탑 등을 관람했다. 옥류관에서 냉면을 먹고 오후에는 개선문을 관람한 후 재북 인사 묘와 평양산원과 지하철 등을 나누어 관람했다. 남쪽에서 '납·월북 인사'라고 부르는 사람들을 북쪽에서는 '재북 인사'라고 부른다는 것을 이번에 처음 알았다.

나는 지하철을 관람했는데 부흥역에서 영광역까지 시승했다. 북쪽의 지하철은 듣던 대로 정말 깊었다. 매우 빠른 에스컬레이터로도 한참을 내려가야 했다. 지하철의 깊이만 놓고 따져본다면 남과 북 어느 쪽이 정말 전쟁의 공포에 떠는지 짐작할 수 있을 것 같았다.

지하철 시승을 마치고 학생소년궁전으로 갔다. 버스 안에서 도종환 시인이 뜬금없이 통일문학상은 아마 신현수 시인이 유력할 거라고 농담 반 진담 반으로 말했다. 자기가 강력히 추천하겠다고 했다. 정말 그런 날이 올까? 난생처음 상을 타보고 싶다는 생각이 들었다. 수영장에서 다이빙 연습을 하는 학생들도 인상적이었지만, 더욱 인상적이었던 것은 가야금을 뛰어난 솜씨로 연주하던 네 쌍둥이 여자아이들이었다. 사회주의 체제에서나 가능한 일이라는 생각이 들었다. 재벌의 자식으로 태어나지 않는 한 남에서 네 쌍둥이에게 모두 음악을 가르친다는 것은 100% 불가능한 일이 아닌가. 윤이상음악당 옆 민족식당에서 한정식으로 저녁을 먹었다. 북에서는 오징어를 낙지로 부른다는 사실을 새삼 깨달았다.

22일 삼지연 공항은 4년 전과 같이 역시 시골 차부처럼 고즈넉하다. 깨끗한 공기를 더 많이 맛보기 위해 숨을 빨리빨리 쉬었다. 버스에 올라 백두 밀영으로 향했다. 백두산 날씨는 문자 그대로 변화무쌍했다. 버스 안에서 천둥을 동반한 소나기를 만났는데, 도착해서도 좀처럼 그칠 생각을 않더니 한참 지나자 백두산 봉우리 위로 거짓말처럼 해가 나왔다.

백두 밀영을 참관하고 숙소인 베개봉 호텔로 갔다. 손이 저려 도저히 씻을 수 없을 정도로 물이 차가웠다. 짐을 풀고 산책하러 나갔다. 백두산의 길은 붉은 색이었다. 조금 가니까 북쪽 분들이 감자를 굽고 있었다. 구워 놓은 백두산 감자를 얻어먹었다. 난 지금 꿈꾸고 있는가? 다음날 새벽 천지에서의 해돋이를 기약하며 백두산의 품속에서 일찍 잠들었다.

23일　　새벽 2시쯤 기상했다. 보름에 가까운 달만 휘영청 밝을 뿐 사위는 온통 칠흑 같은 어둠이었다. 버스의 헤드라이트가 간신히 길을 더듬어 갔다. 백두산 천지에 가까워질수록 사위는 희부연 한 색깔을 띠었다. 드디어 장군봉 밑의 개활지에 도착했다. 약간 걸어 올라가니 드디어 천지였다. 서 있기 어려울 정도로 바람이 불고 추웠지만, 다행히 날은 흐리지 않았다. 두 번 와서 두 번 다 천지를 봤으니 억세게 운이 좋은 것이었다. 왼쪽엔 달이 또 있고 오른쪽에서는 해가 떠오르려고 하고 있었다.

백두산 천지에는 해와 달이 있고 남과 북이 있었다. 그곳에 전쟁과 분단은 없었다. 해돋이에 맞춰 '백두산의 새벽' 행사가 시작되었다. 김형수 민족문학작가회의 사무총장과 장혜명 조선작가동맹 부위원장이 본 대회에서 채택한 공동선언문을 낭독했다. 두 사람은 이번 대회의 실질적인 주역이었다.

이어 고은 시인이 「다시 백두산에서」를 낭독했다. 홍석중 작가는 "사람이 마음을 모으면 하늘을 이긴다. 우리는 6·15 공동선언으로 모였다."라며 원고 없이 연설했고, 그밖에도 송기숙, 안도현, 현기영 작가 등이 나와 각자의 시를 읽거나 소감을 밝혔다. 소설 『빨치산의 딸』의 정지아는 북쪽에서 가장 큰 관심을 보인 작가인데, 고 김남주 시인의 시 「조국은 하나다」를 낭독했고, 북의 오영재 시인은 「잡은 손 더 굳게 잡읍시다」를 낭송했다. 마지막으로 작가들은 "백두산 만세", "민족문학 만세", "조국통일 만세"를 외치며 백두산을 내려왔다.

베개봉 호텔에서 도시락으로 아침 겸 점심을 먹은 후 비행기를 타고 평양으로 왔다가 다시 버스를 타고 묘향산으로 갔다. 가장 긴 하루였고, 가장 긴 거리를 움직인 하루였다. 4년 전 묘향산 호텔에 왔을 때 샀던 석이버섯을 또 잔뜩 샀다. 석이버섯과 함께 이번에는 묘향산의 품에서 잠들었다.

24일 아침에 일어나 호텔 주변을 산책하는데, 산 이름 그대로 정말로 묘한 향기가 나는 듯했다. 길가에는 달맞이꽃, 금계국 등이 수줍게 피어 있었다. 대체 남과 북이 뭐가 다른가. 국제친선전람관과 보현사를 관람했다. 보현사에서 함께 간 인천문화재단 최원식 대표이사와 사진을 함께 찍었다. 그런데 놀랍게도 4년 전에 왔을 때 만났던 해설 강사를 또 만났다. 이렇게 다시 만날 줄 알았으면 시집이나 선물을 준비해 올 걸 하는 생각에 그녀에게 너무 미안했다. 아직 시집은 안 갔다고 했다.

평양으로 오는 길에 청천강에서 쉬었다. 살수대첩, 청천강, 역사책에서나 보던 강 앞에 막상 서 있으려니 도대체 실감이 나질 않았다. 인민문화궁전에서 폐막연회를 마치고 고려호텔로 돌아왔다.

천천히 돌아가는 44층 스카이라운지에서 같은 조였던 전상국, 공지영, 이경자, 김용만 선생들과 평양에서의 마지막 밤을 보냈다.

25일 마지막 날 금강판매소에 가서 간단한 쇼핑을 하고 고려호텔 옆 우표판매소를 관람한 후 단고기로 점심을 먹었다. 공항에서 인천에 왔던 박철 시인, 방북 기간 내내 우리를 안내해 줬던 황원철 작가, 민화협의 김학송 선생 등과 이별했다. 2001년에 방문했을 때 의형제를 맺었던 박히철에게 시집을 전해 달라고 김학송 선생에게 부탁했다. 황원철의 눈이 벌게지는 걸 보고 나도 눈물이 나오려고 했지만 참았다. 25일 오후 4시 9분 JS 615편이 평양공항을 이륙했다.

인천공항에 내리니 무슨 서양에 온 듯한 느낌이었다. 착잡했다. 영혼을 팔아 밥을 먹게 된 남쪽과 영혼을 팔지 않으려고 안간힘을 쓰고 있는 북쪽. 어쩌면 이렇게 남과 북이 극적으로 정반대일 수 있을까? 통일되면 남과 북 모두 영혼을 팔지 않고도 밥을 잘 먹을 수 있게 되지 않을까? 그런 세상을 만드는 데 내 시가 무엇을 할 수 있을까?

(2005)

문학으로 여는 통일(2)
평양 민족작가대회 참가기

나는 지난 7월 20일부터 25일까지 평양과 백두산, 묘향산 등지에서 열린 '6·15 공동선언 실천을 위한 민족작가대회'에 참가하고 돌아왔다. 여러 행사 중에서도 특히 23일 새벽 백두산 장군봉 아래 개활지에서 있었던 '민족문학의 새벽'이라는 행사를 두고두고 잊을 수가 없다. 남과 북, 해외의 작가들이 백두산 천지에 모여 떠오르는 해를 바라보며 문학으로 6·15 시대를 활짝 열어젖히자고 다짐하는 광경은 참으로 장엄하였으며, 벅차오르는 감격을 누르기 어려웠다.

'민족 문학의 새벽' 행사와는 별도로 바로 옆에서는 6·15 공준위 북측위원회 분들만 따로 모여 백두산의 흙, 천지의 물 채취와 성화 채화 행사가 열렸는데, 바로 이 흙과 물, 성화가 오는 8월 14일부터 17일까지 3박 4일간 서울에서 개최될 '자주 평화통일을 위한 8.15 민족통일대축전' 행사에 쓰일 것이었다. 나는 이번에 6·15 공준위 남측본부 심부름으로 성화를 북으로 가져가게 되어 뿌듯했는데, 통일 축전 행사에 쓰일 성화를 채화하는 장면을 직접 목격하는 행운까지 누린 것이다.

이번 8.15 민족통일대축전은 민간 행사뿐만이 아니라 남북 당국자들도 참가하는 역사적인 행사인데, 북측 대표단은 북쪽 축구 대표 팀까지 포함하여 163명으로 확정되었고, 북측 당국자들도 20여 명 이상으로 대표단을 꾸려 내려오기로 합의가 되었다.

나는 이번 8.15 민족통일대축전과 관련한 결정들을 보면서 격세지감을 느끼지 않을 수 없다. 민족통일 대축전은 원래 남, 북, 해외동포 3자 연대 조직인 범민련이 주최한 1990년 1차 범민족대회가 그 시작이었다. 그 후 우여곡절을 겪다가 2000년 남북 정상이 6·15선언을 발표한 이듬해인 지난 2001년에는 300여 명의 남쪽 대표단이 참가한 가운데 평양에서 남북 공동행사가 열리기도 했다. 그동안 해마다 8·15 통일 행사 때만 되면 원천봉쇄 내지는 최루탄과 헬기까지 동원한 강제 해산을 생생히 기억하고 있는 나로서는 북의 대표단이 참가한 가운데 서울에서 열리는 것은 물론 남북의 정부 당국까지 참가하게 된다니 진정 감개무량하지 않을 수 없는 것이다.

대회 참가자들은 14일 서울에 도착한 후 개막식 행사장인 상암 월드컵 경기장에서 1km 떨어진 곳부터 경기장까지 민족 대행진을 벌인 뒤 개막식을 열어 8·15 민족대축전의 시작을 알리고, 이어 남북 축구 대표 팀의 친선 축구경기가 열린다고 한다. 15일에는 본행사를 연 뒤 '7천만 겨레에게 보내는 호소문'을 발표하고, 창덕궁, 행주산성 등을 참관할 예정이라고 하며, 16일에는 여성, 학술, 농민, 노동, 청년, 체육, 교육 등 각 부문 상봉 모임도 진행될 예정이라고 한다.

10년 전이라면 상상조차 하지 못했던 일들이 2005년에 현실이 되고 있다. 그만큼 우리 민족의 통일은 우리 바로 옆에 성큼 다가와 있다. 특히 올해는 광복 60주년, 분단 60년이 되는 해로 고통의 근원인 분단의 철조망을 기어이 끊고 2005년을 통일의 원년으로 만들자는 각오들이 대단하다. 남쪽에서는 현재 노동자, 시민, 학생들로 통일선봉대가 꾸려져 전국 각지를 누비면서 통일의 열기를 모아가고 있다. 통일선봉대는 휴전선 부근을 횡단하는 '평화통일대행진단'과 한라산에서 서울까지 종단하는 '민족통일대행진단'으로 구성되었으며, 특히 종단 행진단은 동군과 서군으로 나뉘어 전국을 빠짐없이 돌며 중간 대도시들에서 각 지역 본부들과 함께 통일 행사를 개최할 예정이라고 한다.

우리 인천에서도 지난 7일 부평공원에서 인천시민 통일 노래자랑 등 '인천 시민 통일 한마당' 행사가 성대히 개최되었다. 우리 인천은 작년에 '우리 민족대회'가 성대히 열린 데 이어 오는 9월 1일부터 4일까지는 또 아시아 육상경기대회가 열리게 되는데, 이 대회에 북쪽 선수들은 물론 대규모 응원단까지 참가가 예정되어 있다.

통일이 바로 우리 코앞이다. 그 누구도 도도한 이 역사의 흐름을 거스를 수 없다. 듣자 하니 14일 남북 축구 행사에 인천 시민들에게도 입장권 3000장이 할애되었다고 한다. 8월 14일에는 우리 모두 손에 손을 잡고 상암 월드컵 경기장에 가서 북쪽에서 내려온 대표단들과 함께 통일대축전 개막식에도 참가하고 남북 축구경기도 관람하자. 통일의 현장에서 통일의 열기를 직접 느껴보자.

우리 민족통일의 역사 한 귀퉁이를 내 몸으로, 내 목청으로 직접 써 보자. 8월 14일 상암 월드컵 경기장에서의 응원 소리가 귀에 쟁쟁하다. 남북이 따로 없는 응원 소리가.

(2005)

다시, 공동체의 회복을 위하여

남아시아에서의 지진과 해일로 15만 명이 넘는 사람들이 순식간에 목숨을 잃었다. 사망자 수는 자고 일어나면 몇만 명씩 불어났고, 바닷속 땅이 잠시 흔들렸을 뿐인데 진앙에서 먼 섬과 육지들까지 그야말로 초토화되고 말았다. 인류가 이루어 놓은 문명을 비웃기라도 하듯. 해일이 휩쓸고 지나간 자리에는 단말마의 비명뿐 아무것도 남은 게 없었다.

1천여 명도 넘는 사람들이 보안법 폐지를 위해 얼음보다 차가운 아스팔트 바닥 위에서 26일 동안 단식을 하고, 마침내는 물과 소금까지 끊은 채 목숨을 걸고 투쟁했으나, 한나라당과 야합한 열린우리당은 보안법을 2월 임시국회로 미뤘으며 과거사법, 사립학교법 등 소위 개혁 입법들도 모두 물 건너 가버렸다. 나라 안팎의 일들로 새해를 맞는 마음은 무겁기만 하다.

인천에서 열린 우리민족대회가 약간의 위안을 주기는 했지만, 작년 한 해 우리나라와 인천에는 정말 열통 터지고 분통 터지는 일이 한둘이 아니었다. 한나라당이 대통령 탄핵이라는 희대의 의회 쿠데타로 온 국민의 가슴에 못을 박더니, 헌재는 행정수도 위헌 결정으로 충청남북도 도민들의 가슴에 대못을 박고 말았다. 열사의 모래바람에 눈도 못 뜰 지경인데, 도대체 무엇으로부터 무엇을 지켜주겠다는 것인지 이라크에 파병된 자이툰 부대는 오늘도 병영 밖으로 나오지도 못하고 있으며, 아, 그렇게 살아 돌아오고 싶다던 김선일은 결국 목이 잘린 후에야 제 나라로 돌아오고 말았다. 당연한 상식인 공무원노조를 결성하려던 전국 수백이 넘는 공무원들은 자리에서 쫓겨나 감옥에 가 있거나 거리를 떠돌고 있고, 인천 경기 유일의 TV 방송사인 경인방송은 방송을 사유화하려던 소유주의 무책임한 폐업 결정 끝에 결국 정파라는 초유의 사태를 맞고 말았다. 굴비 상자와 돈 상자도 구별하지 못하는 인천시장 때문에 다른 지역의 친인척이나 친구들을 만난 인천 시민들은 공연히 고개를 들 수가 없었으며, 인천의 명운이 걸린 제2연륙교 주경간 폭과 관련하여 인천시의 고위공무원들은 800m 이상을 주장하는 시민단체의 편을 들지는 못할망정 오히려 훼방을 놓았다. 일 년 내내 싸우기만 하던 지방의회 의원들이 외유에는 의견이 아주 딱딱 맞아 해외로, 해외로 떠났다.

　올해, 을유년은 '을씨년스럽다'라는 말의 어원이 되기도 한 소위 을사'보호'조약 100주년이 되는 해이며, 다시 육십갑자가 돌아와 해방된 지 환갑이 되는 해이며, 굴욕적인 한일 수교 40년이 되는 해이며, 또한 6·15 공동선언 다섯 돌이 되는 해이기도 하다. 올해는 작년 같은 가슴 아프고 울화통 터지는 일들이 우리나라에서, 인천에서 제발 없었으면 좋겠다.

과거사가 정리되지 않으면 우리는 한 치도 앞으로 나아갈 수 없다. 친일한 자들의 자손은 만대까지 떵떵거리며 잘 살고, 독립운동한 분들의 자손들은 빌어먹는 민족은 미래가 없다. 불의와 배신과 협잡과 술수가 정의와 신의와 정도를 이기는 나라는 미래가 없다. 엄연한 실체인 우리 민족의 반쪽을 인정하지 않으려는, 진작에 관속에 처박았어야 할 보안법을 아직도 꼭 끌어안고 있는 자가 야당 대표로 있는 나라는 미래가 없다.

다행히 새해 들어 남북 정상회담의 기운이 무르익고 있다. 또 '겨레하나되기운동본부'와 북이 함께 지은 평양의 빵 공장에서 영양 빵이 만들어질 예정이다. 오는 3월 8일부터 평양의 아이들은 우리가 보낸 기계와 밀가루로 만든 빵을 맛있게 먹을 것이다. 2005년을 남과 북, 대기업과 중소기업, 첨단산업과 전통산업, 정규직과 비정규직, 시골과 도시, 수도권과 지방, 중산층과 서민층이 함께 잘사는 원년으로 만들자. 공동체를 위협하는 것들은 모두 무덤으로 보내 버리고 다시, 잃어버렸던 공동체를 회복하는 한 해로 만들자. 나부터 다시 시작하자.

(2005)

이제 통일의 길은 열렸다
우리민족대회 참관기

　오후 8시 20분경, 드디어 인천시청 중앙 홀에 단장인 김정호 조선문학예술총동맹 중앙위원장을 선두로 126명의 북측 대표단과 해외동포들이 입장했다. 북쪽의 '인민'들이 남쪽의 '공공기관'에 발을 들여놓은 것이다. 6·15 공동선언이 있었던 2000년 전이였다면 상상도 못 했을 일이 바로 눈앞에서 벌어지고 있었다. 테이블 위로는 북측에서 선물로 가져온 강서 약수가 날라져 왔다. 톡 쏘는 맛이 남쪽의 초정 약수와 닮았다. 나는 혹시나 지난 2002년 평양을 방문했을 때 의형제를 맺었던 북측 민화협의 박히철이나, 최광일 등이 내려오지 않았을까, 북측 대표단들을 한 분 한 분 쳐다보았다.
　내가 앉은 테이블에는 북에서 온 김일유 선생, 재미교포 현준기 선생, 재일동포 조선오 선생, 제주에 사는 비전향 장기수 고성화 선생, 김상순 청도군수 등이 함께했다. 안상수 인천시장은 20년 전에 시청 중앙홀을 이렇게 넓게 지어 놓은 것은 오늘 환영 만찬을 위해서인 것 같다고 덕담을 했다. 평양의 중앙문화회관에서 일하고 있다는 김일유 선생은 35세의 노총각이었는데 말수가 적었다. 비행기를 처음 타봐서 멀미가 난다고 했다. "왜 장가 안 갔느냐?"고 물었더니 "사업에 지장이 되어서 안 갔다."라고 싱겁게 답했다. 다시 "장가들어서 부인과 함께 사업하면 되지 않느냐?"고 했더니 그냥 웃었다. 주석단으로 가서 김정호 북측 대표단 단장 선생에게 민족문학작가회의 인천지회장으로도 일하고 있노라고 인사를 드렸다. 후배 시인의 소개로 앞 테이블에 앉아 있던 북에서 내려온 신흥국 시인 선생을 만났다. 현재 '통일문학'에서 일하고 있다는 신 시인과 서로의 소개를 하다 보니 나이가 같았고 게다가 아들의 나이도 열여덟 살로 같았다. 감격스러웠다. 아, 나는 이제 드디어 내가 그렇게 원했던 북녘 친구를 갖게 되나 보다.

지금까지 말한 일들은 지난 14일 밤 다른 곳이 아니라 바로 인천, 그것도 관공서인 인천시청 중앙홀에서 있었던 일이다. 6·15 선언 네 돌 기념 우리민족대회의 환영 만찬을 인천시청에서 하게 되다니 참으로 놀라운 일 아닌가. 그러나 따져보면 그리 놀랄 만한 일도 아닌 것이, 신문 보도로는 이미 남한은 중국에 이어 북한의 2대 교역국이며, 2000년부터 지난달 말까지 북쪽에 다녀온 사람은 금강산 관광객을 빼고도 나를 포함하여 이미 5만 514명에 이른다. 98년 11월 18일에 시작한 금강산 관광을 다녀온 사람은 5월 말 현재 65만 2천 19명이라고 한다. 육로관광객도 9만 7천 425명으로 곧 10만 명을 넘어설 것이며, 북쪽 인사들의 남쪽 방문도 2000년 이후 지난달 말까지 3천 89명이나 된다고 한다.

인천 시민인 내가 평양에 다녀왔고 평양시민인 김정호 단장 선생, 신흥국 시인 선생, 김일유 선생들은 이제 인천에 왔다. 이렇게 오고 가다 보면 통일은 된다. 이 지구 위에 같은 민족끼리 헤어져 살아가는 곳이 또 있는가. 통일은 논리적으로 따질 수 없는 것이다. 이제 통일은 그 누구도 막을 수 없다. 이제 통일의 길은 열렸다. 그 길을 오욕의 땅 우리 인천에서 처음 열었다는 게 나는 너무나 기쁘고도 자랑스럽다.

(2004)

'6·15 시대'의 문학

바야흐로 '6.15 시대'가 시작되었다. 지난 2005년 6월 15일, 6.15 공동선언 발표 5년 만에 처음으로 평양에서 열렸던 당국 간 공동 기념행사, 오는 8월 14일부터 17일까지 3박 4일간 서울에서 개최될 '자주 평화통일을 위한 8·15 민족통일대축전'과 남북 통일축구, 9월 1일부터 4일까지 북측 선수와 대규모 응원단까지 참가한 가운데 인천에서 열리게 될 아시아육상경기대회, 필자도 참가한 가운데 지난 7월 20일부터 25일까지 평양과 백두산, 묘향산 등지에서 열렸던 '6·15 공동선언 실천을 위한 민족작가대회' 등등의 행사들을 보면 이제 '6·15 시대'는 그 누구도 부인할 수 없는 명실상부한 역사적 명제가 됐다.

특히 6월 15일, 평양에서 있었던 '민족통일대회'에서는 민간차원의 6·15선언이라 할 5개 항의 '민족통일선언문'이 발표되기도 하였는데, 우리민족끼리 힘을 합쳐 자주적으로 조국 통일의 역사적 위업을 성취하자, 6월 15일을 '6·15공동선언 발표 기념일' 내지는 '우리 민족끼리의 날'로 제정하고 민족공동으로 기념하자, 당국, 민간 사이의 공동보조를 도모하고 연대와 협조를 강화하자, 6·15 공동위원회를 가장 폭넓고 위력한 통일애국 운동기구로 강화 발전시키자는 등의 내용이었다. 정동영 통일부 장관은 이 자리에서 '우린 서로 찬양하고 고무해야 한다.'라며 다소 위험한(?) 수위의 발언을 하기도 하였다.

또한, 실로 분단 후 60년 만에 처음으로 열린 민족작가대회에서 합의한 남북 통합 문인단체인 '6·15 민족문학인협회'는 남북의 작가들이 다른 부문들 보다 앞장서서 6·15 시대를 활짝 열어갈 것을 다짐하는 역사적 사변이었다. 앞으로 '민족문학인협회'에서는 남북작가들을 대상으로 '6·15 통일문학상'을 시상하기로 하였으며, 문예지 '통일문학'도 발행하기로 합의했다.

이 작가대회에 참가한 6·15 남측 공동위 백낙청 상임대표는 '분단에 길들었던 문학적 상상력을 복원하고 민족의 상처를 치유하며, 통일의 시대 우리 문학의 새로운 성취를 향한 중요한 대회'라고 강조했으며, 북측의 이동구 선생은 '이념과 신앙을 뛰어넘은 통일문학과 6·15시대 문학은 민족문학의 핵심이며, 지리적 분단에도 불구하고 작가의 심장에서 불신의 장벽은 무너지고 이미 우리는 하나'라고 감격을 표시하기도 했다.

그러면 6·15 시대에 문학은 어떻게 달라지고, 또 달라져야 하는가. 그것은 다름 아닌 남북의 작가들은 이제 남북의 독자들을 동시에 인식하고 작품 창작에 임해야 한다는 것이다. 남의 작가는 북의 인민들을 의식하고 작품을 써야 하며, 북의 작가들은 남의 시민들을 의식하고 창작에 임해야 한다. 이 얼마나 놀라운 변화인가?

나는 이번에 북을 두 번째로 방문하면서 이 변화된 상황을 개인적으로 절실히 느끼고 돌아왔다. 나는 남에서 가져간 내 시집을 북에서 만난 시인과 민화협 관계자들에게 전하면서, 내 시에 대한 그들의 작품 평을 초조한 마음으로 기다려야 했다. 그동안 단 한 번도 생각하지 못했던 일이었다. 그러면서 아, 이게 바로 '6·15 시대의 문학'이로구나 하는 걸 다시 한번 절실히 느꼈다. '황진이' 등을 써서 남에서도 많은 독자를 확보한 홍명희의 손자 홍석중 선생과 남쪽의 황석영 선생이 공동작품을 쓰기로 합의했다는 거 아닌가. 나 개인적으로도 작년 인천에서 열렸던 '우리 민족대회' 때 내려왔던 신흥국 시인과 박철 시인을 평양에서 다시 만나 이제 함께 힘을 합쳐서 조국 통일에 보탬이 되는 문학을 하자고, 분단의 쇠사슬을 끊어내는 시를 쓰자고 다짐하고 내려오지 않았는가.

물론 이 길이 쉽지만은 않을 것이다. 북쪽의 주체사상 일변도의 문학도 문제이지만, 남의 상업주의 문학도 마찬가지로 경계해야 할 것이다. 그러나 이러한 어려움을 하나하나 극복해나가야 하지 않겠는가. 아무리 어려워도 이제 남과 북의 작가들의 '내면의 교류'가 시작되었음을 그 누구도 부인할 수는 없다. '문학' 하는 이들 먼저 나서서, 아, 남과 북은 60년이나 헤어져 살았지만, 아직도 이것도 같고 저것도 같구나, 하는 식의 남과 북의 닮은 점을, 우리 민족의 동질성을 자꾸 찾아내 작품으로 형상화해내야 한다. 그것이야말로 이 '6·15 시대'를 살아가는 남북작가들의 역사적 소명인 것이다.

우리 민족작가들은 6·15 공동선언을 조국 통일의 유일한 이정표로 삼고 이를 견결히 옹호하고 끝까지 고수할 것이다, 우리 민족작가들은 '우리 민족끼리'의 기치 아래 민족자주, 반전 평화, 통일애국의 정신으로 문학창작에 매진할 것이다, 우리 민족작가들은 사상과 신앙, 출신 지역과 입장을 넘어 굳게 단합하며 민족문학 활동에서 연대와 연합을 더욱 활성화해 나갈 것이다, 등등. 2005년 7월 20일 평양 인민문화궁전에서 남북 해외 작가 대표들이 민족작가대회 선언문을 읽어 내려갔을 때 느꼈던 모골 송연한 감동이 아직도 내 가슴에 그대로 남아 있다.

(2005)

나는 걷는다

지난 1월 1일 아침, 나는 걸었다. 그래서 2012년 새해를 길 위에서 시작했다. 영등포역에서 기차를 타고 성환역에 내려, 성환역부터 천안까지 걸었다. 새해 벽두부터 나는 걸었다.

지난해 12월 26일부터 한국작가회의 소속 시인과 소설가들이 1번 국도를 걷고 있다. 임진각을 출발한 걷기 대열은 예정대로라면 이달 20일경 제주 강정마을에 도착한다. 행사명은 '글발글발 평화 릴레이, 1번 국도를 걷는 작가들, 임진각에서 제주 강정까지'. 임진각에서 제주 강정마을 해군기지 건설 반대를 위한 평화선포식을 한 후 25박 26일 동안 목포까지 대한민국 1번 국도 482.6km와 제주항에서 제주 강정마을까지 44.4km, 총합 527km를 릴레이 형식으로 걷는 것이다. 강정으로 보내는 작가들의 편지가 들어 있는 배달 가방을 릴레이식으로 전달하고, 전 과정을 다큐멘터리로 제작할 예정이다.

사람들이 묻는다.

"이 추운 엄동설한에 작가들이 왜 걷습니까?"

작가들은 대답한다.

"평화 감수성을 단련하기 위해서입니다."

사람들이 또 묻는다.

"많은 지역을 두고 왜 굳이 바다 건너 강정마을로 갑니까?"

작가들은 대답한다.

"한번 잃으면 다시 회복할 수 없는 생명들이 제주 강정마을에서 우리를 부르기 때문입니다."

성환역에서 천안까지 걷는데 때맞춰 눈까지 내린다. 새해 첫날 내리는 이 눈은 서설일까? 과연 우리 역사에서 지난 4년과 같은 끔찍한 일들이 다시 반복되지 않을 수 있을까? 엄동설한에 작가들이 길 위로 나오지 않아도 되는 세상이 올까? 두정역까지 12㎞쯤을 세 시간에 걸었으니 천천히 걸은 셈이었다. 작가들의 걸음이 강정마을을 다시 살릴 수 있을지 자신하기 어렵다. 내년 기지 예산이 삭감되었다고 하나 작년에 쓰지 못하고 남은 예산이 천억 이상이나 된다고도 하니 아마도 저들은 계속 밀어붙일 것이다.

지난 2007년 4월, 해군기지 건설 예정지가 서귀포 강정마을로 결정되었다. 그로부터 현재까지 5년 가까운 시간을 부지 선정과정의 비민주성, 불합리한 절차에 따른 토지 강제수용, 주민 억압을 목적으로 한 벌금과 과도한 공권력으로 인한 생존권 침해, 제주도가 미국의 대중국 미사일 방어기지가 되어 중국의 우선 공격 대상이 되는 일에 대항하여 강정 주민들은 힘겹게 싸우고 있다.

강정 해군기지는 중국을 견제하기 위한 미국 주도의 소위 미사일 방어 시스템 계획의 전초기지로 사용될 거라고 중국은 의심하고 있다. 기지건설이 군비경쟁을 부추김으로써 중국을 자극하고 결국 한반도의 안보를 위협하는 또 다른 불씨가 될 거라는 사실은 불 보듯 뻔하다. 그런데도 이 정권은 편법으로 부지 선정을 하고 토지를 강제수용하고, 유네스코가 인류 유산으로 지정한 희귀생물과 문화재를 파괴하고, 반대하는 주민들을 교도소에 잡아 가두고 있다. 누대를 살아온 한 마을이 파괴되는데, 그 마을의 사람과 자연이 죽어 가는데, 가만히 있을 수는 없다. 무어라도 할 수밖에 없다. 그래서 작가들은 걸었고 또 걸을 것이다.

작가들은 이 겨울 짐 진 당나귀처럼 걸을 것이다. 흰 눈이 푹푹 내린다 해도 걸을 것이다. 그리고 생각할 것이다. 강정 해군기지에 대해, 죽도록 열심히 일하는데 언제나 빈손인, 99%인 우리들의 가난에 대해 꿈도 희망도 없이 스러져 가는 우리 아이들에 대해, 아, 무엇보다도 작가들의 시와 소설이 이 세상 모든 모순과 고통의 해결을 위해 아무런 힘이 되지 못한다는 열패감에 대해, 생각하며 걷고 또 걸을 것이다.

"강정에 가면 우리는 어미·아비 없는 호래자식이 된다. 제 새끼의 처녀막에 포신을 들이미는, 있으나 마나 한, 없는 게 차라리 나은 아비와 맞닥뜨린다. 한라는 망루가 되고 제주의 모든 산하는 병영막시가 된다. 아, 누가 가난하고 착하고 다복한 우리 집에 쳐들어와서 불쏘시개에 불붙여 달라 떼를 쓰는가. 이웃 너른 땅 부잣집을 태워 버려야겠으니 네 가난한 사랑채부터 태워 보자고 씨부렁대는가."

– 이정록의 '근하강정'에서

(2012)

아, 아, 대한민국!
김선일 사건

　너무 화가 치 뻗치면 말이 안 나오듯, 김선일 씨 사건과 관련하여 정부가 한 일련의 행위와 발언들을 생각하면 끓어오르는 분노 때문에 치가 떨려 글을 쓸 수가 없다. 또한, 김선일 씨 '참수' 사건에 대해 무언가 써야 한다는 게 명치끝이 저릴 정도로 고통스럽다. 나는 지금 '참수'라고 썼다. 참수, 목을 자름, 이라고 쓰고 나니 살려달라는 그의 피맺힌 절규가 다시 들리는 듯하다.
　"나는 살고 싶어요, 나는 한국으로 돌아가고 싶어요, 나는 죽음을 원하지 않아요, 나는 살고 싶어요. 제발, 제발 살려 주세요. 대통령님…."
　죽음을 목전에 둔, 그의 단말마에 가까운 비명과 울부짖음이 떠올라 더 글을 쓸 수가 없다. 내가 발 딛고 사는 이 땅이 이렇게 저주스러웠던 적이 없었다. 내가 숨 쉬고 사는 이 나라가 이렇게 부끄러운 적이 없었다. 아, 아, 대한민국에 태어난 것이 이렇게 치욕스러운 적이 없었다.
　가난한 집 자식으로 태어나, 한 달에 이백만 원 남짓, 대학원 학비를 벌어 보겠다고, 이역만리 이라크로 떠났다가, 아, 미국의 '식민지'의 아들로 태어난 죄로, 이라크 저항 세력에게 인질로 붙잡힌 후, 자신들의 요구 조건을 들어주지 않으면 목을 내리치겠다는 위협 속에서, 극도의 공포 속에서 떨며 울부짖다가, 결국 목 잘린 주검으로 그는 우리 곁으로 돌아왔다. 그렇게 살아서 돌아오고 싶어 애원했던, 돌아오면 짜장면이 먹고 싶었던, 그의 조국, 아, 아, 대한민국에 싸늘한 주검이 되어 그는 돌아왔다.

그는 5월 31일 이라크 저항 세력에게 피랍되었다고 한다. 그런데 아, 아, 대한민국은 몰랐다는 거다. 그리고 3주 동안 하루하루를 극도의 죽음 공포 속에서 지냈다. 그런데 아, 아, 대한민국은 몰랐다는 거다. 6월 21일, 24시간 안에 파병을 철회하라는 메시지와 함께 그의 피랍 사실이 알려지게 되었다. 요구 조건이 알려진 지 여섯 시간도 채 되지 않아서 아, 아, 대한민국은 추가 파병 원칙은 절대로 변함없다, 테러 세력에게는 절대로 굴복하지 않겠다는 대통령의 담화문으로 저항세력을 자극했고, 그는 결국 목이 잘린 채, 우리와 아무런 원한도 있을 수 없는 이역만리 이라크 아스팔트 바닥 위에 처참하게 나뒹굴었다. 2004년 6월 22일 오후 10시 20분 바그다드에서 팔루자 방향으로 35km 지점에 폭탄과 함께 묶여 그는 내동댕이쳐졌다.

대체 나라라는 게 무언가? 정부라는 게 무언가? 제 나라 국민이 납치를 당했는데도 3주일이 넘도록 피랍 사실 자체를 몰랐다는 나라, 대사관도, 외교부도, 그 잘난 국정원도 몰랐다는 나라가 나라인가? 납치 사실이 있는지 묻는 에이피 통신의 전화를 확인조차 안 하고 묵살해 버린 정부가 정부인가? 피랍 사실이 알려지자마자, 추가 파병의 원칙은 절대로 변함없다는, 오히려 납치 세력들을 자극하는 듯한 발언을 대통령이 앞장서서 서슴없이 하는 나라가 나라인가?

제발 살려달라고 절규하는, 아무 죄 없는 청년의 참수를 감수하고서라도 지키고야 말겠다는 '한미동맹'이란 게 대체 무언가? 대통령님, 제발 살려달라고 울부짖는, 가난했지만 착했던 청년을 죽이고 나서 우리가 얻을 국익이란 게 도대체 무언가? 가난한 집 자식 목숨이라 그렇게 하찮게 아는가? 이미 파병했던 다른 나라들도 모두 빠져나오려는 아무런 명분 없는 전쟁의 불구덩이 속으로 우리 젊은이들에게 섶을 지고 뛰어들라고 하는가? 왜 추악한 부시와 미국의 석유 전쟁에, 죽음의 한복판에 생때같은 우리 젊은이들을 보내지 못해서 그렇게 안달하는가? 평화? 재건? 더 국민을 속이지 말라.

추가 파병은 '미친' 짓이다. 미친 짓은 즉각 중단해야 한다. 그리고 이미 파견된 서희, 제마 부대도 즉각 철수시켜야 한다. 그 길만이 역사에 그래도 죄를 덜 짓는 일이다. 왜 역사적 사실에서 교훈을 얻지 못하는가? 왜 베트남 파병에서 교훈을 얻지 못하는가? 왜 똑같은 잘못을 저지르고 있는가? 또 다른 김선일을 만들고 싶은가? 그의 소름 끼치는 절규가 들리지 않는다는 말인가?

"I don't want to die! I want to live! I don't want to die! I want to live! I don't want to die! I want to live! I don't want to die! I want to live!"

(2004)

3부 그래도 이 땅에 살기 위하여

딴 나라 장수 동상이 서 있는 나라
맥아더 동상

맥아더를 '구세주'로 여겼던 이승만 정권이 인천의 상징인 '만국'공원에 맥아더의 동상을 세우고, 공원 이름을 '자유'공원으로 바꾼 지도 벌써 45년이 넘었다.

세월이 흐르면서, 미국에서는 맥아더의 군사적 업적들이란 게 사실은 평범하거나 수준 이하인 경우가 많았으며, 인간적으로도 독선적이고 이기적 기회주의자이며 자아도취적 소아병 환자였고, 늘 고압적이고 도도하며 잘난 체하는 사람으로 비추어졌다는 등 그에 대한 재평가가 이루어지고 있는 마당에, 정작 우리나라에서는 아무리 세월이 지나도, 정권이 몇 번이나 바뀌어도 요지부동, 우리나라의 '은인'이요, '구세주'다.

두루 알다시피, 맥아더는 한국전 수행과정에서의 자신의 판단 착오를 감추기 위해 만주 폭격 등 여러 가지 강경한 확전론을 제시했다가, 1951년 4월 11일 트루먼에 의해 해임되었다. 그의 회고록에 의하면, 그는 만주 등지에 30~50발의 원자탄을 한꺼번에 투하할 것을 계획했다고 한다. 그것도 1차로. 전쟁광이 아니고서야 어떻게 30~50발의 원자탄을 한꺼번에 떨어뜨릴 생각을 했을까? 역사에는 가정이 없지만, 만일 맥아더가 본국으로 소환되지 않고 원래 그의 계획대로 원폭투하가 진행되었다면 우리 한반도는 어떻게 되었을까? 생각만 해도 끔찍한 일이다. 한반도는 통일은커녕 전체가 불바다가 되었을 것이며, 전 세계는 3차 세계대전의 소용돌이 속으로 치달았을 것은 명약관화한 일이다.

맥아더는 이승만의 말대로 우리 민족에게 진정 '은인'이요, '구세주'였나?

그는 유엔군 사령관으로 한국전에 참전하기 전 일본 점령군 사령관으로 일했다. 그는 사령관으로 부임하자마자 태평양전쟁의 주범이자, 우리 민족에게 일제 36년 동안 고통을 안겨 준 주범이었던 히로히토 일왕을 사면했다. 그에게 중요한 것은 미국의 이익을 대변할 일본의 안정이었지, 우리 민족과 동아시아 민중들의 고통과 아픔이 아니었다. 맥아더는 미국에 이익이 된다면 반인륜적이고, 반인류적인 범죄도 용서받을 수 있다고 생각했다.

또한, 강점기 동안 일제에 빼앗긴 10만 점이 넘는 귀중한 문화재 반환요구에 대해 일본 국민의 반미감정을 우려한 그는 강력하게 반대했고, 결국 문화재 반환은 무산되고 말았다. 그에게는 일본 국민의 반미감정만 중요했지, 일제가 우리에게 빼앗아간 소중한 문화재는 별로 중요한 것이 아니었다.

인천 상륙작전 당시, 유엔은 일본 군국주의와 일본군의 재무장을 우려해 일본군의 한국전쟁 참여를 엄격하게 금지했다. 그러나 당시 인천 앞바다의 기뢰 제거작업은 일본군의 몫이었다. 맥아더는 국제법을 어기고 일본군을 한국전에 참전시키는 불법을 저질렀다. 상륙작전에 참여한 일본군은 6천 명 이상으로 추정되고 있다.

위에서 든 예들처럼 그는 한 번도 우리나라의 이익을 위하여 싸운 적이 없다. 인천 상륙작전을 포함하여, 그는 철저히 미국의 이익을 위해서 전쟁을 수행했다.

백 보를 양보하여 그가 우리에게 '자유'를 가져다준 고마운 '은인'이라고 치자. 그렇더라도 그냥 마음속으로 고마운 사람으로 생각하고 있으면 되지, 꼭 동상까지 세워 그것을 기념해야 하는가. 약간의 도움을 받은 이웃집 사람의 인형을 만들어 자기 집 대문 앞에 세워 둔 꼴과 뭐가 다른가?

김남주의 시처럼 전 세계에서 '남의 나라 장수의 동상이 서 있는 나라'는 우리나라가 유일하다. 맥아더 동상은 한강 다리를 끊어 버리고 백성들이야 죽든 말든 자기 혼자만 도망친 이승만이 9·28 서울 수복 후 맥아더의 손을 덥석 잡으면서 "우리는 장군을 우리 민족의 구세주로 존경하고 사랑합니다"라고 고마움을 표했던 바로 그 시대의 유물이다. 이제 충분히 고마워했다. 맥아더에 대한 우리의 고마운 마음을 세계만방에 45년 동안이나 알렸다.

이유야 어쨌든 같은 민족끼리 죽이고 죽인 전쟁을 기념하는 일은 참으로 부끄러운 일이다. 더구나 같은 민족끼리의 전쟁에 외국 군대를 끌어들이고 그 장수의 동상까지 세운 일은 주권국가로서 자랑할 일이 전혀 아니다. 하루빨리 맥아더 동상을 철거하는 일, 냉전의 상징 '자유'공원의 이름을 원래의 이름인 만국공원으로 되돌려 놓는 일이야말로 인천 시민의 자존심과 우리 민족의 정체성을 되찾는 길이다.

(2003)

두 여중생 사망 사건과 관련한
'싸가지' 없는 말과 행동

　꽃다운 두 여중생이 장갑차에 깔려 짐승만도 못한 죽임을 당한 지 벌써 반년이 되어 간다. 대~한민국을 외치며 온 나라가 월드컵에 미쳐 돌아가던 2002년 6월 13일, 우리 딸 효순이, 미선이는 대한민국에 태어난 죄로 50t이 넘는 미군의 장갑차에 깔려 두개골이 부서지고, 뇌수가 흘러나온 채로 비명도 못 지르고 죽어갔다. 그러나 살인자인 두 미군은 지난 11월 20일과 22일 무죄 평결을 받았다. 그리고 지금 모든 국민은 미국의 이런 싸가지 없는 행태에 대해 분노에 떨고 있다. 그리고 남녀노소 할 것 없이 촛불을 들고나와 살인자 미군 처벌, 소파 개정을 요구하며 두 여중생을 추모하고 있다.
　두 여중생 사망 사건과 관련하여 가장 싸가지 없는 자들은 미국임이 틀림없다. 가해자가 가해자를 재판하는 제도 자체가 싸가지 없지만, 자기들끼리 한 재판이 끝나고 나서 미국인들이 한 말은 더욱 싸가지 없다. 운전병이었던 마크 워커 병장은 무죄 평결을 받고 난 후 다음과 같이 말했다. '지금 상태는 아주 행복하다. 할 말이 없다. 이번 사고는 나의 능력 범위를 벗어난 어쩔 수 없는 사고였다. 한국은 아주 지내기 좋은 곳이다.' 판사를 맡았던 에드워드 오브라이언 중령은 평결 전부터 미리 배심원들에게 말했다. '여중생들에게 과실이 크다고 생각하면 니노 병장에게 조금의 과실이 있더라도 무죄에 해당한다.' 변호인 로버트 브루턴 소령은 '관제병 페르난도 니노와 운전병 마크 워커가 관제병과 운전병으로서 의무를 다했고 시간이 짧아 불가피한 사고였다. 피고인들은 위급한 상황을 맞아 취해야 할 최선의 노력을 다했다.'라고 강변했으며 미 8군 사령관 캠벨 중장은 '공정하고 편견 없는 재판이었다. 우려되는 (한국민들의) 시위에 대해서는 한국 정부가 다른 사람의 권리를 침해하거나 법을 위반하는 폭력적 시위를 묵인할 것으로 생각지 않는다. 미국에 있는 병사들의 가족들에게 기쁜 소식임이 틀림없다.'라고 말했다. 미군 측 관계자는 '방청을 예상해 통역사 등 전문가들을 대기시켰으나 유가족들이 재판장에 모습을 드러내지 않은 것은 아픔을 빨리 잊고 싶었던 모양이다.'라고 약을 올렸으며, 주한미군 관계자는 '무죄 평결을 받은 미군 2명 가운데 관제병 페르난도 니노 병장이 최근 전역을 신청했으며, 운전병 마크 워커 병장은 근무 기간이 이미 1년을 넘어 전출 대상이다. 이들은 이르면 금명간 출국할 것으로 알고 있다'라고 했고, 과연 그들의 말대로 지난 11월 27일 오산비행장에서 유유히 자기네 나라로 떠났다. 미군과 그 직계 가족은 주한미군 지위협정에 따라 미군기지 내에서 직접 입·출국이 가능하다. 법무부 산하 출입국관리소는 미군의 출입국 편의를 봐주기 위해 오산 출장소를 따로 운영하고 있다고 한다.

　하기야 이번 일 말고도 미군이 이 땅에 저지른 싸가지 없는 범죄는 한둘이 아니며 말로 다 할 수 없다. 동두천에서 일어난 윤금이씨 살해사건, 콜라병으로 윤 씨의 이마를 여러 차례 가격했고 증거를 없애려고 입에 성냥개비를 부러뜨려 물리고, 온몸에는 하얀 세제 가루를 뿌려 놓았으며, 우산대를 국부에 찔러 넣었다. 서울 충무로 지하철역 난동 사건, 미군들은 전동차 안에서 난동을 부리며 전동차 안의 40대 아주머니의 엉덩이를 만지는 등 성추행까지 서슴지 않았다. 이기순 살해사건, 흉기로 목이 반쯤 잘린 상태로 숨진 채 발견되었다. 조중필 씨 살해사건, 아무 이유 없이 조 씨의 가슴과 목 등 아홉 군데를 잭나이프로 마구 찔러 현장에서 과다출혈로 숨지게 했다. 허주연 씨 살해 방화사건, 미군이 오른쪽 팔꿈치로 허주연 씨의 명치를 때려 숨지게 하였고, 이어 자신의 범죄를 은닉하기 위해 허주연 씨가 누워 있는 침대에 가스라이터로 불을 붙였다. 이태원 클럽 여종업원 살해사건, 매카시 상병은 술집 내실에서 여종업원의 얼굴을 주먹으로 마구 때리고 목을 졸라 숨지게 했다. 그리고 바로 작년에 일어난 전등록 씨 미군 고압선 감전 사망 사건, 카메라 공장 증축현장에서 인부로 일하던 전등록 씨는 철제 지붕 마무리 공사를 하면서 철판 조각을 반으로 접어 지붕 아래로 내리려다 철판 조각이 지붕 위 약 2~3m 상공의 고압선에 닿으면서 감전됐고, 이 사고로 전 씨는 양쪽 팔다리에 중화상을 입고 팔다리를 모두 잘라냈으나 결국 2002년 6월 6일 사망했다. 문제의 고압선은 인근 미군 부대 캠프 외부의 양수기에 전기를 공급하기 위해 미군 측에서 설치, 관리하는 것으로 2만 볼트가 훨씬 넘는 고압에도 불구하고 피복조차 씌워져 있지 않았다. 이에 공사 관계자들이 공사 시작 전부터 수차례 미군 측에 고압선 철거 또는 이전을 요구하였지만, 미군은 번번이 묵살했다. 그리고 이들은 걸핏하면 소파를 들이댄다.

그러면 도대체 소위 소파(주한미군지위협정)란 얼마나 싸가지 없는 법인가? 일본과 미국 사이에 맺은 소파와는 얼마나 다르고 또 불공평한가? 일본의 SOFA 적용 대상자는 '(미국) 군법에 따르는 자'로 규정돼 있지만, 우리 SOFA에서는 미군이나 군무원, 그들의 직계 가족, 기타 친척, 초청계약자 등등 영리 목적의 미국인까지 특혜를 받게 돼 있다. 재판권이 미국으로 넘어가는 공무상 범죄 여부 판단도 일본에서는 일본 법원이 최종 판단하도록 하고 있지만, 한미 SOFA에서는 미군 장성이 발행하는 공무증명서만 있으면 일차적 재판권이 미군으로 넘어가게 되어 있다. 한국은 지난해 개정으로 비로소 살인, 강간 등 12개 중대 범죄에 한해서 기소 시 신병을 넘겨받을 수 있게 됐지만, 일본은 벌써 기소 시 신병 인도 기준을 적용해왔다. 그밖에도 한미 SOFA에는 '미국 정부 대표가 입회하지 않았을 때 행해진 진술은 증거능력을 갖지 않는다, 미국 군대의 위신에 합당하는 조건이 아니면 심판을 받지 않을 권리가 있다'라고 되어 있다. 다른 나라에는 유례가 없는 조항들이다. 그리고 소파는 번역문이 영문과 충돌할 때 영어 원본을 우선으로 하게 되어 있다.

미국과 소파의 싸가지 없음은 그렇다 치고 여중생 사망 사건을 보도하는 조, 중, 동 등의 친미 사대 언론을 보면, 그중에서도 특히 친미 조선일보를 보면 싸가지 없기가 미국과 비슷하다. 조선일보는 처음에는 여중생 사건을 다루지도 않았다. 여중생 사망 사건과 관련하여 제일 처음 다룬 보도도 '미군들 궤도차에 숨진 여중생 미군 부대서 추모 행사'였다. 조선일보는 부시가 간접 사과를 하자 기다렸다는 듯 사설에서 부시의 사과를 '의미 있는 진전'이라고 높게 평가하면서, "SOFA 개정문제는 한미동맹 강화의 큰 틀에서 이뤄져야 한다. 정치권, 여론주도층, 교육계, 대중연예인, 일부 시위대 등이 반미정서 확산을 이용하거나 상처를 덧나게 해서는 안 된다."라고 떠들어댔다. 각종 항의 시위의 움직임도 아주 작게 다뤘다. 특히 1만 명이 넘게 모였던 광화문에서의 첫 번째 촛불시위는 시민들과 네티즌들이 월드컵 이후 자발적으로 모인 행사였으나 조선일보는 아예 언급조차 하지 않았다. 전교조의 공동훈화 수업에 대해서는 "초·중·고 학생들에게 반미의식을 심으려 하는 등의 움직임은 갈등의 치유나 해소보다는 갈등의 끝없는 격화만 불러올 수도 있다는 점에서 모두가 깊이 성찰해볼 일이다."라고 해묵은 의식화 교육으로 몰아붙였다. 싸가지 없는 조선일보가 아닐 수 없다.

 모 당의 대통령 후보도 이에 뒤지지 않는다. 일찍이 미국을 방문해 북을 악의 축으로 몰면서 부시에게 머리를 조아렸던, 세상이 다 아는 친미주의사인 이 사람은 그농안 여중생 사망 사건과 관련하여 아무런 의사 표시도 없다가 온 나라가 소파 개정으로 들끓자 그야말로 하루아침에 돌변했다. 여중생의 집까지 방문해서는 유족들의 손을 어루만지며 "정말 이런 일이 어떻게 일어났는지 모르겠다. 말도 안 되는 일이 일어나고 그 후의 처리도 말도 안 되는 방향으로 가서 온 국민이 분노하고 있다. 어제 미국 대사를 만나서 SOFA 개정과 미국 대통령의 직접 사과를 요구했다"라고 말했다. 이 사람은 "추모비로 이동, 두 여중생의 사진 위에 쌓인 눈을 손으로 쓸어내린 뒤 눈시울을 붉혔다". 무슨 '악어의 눈물'도 아니고, 그의 이런 발언과 눈물과 행동은 평소와는 정반대의 행동이었다. 만일 나라의 분위기가 이렇게 돌아가지 않았다면, 그리고 선거 과정이 아니었다면 이런 말과 행동과 눈물을 보였을까? 싸가지 없는 짓이다. 싸가지 없는 발언의 백미는 이 당의 모 대표의 발언이었다. 그는 반미시위 확산과 관련해 "최근 전국적으로 확산하는 반미문제가 위험한 수준이다. 보이지 않는 손에 의해 조직적으로 가는 게 아니냐는 냄새까지 나고 있다"라고 주장했다. 그와 한 하늘을 이고 사는 게 참으로 부끄럽다. 보이지 않는 손? 물론 있다. 수십 년간 미국에 당하고만 살아온 우리 민족이 이제는 더 이상 당하고만은 살 수 없다는 남녀노소의 한결같은 양심의 소리다. 이번 두 여중생 사망 사건에 대해 대통령과 정부 당국의 태도도 싸가지 없기는 매일반이다. 사건이 일어난 지 6개월이 지난 지금까지 대통령이 한 말이라곤 "반미는 안 된다, 반미시위 엄단" 등이었고, 그나마 여론에 등 떠밀려 뒤늦게 지시한 SOFA 개선안이라는 것도 독소조항은 그대로 둔 채 초동수사 참여에 대한 개선만을 다루고 있을 뿐이었다. 재발 방지책이라는 것도 결국은 미군 측에게 훈련의 편의만을 제공하는 방안이었고,

싸가지 없기는 교육부도 이들에 전혀 뒤지지 않는다. 두 여중생 살인사건에 대해 전교조에서 훈화 수업을 한다고 했더니, 즉시 시도교육 국장 회의를 열어, "전국 초·중·고교 교사들이 소파 관련 훈화 수업을 하려면 교육부 지침에 따라, 학년 및 교과협의회의 협의를 거쳐, 교수학습안을 작성한 후, 학교장의 승인 절차를 반드시 거쳐야 한다, 또 편파적이어서는 안 된다, 미군이 한반도 평화유지와 안정에 이바지한 점을 고려할 수 있도록 해야 한다."라고 말했다. 교육부는 또 "교사의 시위 및 서명운동 참여에 관해서는 교원 복무규정 준수 차원에서 시·도 교육청과 학교장 중심 지도를 강화하는 한편, 교사와 학생들이 반미집회에 참여하는 일이 없도록 사전 지도·교육도 강화하겠다"라고 밝혔다. 마치 미국의 교육부가 발표한 듯하지 않은가? 정말 싸가지 없는 교육부다.

마지막으로 정부 당국자, "법무부에서 견해를 밝힌 대로 아쉬움은 남지만, 이번 무죄 평결 결과를 우리 정부는 존중한다." 또 다른 정부 당국자, "시위자들은 급진주의자들이고 아주 한 줌밖에 안 된다. 그들은 그것을 그들의 세력 확장을 위한 방편으로, 반미 감정을 부추기기 위한 좋은 꺼리로 만들기를 원하고 있다."

아, 제발 앞으로는 이런 '싸가지' 없는 발언, '싸가지' 없는 행동들이 아니라 제발 '싹수' 있는 발언, '싹수' 있는 행동들을 지켜보며 살고 싶다.

(2003)

이 자들을 언제까지
그냥 내버려 두어야 하는가?

한국과 미국 두 나라가 용산기지 이전 협상에서 용산에 남는 부대의 규모와 오산·평택 지역으로의 이전을 놓고 줄다리기를 하고 있다. 이 협상에서 미국은 주한 미군사령부와 한미 연합사령부 등 잔류 부대용 터로 28만 평을 요구하고 있고, 정부는 17만 평을 주장하고 있다. 그러면서 미국은 자신들의 요구가 받아들여지지 않으면 용산기지 전체를 오산·평택 지역으로 이전하겠다고 협박하고 있다. 미국 쪽이 우리 정부에 요구하고 있는 28만 평은 용산기지 전체 81만 평의 3분의 1에 달하는 금싸라기 땅으로, 대부분 용산기지 중심 지역을 차지하고 있으며, 여기에는 300m짜리 골프 연습장, 야구장, 축구장, 다수의 식당 등 오락 시설들이 포함된 것으로 알려졌다.

애초에 미국은 미군을 신속기동군으로 전환하면서 해외 주둔 미군의 재배치계획에 따라 오산비행장과 평택항을 통해 이동이 쉬운 점을 고려해서 주한 미군의 전체 이전을 추진하고 있는 것으로 알려졌다. 다시 말하면 우리의 요구가 아니라 자신들의 필요 때문에 옮겨가겠다는 것이다.

그런데 이런 와중에 김용갑 등 한나라당 127명, 민주당 8명, 열린우리당 1명, 자민련 10명, 민주국민당 1명 등 국회의원 147명이 소위 안보 불안을 이유로 미국 쪽 요구대로 28만 평을 계속 제공하도록 하고, 주한 미군사령부 이전은 절대로 안 된다는 내용의 국회 결의안 채택을 추진하고 있다. 정부의 편을 들어 정부의 협상력을 높여 주어도 시원찮을 판에 이런 결의안이나 추진하고 있는 이자들은 도대체 어느 나라 국회의원들인가?

더구나 한·미 연합사령부가 오산·평택으로 이전하더라도 안보에 아무런 문제가 없다고 안보의 책임자인 국방부가 밝혔는데도 이를 믿을 수 없다며 불안 심리를 부추기는 이 자들의 머릿속엔 도대체 무엇이 들어 있을까? 미군이 우리를 보호해 주지 않으면 단 하루도 살 수 없다는 사대주의적 노예근성으로 꽉 차 있는 걸까?

용산기지는 역사적으로 청나라, 일본, 미군의 주둔지로 이어져 민족 자존심에 상처를 주어 왔고, 또 서울의 균형적 발전에 커다란 걸림돌이 되어온 곳이었다. 이제 그곳을 일부나마 반환받으려는 마당에, 거꾸로 그것에 반대하고 나섰으니 이 자들은 민족의 이름으로 절대로 용서하면 안 된다. 용산기지 이전에 30억 달러(약 3조6천억 원) 이상을 쏟아붓고도 주변 지역의 땅만 반환받는다면, 그래서 용산기지 이전의 효과가 전혀 없다면, 국민 중 누가 이 사실을 이해하겠는가? 차제에 이왕에 반환받기로 한 16만 평 부평미군기지도 2008년까지 기다릴 것 없이 빨리 반환하고 떠나야 할 것이다.

참고로 한나라당을 제외하고 결의안에 서명한 의원들은 민주당의 박상천, 박상희, 유용태, 이윤수, 장재식, 장태완, 최명헌, 한화갑, 자민련은 10명 전원, 유일한 우리 당 의원은 정대철이다. 재벌들에게 기상천외한 차떼기라는 방법으로 불법 대선자금을 강탈한, 조폭보다도 더 파렴치한, 이 반민족적 집단을 우리는 언제까지 그냥 보고 있어야만 하나? 우리는 이 자들을 언제까지 그냥 내버려 두어야 하는가?

(2003)

파병 철회, 메아리 없는 외침

날들이 참으로 덥다. 내 몸 하나 추스르기 힘들 정도로 더위는 좀처럼 수그러들 줄을 모른다. 연일 계속되는 고통스러운 무더위를 약간은 식혀주리라 기대했던 태풍 '남테우른'도 속절없이 소멸해 버리고, 세상은 찜통 속보다 더 뜨겁다.

언제부터인지 모르지만 8월 첫 주는 이제 너도나도 자연스럽게 휴가를 떠나는 주가 되어 버렸다. 올해는 때마침 날씨까지 찌는 바람에 사람들은 더위를 피해 모두 서둘러 도시를 떠났다. 거리는 한산하다. 물론 대통령도 이번 주에 휴가를 즐기고 있다. 그럴 리는 없겠지만 만약에 말이다. 그래서 오늘을, 대다수 국민이 휴가를 즐기느라 다른 곳에 눈 돌릴 여력이 전혀 없을, 휴가의 한가운데, 8월 3일을 이라크 파병부대인 자이툰 부대의 선발대 파병 날짜로 결정했다면, 노무현 정부는 참으로 비열한 정부이며, 노무현 정부의 미래는 없다.

광화문 열린시민공원을 비롯해 부평역 등 전국 각지에서는 밖에서도 견디기 어려운 이 염천에 천막에 들어가 파병 반대를 외치며 열흘 이상 단식농성을 벌이고 있는 사람들이 있다. 그중 민노당 김혜경 대표는 단식농성 중 쓰러져 며칠 전 병원에 입원하기도 했다. 병상에 누워서도 이라크 파병문제에 대해 대통령과 담판하고 싶다고 외쳤지만, 휴가 중인 대통령으로부터 돌아오는 메아리는 없었다. 전국에서 10만 명 이상이 릴레이 단식농성을 벌이며 "이라크 파병은 명분과 실익이 없는 침략전쟁에 동참하는 것"이라고 아무리 외쳐 봐도 돌아오는 메아리는 없다. 고 김선일 씨의 참혹한 죽음과 앞으로 계속될 제2, 제3의 김선일의 죽음, 또는 이라크 무장세력의 테러 위협에도 정부는 끄떡도 하지 않고 파병 방침을 고수하고 있다. 정부는 계속해서 이라크 재건과 국제사회와의 공조만 들먹이고 있다. 아무 잘못도 없는 나라에 쳐들어가 처참하게 파괴하고 나서 평화적 재건은 뭐란 말인가? 국제사회와의 공조? 미국과 우리나라 말고, 파병 못 해 안달이 난 나라가 또 어디 있는가?

필리핀은 수십 년 동안 미국의 식민지였다. 그런데 자국의 안젤라 델라 크루즈라는 트럭운전을 하는 노동자가 이라크 무장단체에 납치당하자, 아로요대통령이 직접 나서 즉각 자신들의 병력을 철수시켰고, 크루즈는 무사히 필리핀으로 돌아왔다. 우리나라보다 국민소득이 뒤처지는 후진국으로, 그래서 약간은 무시해 왔던 필리핀, 필리핀이 파병을 철회한 대가로 미국에서 어떤 직접적인 불이익을 당했는지는 아직 듣지 못했다. 미국은 필리핀 정부의 결정이 납치범들의 압력에 대한 굴복이므로 앞으로 이라크에서 조건을 내건 납치사건이 증가할 것이라며 강력하게 비난했으나, 필리핀 정부는 국익에 따랐을 뿐이라며 미국의 비난을 무시하고 있다고 한다. 인도 역시 인질 3명의 안전을 위하여 자국민 6천여 명을 철수시킬 준비를 이미 마쳤다고 한다.

이제 미국과의 혈맹이란 미국의 이익을 극대화하기 위한 허울 좋은 사탕발림에 불과하다는 것을 조선일보 등 반민족적 수구세력이 아니라면 다 안다. 북의 위협은 이제 전혀 현실적이지 못하다는 것을 알만한 국민은 다 안다. 그럼 이제 미국과의 관계에서 남은 것은 단 하나 경제문제인데, 대체 목숨이 더 중요한가, 먹고사는 게 더 중요한가? 일단 죽지 않고 살아남아야 먹고살 게 아닌가? 혹시 이라크에 파병되어 죽어가야 하는 건 없는 집 자식 일이고, 그래서 내 일이 아니고, 그래서 내가 먹고사는 일만 잘 해결되면 되는 거로 생각하는 건가?

'자이툰'은 올리브나무라는 뜻의 아랍어로, 올리브나무는 평화를 상징한다고 한다. '자이툰'이라는 부대 이름처럼 진정으로 이 정부가 평화를 원한다면 대다수 이라크 국민을 우롱하지 말고 선발대 파병을 즉각 중단하고 이라크 파병을 즉각 철회해야 한다.

다시 말하지만, 오늘 2004년 8월 3일은 정부가 자이툰 부대의 선발대를 이라크에 보내기로 한 날이다. 그리고 이제 '참여' 정부가 아니라 '참전' 정부가 된 노무현 대통령은 생때같은 젊은이들을 사지로 보내는 날, 탄핵 정국 때의 휴가로는 모자랐는지 현재 또 일주일의 휴가를 즐기고 있다. 이날, 2004년 8월 3일의 야만을 역사는 반드시 기억할 것이고, 반드시 기록할 것이다.

(2004)

미군 장갑차에 내 자식들이 더 이상
깔려 죽지 않으려면

꽃다운 두 여중생이 장갑차에 깔려 짐승만도 못한 죽임을 당한 지 벌써 반년이 되어 간다. '대~한민국'을 외치며 온 나라가 월드컵에 빠져 있던 2002년 6월 13일, 우리 딸 효순이, 미선이는 대한민국에 태어난 죄로 50t이 넘는 미군의 장갑차에 깔려 두개골이 부서지고, 뇌수가 흘러나온 채로 비명도 못 지르고 죽어갔다. 그러나 살인자인 두 미군은 지난 11월 20일과 22일 무죄 평결을 받았고, 이들은 오산 비행장에서 유유히 우리나라를 떠났다. 그리고 지금 모든 국민은 분노에 떨고 있다.

무죄 평결 후 가해자 마크 워커는 다음과 같이 말했다.

"지금 상태는 아주 행복하다. 한국은 아주 지내기 좋은 곳이다."

변호인 로버트 브루턴 소령은 "관제병 페르난도 니노와 운전병 마크 워커는 위급한 상황을 맞아 취해야 할 최선의 노력을 다했다"라고 말했으며, 미 8군 사령관 캠벨 중장은 "공정하고 편견 없는 재판이었다. 우려되는 (한국민들의) 시위에 대해서는 한국 정부가 다른 사람의 권리를 침해하거나 법을 위반하는 폭력적 시위를 묵인할 것으로 생각지 않는다. 미국에 있는 병사들의 가족들에게 기쁜 소식임이 틀림없다"라고 말했다. 이에 정부 당국자는 "이번 무죄 평결 결과를 우리 정부는 존중한다."라고 화답했고, 또 다른 정부 당국자는 한술 더 떠 "시위자들은 급진주의자들이고 한 줌밖에 안 된다. 그들은 그것을 그들의 세력 확장을 위한 방편으로, 반미감정을 부추기기 위한 좋은 꺼리로 만들기를 원하고 있다"라고 말했다. 미군들의 발언도 치가 떨리지만, 정부 당국자들의 발언을 듣고 있으면 정말 피가 거꾸로 솟는 느낌이다. 도대체 어느 나라 사람인가? 자기 딸이 안 깔려 죽어서 그렇게 함부로 떠들어대는가?

한 번 뒤집어 생각해보자. 만일 우리나라 장갑차가 미국의 어느 거리를 과속으로 달리다가 미국 여중생 두 명을 깔아 죽였다면? 우리 법정에서, 우리나라 사람끼리 검찰, 변호인 모두 맡아 무죄 평결을 내린 후, 유유히 우리나라로 돌아올 수 있었을까? 한미 주둔군 지위협정(소파)에 의하면 엄연히 우리 딸이 두 명이나 장갑차에 깔려 죽었는데 아무도 잘못이 없다는 것이다. 이게 법인가? 두 미군은 마땅히 처벌되어야 하며, 소파는 반드시 개정되어야 한다. 그렇지 않으면 이런 일은 끊임없이 재발할 수밖에 없다.

온 국민이 분노에 떨고 있을 때 인천지역의 용기 있는 대학생들이 의정부 미 2사단과 부평 미군기지에 들어가 시위를 벌임으로써 국민의 상한 마음을 조금이나마 달래 주었다. 그들의 의로운 행동은 내나수 국민의 정서를 대변한 행동이었고, 그러므로 구속된 대학생들은 조속한 시일 내에 반드시 석방되어야 한다. 대선이 코앞으로 다가왔다. 이제 우리에게는 더 이상 미국의 눈치나 보는 정권이 아니라 미국에 우리 민족의 자주적인 입장을 분명히 밝힐 수 있는 정치 세력에게 투표하는 일이 과제로 남아 있다. 그런 후보를 찾기 어렵다면 적어도 이 사람만은 안 된다는 판단이라도 해야 한다. 미군 장갑차에 내 자식들이 더 이상 깔려 죽지 않으려면.

(2002)

그래도 이 땅에 살기 위하여

우리가 살아가는 이 땅에 소위 국가로서의 최소한의 공동체성이 조금이라도 남아 있는지 회의스러울 때가 한두 번이 아니다.

사회 안전망에서 떨어져 버린 서민들의 자살 소식은 끊일 날이 없다. 일 구하러 집 나간 남편을 기다리며 카드빚으로 생활하던 30대 중반의 여성이 살려달라고 애원하는 두 딸을 아파트 14층 아래로 내던진 후, 어린 아들은 자신이 껴안고 뛰어내렸다.

빚에 쪼들린 한 40대 여인이 잠든 남편에게 펄펄 끓는 식용유를 퍼붓고 자신은 딸과 함께 투신자살했다. 사업에 실패한 가장이 여섯 식구를 데리고 여관에 투숙한 후 함께 음독자살했으며, 고향을 다녀오던 어느 가장은 식구들을 차에 태운 채 저수지 속으로 차를 몰았다.

노동자, 농민들의 삶도 크게 다르지 않다. 대다수 노동자는 여전히 100만 원 이하의 임금으로 생활하고 있으며 일당 1천~2천 원 인상을 위해 파업하다가 해고되거나 구속된다.

멕시코 칸쿤에서 날아온 한국 농민 이경해 씨의 자결 소식이 우리의 가슴을 아프게 했는데, 농민들은 자신들의 의사를 표시하기 위해 자해하거나, 고속도로를 점거하거나, 농산물에 불을 지르는 등의 과격한 행동이 아니면 신문에 단 한 줄도 나지 않는다는 걸 이미 잘 알고 있다.

이와 반대로 있는 자들의 세상은 어떤가? 삼성 이건희 회장의 재산은 1조4천280억 원이고, 그의 아들 이재용은 9천230억 원인데 아들의 나이는 올해 서른다섯 살에 불과하다. 이건희 회장이 그의 재산을 하루에 100만 원씩 쓴다면 3천912년 동안 쓸 수 있으며, 그의 아들은 2천528년 동안 쓸 수 있다. 20대인 두 딸의 재산이 각각 2천억 원대를 포함하여 이 회장 일가의 재산을 모두 합치면 무려 4조8천억 원이나 된다고 한다..

현대자동차의 생산직 고졸 사원연봉이 몇천만 원이나 된다고 수구 언론은 호들갑을 떨지만(물론 사실을 왜곡하고 있지만), 삼성전자의 이사 연봉은 52억 원이다. 이들은 해마다 로또복권에 당첨되는 셈이기 때문에 '경박하게' 로또복권 따위는 살 필요가 없다.

청와대 회담을 마치고 나온 3당 대표들이 뒤풀이로 간 룸살롱에서 하룻밤에 낸 술값이 700만 원을 넘었고, 전국을 휩쓴 태풍 매미의 영향으로 126명이 죽거나 실종된 이번 수해 기간에 주무장관인 김진표 부총리는 제주도에 머물며 골프를 쳤다.

교수들이 귀족적인 생활을 영위할 수 있는 건 노예만도 못한 시간강사들의 노동력 착취의 결과이지만, 이에 대해 문제를 제기하는 교수들은 거의 없다. 그러면서 교수들은 모든 의제를 독점하고 대다수 신문의 칼럼난에 글을 쓰며 그 글로 영향력을 행사하고 원고료도 받는다.

사법시험에 한 번 붙으면 평생의 부와 명예가 보장되는 나라는, 모든 판사와 검사들이 아무 때나 그만두고 부가 보장되는 변호사로 100% 취업할 수 있는 나라는 우리나라밖에 없다.

계속되는 자살, 더는 미래가 없는 대다수 노동자와 농민, 빈부격차의 심화, 연간 30조 원에 가까운 살인적 사교육비, 불안한 미래, 최소한의 공동체성이 처참하게 무너져 버린 이 땅 위에서 소위 시민단체는 뭐 하는 사람들이며, 무엇을 해야 하는가? 시민단체들은 정치적 중립을 지켜야 한다는 둥, 이제 자신들이 나서야 한다는 둥 말들이 많다.

중립이고 뭐고 간에, 아, 그래도 이 땅에 계속 살기 위하여, 이 땅의 최소한도의 공동체성 회복을 위하여, 무엇을 어떻게 해야 할지 고민이 깊다.

(2003)

9·19 이전과 9·19 이후

추석 연휴 마지막 날인 지난 9월 19일, 베이징에서 낭보가 날아들었다. 남·북한과 미국, 중국, 일본, 러시아 등 6개국이 북 경수로 문제에 대해 적당한 시기에 논의키로 하는 내용을 골자로 한 6개항의 공동성명에 극적인 합의를 끌어냈다는 소식이었다. 2년여 지루하게 끌던 6자회담이 드디어 4차 회담에서 타결을 보고 9·19 베이징 공동성명이 발표된 것이다. 공동성명에서 북한은 모든 핵무기와 현존하는 핵 계획을 포기할 것과 조속한 시일 내에 핵확산금지조약(NPT)과 국제원자력기구(IAEA)의 안전조치에 복귀할 것을 공약했으며, 미국도 한반도에 핵무기를 갖고 있지 않으며, 핵무기 또는 재래식 무기로 북한을 공격 또는 침공할 의사가 없다는 것을 확인했다. 또한, 북한은 핵에너지의 평화적 이용에 관한 권리를 가지고 있다고 밝혔으며, 여타 당사국들은 이에 대한 존중을 표명했고, '적절한 시기'에 북한에 경수로 제공문제에 대해 논의하는 데 동의했다. 그리고 6자는 상호 관계에 있어 국제연합헌장의 목적과 원칙 및 국제관계에서 인정된 규범을 지킬 것을 약속했다. 유엔헌장 제1장 2조를 보면 '모든 회원국은 그 국제관계에 있어서 다른 국가의 영토 보존이나 정치적 독립에 대하여 무력의 위협이나 무력행사를 삼간다.', '본질상 어떤 국가의 국내 관할권 안에 있는 사항에 간섭할 권한을 국제연합에 부여하지 아니한다.' 라고 되어 있으니, 9·19 베이징 공동성명은 이제 명실상부하게 동북아의 평화를 보장하는 강제적 성명으로 된 것이다.

아직 북, 미 간에 경수로 건설이 먼저냐, NPT 복귀가 먼저냐 하는, 또는 '적절한 시기'가 언제냐 하는 쟁점이 여전히 남아 있기는 하지만 그 어느 나라도 동북아의 평화를 보장하기 위한 공동성명의 참뜻을 뒤집기는 어렵게 되었다. 그리고 공동성명에서 6자가 합의한 대로 북한의 평화적 핵 이용을 위한 경수로 건설도 당연히 보장되어야 할 것이다.

경수로란 무엇인가? 우라늄이 핵분열하게 되면 막대한 열을 내게 되는데 이때 발생한 열로 물을 증기로 바꾸어 발전하는 게 원자력발전이다. 이때 원자로 속에서 핵분열 연쇄반응이 서서히 일어나서 필요한 만큼의 에너지를 안전하게 뽑아 쓸 수 있도록 중성자와 핵분열 속도를 조절해 주어야 하는데 중성자의 속도를 늦춰주는 감속재로 쓰이는 게 중수(重水)와 경수(輕水) 등의 물이다. 경수는 보통의 물로, 물의 수소 원자핵 속에 양자 한 개가 들어 있지만, 중수에는 수소의 원자핵 속에 양자와 중성자가 각기 한 개씩 들어 있어 보통의 물보다 1.2배가량 무겁다고 한다. 경수로는 냉각재 및 감속재로서 보통의 물을 사용할 수 있으므로 저렴하며, 열전도율이 높아 효율적으로 에너지를 얻을 수 있지만 농축된 핵

연료를 사용해야 하므로 핵연료의 수급이 힘들다고 한다. 문제는 우라늄 사용 후 남게 되는 플루토늄의 투명성인데 이 문제도 6자가 공동 관리하는 식으로 해결하면 될 것이다. 통일부 당국자의 말처럼, 경수로 시설을 북한에 설치하면서 '통일 한국의 미래라는 관점에서 보는 자세가 필요함'은 물론이다.

9·19 공동성명 이후 세상은 어떻게 달라질까, 상상해보는 것만으로도 즐겁다. 먼저 남북정상회담이 이른 시일 안에 열려야 한다는 여론이 퍼질 것이다. 노무현 대통령도 취임 이후 '선 북핵 문제 해결, 후 남북정상회담 추진'이라는 대원칙을 견지해왔으며, 김정일 위원장이 지난 6월 노 대통령의 특사 자격으로 방북한 정동영 통일장관에게 '적절한 때가 되면 이뤄질 것'이라고 밝혔다는 점도 남북정상회담 개최에 매우 고무적이다. 제2의 6·15 공동선언이 머지않아 나올 것이며, 궁극적으로는 현재의 정전체제를 영구적 평화체제로 바꾸는 중요한 계기가 될 것이다.

우리 인천은 어떻게 달라질까? 2014년 아시안게임의 인천, 평양 공동 개최가 매우 유력해졌다. 또한, 개풍공단 조성도 현실화할 것이며, 옹진군 어민들의 숙원이었던 서해안의 꽃게 공동조업 및 판로 확보도 가능하게 될 것이다. 강화, 개풍간의 1.8km의 교량 건설 문제도 급물살을 타게 될 것이며, 그밖에도 문화·예술 등 교류의 폭도 매우 넓어질 것이다. 마침 오는 9월 26일부터 27일까지는 인천 시민들 약 250여 명이 평양 능라도 5월 1일 경기장에서 열리는 '아리랑 대축전'을 참관하고 돌아올 예정이라고 한다.

세상은 이렇게 남북 화해와 공존, 평화의 세상으로 빠르게 변해

가는데 인천의 모 시민단체의 자유게시판은 아직도 '빨갱이' 운운의 온갖 욕설과 저주로 도배질 되어 있다. 영종도로 이전한 문학산 구 나이키 미사일 부대 자리에는 이미 '신형미사일이 배치됐다'라고 한다. 답답하고 슬픈 일이다.

(2005)

'정치적 중립성'도 정치적이다

　SK로부터 불법 비자금 100억 이상을 강탈하다시피 해서(물론 그것뿐이 아니겠지만) 대선을 치렀던 한나라당의 최병렬 대표가 '나라를 구하겠습니다'라는 구호를 걸어 놓고, 대통령 측근들을 조사하기 위한 특검법을 받아들이라며 '단식투쟁(?)'을 벌이고 있다. 단식투쟁을 매우 희화화하고 있는 것은 둘째치고, 나는 최병렬 대표의 뇌 속에 '나라'는 도대체 무슨 의미로 들어 있을까, 무슨 낯으로 저러고 있을까, 몹시 궁금하다.
　안하무인에 적반하장, 후안무치에 인면수심이라는 말로도 모자라는 집단, 더는 기대할 것도 무엇도 없는 집단에 대해 언급해야 한다는 것 자체가 짜증 난다. 대통령도 크게 다르지 않다. 대통령 당선 이후 그의 말과 행동은 여전히 오락가락에다 횡설수설이다. 대북정책, 대미정책, 새만금, 부안 핵폐기장, 이라크 파병, 400만에 가까운 신용불량자, 청년실업, 부동산 문제 등 그 어느 것 하나 속 시원히 해결하지 못하고 있다. 그를 지지했던 유권자들은 정말이지 그마저도 측근들의 부패가 그렇게 심하리라고는 생각하지 못했다.

정치권이 식물인간 상태이고, 정치자금 문제로 자기들끼리 이전투구를 벌이고 있는 상황에서 시민단체는 무얼 해야 하나? 시민단체는 정치적으로 중립을 지켜야 하니까 어느 쪽이 더 나쁜가, 어느 쪽이 더 떼어먹었나, 여전히 구경이나 하면서 가끔 관전평이나 하면 되는가? 중립성이란 무엇인가? 오른쪽과 왼쪽의 가운데, 어중간한 태도를 보이는 게 중립성인가? 진한 색과 흐린 색 사이의 중간 색깔을 취하는 게 중립성인가? 정의와 불의 사이에서 가운데 태도를 보이는 게 중립성인가? 아무 생각도 견해도 없는 단체라면 몰라도, 사실 이 세상 모든 단체 중에서 중립적인 단체는 있을 수 없다. 진정한 의미의 중용이란 어떤 경우든 가운데 태도를 보이라는 것은 아닐 것이다. 진정한 중립성이란 대다수 국민의 입장에 서서 공정한 잣대로 옳고 그름을 판단하는 능력이지, 잘못된 세상에 대해 무색무취하게 '이래도 흥, 저래도 흥' 하는 것은 아닐 것이다.

시민단체의 정치적 중립성이란 말은 냉정하게 따지면 수구 언론과 잠재적 경쟁자를 따돌리려는 부패 정치인들의 수작이다. 물론 시민운동을 하던 사람 중에도 정치권으로 진출한 사람들이 있었고, 현재도 정치권으로의 진출을 위한 수단으로 시민운동을 하는 사람들도 있을 수 있겠지만, 어쨌든 그 의도 자체로 선악을 판단할 수는 없다. 그것에 관한 판단의 몫은 국민의 것이지 기존 정치인들의 것이 아니다. 현재 중요한 것은, 모두 힘을 합쳐 이 부정부패로 얼룩진, 한심한 정치판을 근본적으로, 하루빨리 뒤바꿀 정치개혁을 완성하는 일이지, 중립성이라는 미명에 사로잡혀 구경만 하고, 심판만 보고, 한숨만 쉬고 앉아 있는 것은 아닐 것이다.

시민운동은 개혁 지향적이고, 진보 지향적이어야 한다. 시민운동은 결코 중립적일 수 없고, 그래서도 안 된다. 시민단체들은 이제 정치적 중립성이라는 허위의식에서 벗어나 낙선 운동을 하든, 당선 운동을 하든, 정치개혁 운동을 하든 각 단체의 수준과 능력에 맞게 내년 총선에서 적극적인 역할을 해야 한다. 심판만 보는 것이 시민단체라면 나는 시민단체라는 이름을 반납하고 싶다. 세상이야 어떻게 변하든 늘 '중립'만 지키면서 감시와 비판이라는 핑계로 끝까지 살아남는 게 소위 'NGO'라면 나는 'NGO'라는 이름을 되돌려 주고 싶다.

정치적 중립성이라는 말로 가장 이득을 보는 집단과 가장 손해를 보는 집단은 누구인가? 자신들의 기득권에 접근 못 하게 하려는 수구 언론과 또 정치가 계급이 되어 버려 국민은 안중에도 없고, 오직 자신들의 이해관계에 따라서만 움직이는 보수 정치인들이 사용하는 '정치적 중립성'이라는 말은 사실 얼마나 고도로 정치적인가?

(2003)

역사는 진보하는가?

역사는 진보하는가? 역사가 진보한다는 생각은 아직은 약간 이른 것 같기도 하다. 김기춘, 김용갑, 정형근, 김문수, 이재오 의원 등 한나라당을 친미, 매판, 수구로 앞장서 끌고 간 주역들이 지역주의에 기대 이번 17대 총선에서 다시 살아서 돌아오고 말았다. 유세 기간 내내 아무 알맹이도 없던 한나라당 박근혜 대표의 연설은 시종일관 "나는 부모님이 모두 돌아가셨어요, 그래서 나는 고아입니다, 밥도 혼자 먹어요"가 내용의 전부였다. 나이가 50이 넘었으니 그 나이 또래 대부분이 당연히 돌아가셨을 부모님을 끄집어내서, 마치 소녀 가장인 양 동정심을 불러일으키며, 죽은 박정희와 육영수의 관 뚜껑을 다시 열어 놓고 읍소하는 유치한 작태는 보고 있기에 민망했다. 그런데도 영남의 일부 유권자들은 '소녀 가장' 박근혜를 열렬히 환호했고, 그녀의 눈물은 이번 총선에서 다 죽은 한나라낭을 기사회생시킬 정도로 큰 효험을 보였다. 역사는 진보하지 않는 것 같다.

지난 16대 총선보다는 많이 완화되었다고는 하나 이번 4·15 총선에서도 지역주의의 망령은 시퍼렇게 살아 있었다. 대구와 경북의 당선자는 파란색, 한나라당 일색이었으며, 경남과 부산도 몇몇 지역구를 제외하고는 마찬가지였다. 부산에서 유일하게 열린우리당이 당선된 사하구는 공천에서 탈락하자 탈당해 무소속으로 출마한 박종웅과 한나라당이 표를 나누어 가져가는 바람에 빚어진 어부지리의 성격이 짙었다. 아직 열린우리당에 입당은 하지 않았지만, 노무현 대통령이 부산 출신이 아니고 만일 광주나 호남 어디 출신이었다면 그마저 가능했을까 하는 의문 또한 떨치기 어렵다. 성격이 약간 다르기는 하지만, 호남도 사정은 비슷하다. 탄핵정국에서 호남 민심을 배반하고 한나라당과 야합한 민주당을 이번 총선에서 철저히 심판했다고 하나, 열린우리당의 정동영 의장이 호남 출신이 아니고 만일 대구나 경북 어디 출신이었다면, 그 정도로 광주와 전북, 그리고 전남의 대다수 지역구에서 열린우리당이 싹쓸이할 수 있었을까? 혹시 '정동영 대통령 대망론' 같은 심리가 깔려 있지는 않았을까? 역사는 진보하지 않는 것 같다.

그러나 역사는 진보하는 것 같기도 하다. 정말로 우리 국민은 이번 총선에서 대통령 탄핵안 통과에 앞장선 한나라당과 민주당에 탄핵안 의결이 스스로 제 무덤을 판 자멸 행위였음을 무섭게 보여 주었다. 특히 민주당과 자민련의 처절한 몰락은 민심을 거역한 정치세력의 최후가 어떠하다는 것을 웅변해 주었다.

김종필 자민련 총재가 자신을 비례대표 1번으로 스스로 추천했을 때 사람들은 그의 끝없는 노추와 노욕에 대해 할 말을 잃었다. 정당 지지율이 3%를 넘거나 지역구 의석수가 5개가 넘어야 비례

대표가 주어지는 이번 선거에서 자민련은 지역구 4석에 정당 지지율은 2.9%에 그쳤다. 우리 국민의 선택은 참 절묘했다. 김종필 총재는 지난 19일 78세의 나이로 정계를 은퇴했다. 그날은 공교롭게도 그가 군홧발로 짓밟은 4·19 혁명 44주년 되는 날이었다. 그는 자신의 평상시 호언대로 서녘을 붉게 물들이지 못하고, 그냥 서해로 꼴깍 넘어가 버렸다. 역사는 약간 진보하는 것 같기도 하다.

이번 4·15 총선 결과의 특징을 여러 가지로 말할 수 있겠으나 가장 중요한 것은 뭐니 뭐니 해도 진보정당, 민노당의 원내 진출이었다. 진보세력이 그것도 10여 명이나 한꺼번에 의회에 진출한 일은 문자 그대로 천지가 개벽할 일이요, 가히 혁명적인 사건이라고 해도 과언이 아니다. 이제 우리도 노동자와 농민들이 평상복을 입고 의사당에 서는 모습을 볼 수 있게 되었다. 이제 우리도 비로소 노동자, 농민, 영세상인, 도시 서민 등 50년 이상이나 정치에서 완벽하게 소외되어 온 세력을 대변하는 정치세력을 갖게 되었다. 역시 역사는 진보하는 것 같다.

역사는 진보하는가? 그러나 역사는 저절로 앞으로 가지 않는다. 민주주의가 피를 먹고 자라듯 역사는 수많은 민중의 희생을 먹고 앞으로 나아간다. 역사의 진보란 결국 현재 살아 있는 자들의 피와 땀과 노력과 실천의 결과물인 것이다. 역사의 나아감, 그것은 우리 자신의 힘으로 역사의 바퀴를 앞으로 앞으로 굴리는 것이다.

(2004)

길 닦아 놓으니
뭐 먼저 지나간다더니

새해를 맞아 덕담 한마디쯤은 하고 넘어가야겠으나 아직은 한가하게 덕담이나 주고받을 때가 아닌 것 같다.

길 닦아놓으니까 뭐가 먼저 지나간다더니, 27개 시민사회단체로 구성된 인천시민회의가 지난 1996년부터 토요집회, 미군기지 에워싸기, 674일 동안의 24시간 릴레이 밤샘 농성 등의 반환 운동 끝에 2008년까지 되돌려 받기로 한 16만 평에 달하는 부평 미군기지에 대해, 일본 강점기에 일진회의 주역으로 을사늑약 체결에 앞장섰던 대표적 반민족 친일파 매국노인 송병준의 증손자 등 7명이 느닷없이 소유권을 주장하고 나섰다. 이 자들은 이 가운데 우선 2966평(공시지가만 약 62억 원)에 대해 지난해 9월 국가를 상대로 서울지법에 원인무효로 인한 소유권 등기 말소 소송을 제기하여 이미 재판이 4차례나 진행되었으며, 이들은 소송에서 승소할 것으로 예상하고 이 가운데 2만 평을 아파트 신축이 가능하다는 조건까지 달아 평당 220만 원씩 440억 원에 매매한다는 계약서까지 가지고 다니며 매각하려 하고 있다고 한다. 미군기지가 반환되는 데에 물론 아무런 노력을 하지 않았던 이 자들이 지난 2002년 3월 29일 미군기지 반환 결정이 나자마자 기다렸다는 듯 이와 관련한 소송을 제기한 것이 더욱 가증스럽다. 일본 강점기에는 송병준 등의 친일파가 애국지사들의 재산을 강탈해 가더니, 해방 후에는 이제 그 후손들이 시민들의 참된 노력을 또 한 번 강탈하려는 반민족적 행위를 자행하고 있다. 이건 정말 시쳇말로 우리 민족을 두 번 죽이는 일이다.

송병준이 누구인가? 친일매국노로서 이완용과 쌍벽을 이루는 송병준은 일진회를 조직하고 탁월한 처세술과 풍채로 미천한 출신임에도 불구하고 일평생 부귀영화를 누린 인물이다. 그는 자신의 출세와 영달을 위해서는 수단과 방법을 가리지 않는 철저한 기회주의자였다. 그렇기에 신분 사회에서 기생의 몸에서 태어나 고아처럼 자란 그가 상공부 대신이라는 관직에까지 오르고 일본 천황이 주는 백작 자리에까지 오르게 되었는지도 모른다. 서울시립대 서울학연구소의 전우용 박사에 의하면 원래 부평미군기지 터는 충정공 민영환의 땅이었다고 하는데 민영환의 식객으로 들어갔던 송병준이 민영환의 자결 후 허위문서 작성 등의 수법으로 강탈해 간 것이라고 한다. 당시 <대한매일신보> 논설은 이 일을 두고 송병준을 '주인을 문 개'에 비유하기도 했다.

그런데 더욱 놀라운 것은 송병준의 후손들은 이미 전국 곳곳에 송병준의 이름으로 되어 있는 땅에 대해 소송을 제기하고 있으며, 경기도 양주군 일대 1,800평에 대한 소송에서는 이미 승소한 바 있다고 하며, 또한 매국노 이완용의 후손들도 지난 93년 시가 60

억 원에 해당하는 2,000여 평을 되찾은 적이 있다고 한다.

하도 어이가 없어 벌어진 입이 다물어지지를 않는다. 그러면 어째서 이런 일들이 벌어질 수 있는가? 하기야 생각해보면 그리 놀랄 일도 아니다. 해방 후 우리나라를 점령한 미군이 전투적 민족주의 세력보다 고분고분한 친일파들과 손잡은 결과다. 해방 후 이승만이 집권하면서 역사의 첫 단추를 잘못 끼운 결과다. 친일파에 대한 청산, 일제에 대한 청산이 전혀 안 된 나라이니 이런 일들은 아마 앞으로도 계속될 것이다.

어쩌면 이 정도 일은 아무것도 아닌지 모르겠다. 『친일파를 위한 변명』이라는 책을 썼다는 김완섭이라는 자는 국회 과거사 진상규명에 관한 특위의 공청회에서 "이완용은 애국자라고 생각한다, 한일합방은 우리가 원한 일이다, 징용도 우리가 원하던 일이다, 태평양전쟁과 중일전쟁 때 일본과 우리는 동맹국이었다, 김구는 민비의 원수를 갚는다면서 무고한 일본인을 살해한 뒤 중국으로 도피한 조선왕조의 개다, 일제 때 우리는 민족 전체가 자랑스러운 황국신민이었다"고 버젓이 주장하고 있다. 이게 우리나라의 현실이다.

지난달 29일 국회 예결위 예산조정 소위는 2002년부터 2007년까지 5개년 계획으로 추진해 온 친일인명사전 편찬을 위한 기초자료 조사를 위해 책정된 예산 5억 원 전액을 폐기해 향후 이 사업의 추진이 불가능하게 되었다. 총선을 앞두고 자신들의 선심성 지역구 예산은 8000억 원이나 늘린 자들이 민족사를 바로잡는 데 필요한 최소한의 예산인 5억 원은 삭감한 것이다. 이게 우리나라의 현실이다. 법을 만드는 대부분 국회의원이 친일파의 후손인 나라, 이들에게 '반민족행위자 재산몰수에 관한 특별법' 등을 하루빨리 제정해야 한다고 목청 높이는 것 자체가 참으로 바보 같은 짓인지도 모르겠다.

(2004)

'신 갑신정변'에 국민은 없다

'너 잘못한 거 사과 안 하면 이 칼로 찌를 거다',
'나 잘못한 거 없다. 찔러 봐라',
'너 사과 안 하면, 이 칼로 정말 찌를 거다',
'찌를 테면 찔러 봐라',
'정말 찌를 거다, 농담 아니다'.

처음에 장난 노는 줄 알았다가, 정말로 상대방의 가슴팍을 팍 찔러버린 작금의 사태를 목도하고 있는 국민은 참으로 황당하고 당황스럽다.

지난 3월 12일, 국회에서는 '신 갑신정변'이라 부를 만한 일이 벌어졌다. 4년 임기 내내 온갖 부정과 부패와 무능, 반역사적, 반민족적 행위로 일관하던, 임기가 한 달도 안 남은 한나라당과 민주당, 자민련 등의 국회의원들이 임기가 아직 4년이나 남은, 국민이 뽑은 대통령을 탄핵하고 나섰다. 법안이 통과되는 데 결정석인 역할을 한 국회의장은 전두환 시절에나 있다가 이제 거의 사문화되어 버린 경호권을 발동하여 법안 통과에 반대하는 열린우리당

의원들을 개처럼 끌어낸 후 법안을 통과시켰다. 이제 대통령은 직무 정지라는 헌정 초유의 사태에 직면해 있고, 이 사태를 보고 있는 국민의 마음은 참으로 참담하고 착잡하기 이를 데 없다. 작금의 사태를 지켜보면서 가장 속상한 건 무엇인가? 그건 그들의 행동에 우리 국민은 안중에도 없었다는 사실이다. 대통령을 탄핵한 한나라당과 민주당의 국회의원들은 물론 탄핵을 자초한 듯한 대통령이나, 심지어 법안 통과 후 대성통곡한 열린우리당의 국회의원들까지, 그들의 가슴속에는 정권을 빼앗고 싶은 욕망, 권력을 계속 지키고 싶은 욕망은 있을지언정, 이 나라의 주인인 우리 국민이 전혀 없었기 때문이다.

부정한 돈을 받다가 감옥에 간 자신들의 동료들을 탈옥시키기 위해 국회의원의 권한을 마구 남용하여 석방 결의안을 통과시킨 자들, 재벌들의 돈을 차떼기로 상납받은 자들, 친일파 사전 편찬 예산을 전액 삭감해 버린 자들, 친일 진상규명법을 끝까지 거부하다가 막판에는 결국 친일 진상규명 훼방법이라 부를 수 있을 정도의 누더기로 만든 후에야 통과시킨 자들, 이 한나라당 소속 국회의원들이 국민을 생각하리라는 기대는 애초부터 추호도 없었다. 한나라당과 야합하며 스스로 호남 자민련으로 전락해 버린 민주당에게도 기대는 없었다. 그러면 열린우리당 의원들이 법안 통과 후 흘린 눈물과 통곡 속에는 진정으로 국민을 위하는 마음이 들어 있었나? 혹시 잠시 상실되어 버린 정권과 패권에 대한 서러움은 아니었는가? 40만이 넘는 청년 실업에, 200만이 넘는 신용불량자에, 더 이상 살길이 막막해져 자살을 선택할 수밖에 없는 이 땅의 노동자와 농민, 서민들을 위하여 한 번이라도 저렇게 목숨 걸고 싸워봤는지, 국회 바닥에 앉아 서럽게 대성통곡해 봤는지 한번 묻고 싶다. 백 년 만의 봄 눈 피해에, 산불 등 자연재해까지 겹쳐 뒤숭숭한 터에 이러한 정치적 혼란까지 겪어야 하는 우리 국민, 그리고 결국 책임까지 져야 하는 국민, 이래저래 불쌍한 건 우리 국민이다.

물론 나는 대통령도 옹호할 마음이 전혀 없다. 물론 야당에서 얘기하고 있는 탄핵 사유들이 정당하다는 건 아니지만, 그래서 이번 탄핵안 통과가 매우 잘못되었다는 걸 부정하지 않지만, 스스로는 솔직한 표현이라고 강변하고 있는 역할과 자리에 어울리지 않는 잦은 말실수, 측근들의 비리에 대한 지루한 변명과 자기합리화, 타협은 없고 오직 나만 옳다는 독선과 오기에 찬 발언들에 찬동하는 건 절대 아니다. 심지어 탄핵안 통과 후의 태도에서는 마치 국면 전환을 노리고 국민을 볼모로 삼아 대도박을 감행한 듯한 혐의까지 드는 것이니, 어쨌든 국민을 생각하지 않은 건 대통령도 예외가 아니다.

거듭 강조하거니와 이 나라의 주인은 누구인가? 대통령인가? 저 후안무치한 국회의원이라는 자들인가? 아니다 절대로 아니다. 이 나라의 주인은 우리 국민이다. 무슨 긴말이 필요하겠는가? 수구세력의 앞잡이, 한나라당과 민주당 의원들을 앞으로 꼭 한 달 남은 4·15 총선에서 반드시 낙선시키자. 이번 대통령 탄핵안 통과가 스스로 제 무덤을 판 자멸 행위였음을 우리 국민이 똑똑히 보여 주자. 그리하여 이 헌정 초유의 사태를 오히려 나라를 새롭게 세우는 기회로 삼자. 우리, 언제까지 구경만 하고, 언제까지 한탄만 하고 있을 텐가?

(2004)

투표율 숙명론(1)

지난 4·11 총선에서 누가 떨어지고 붙을 것인가, 어떤 당이 어느 정도의 지지를 얻을 것인가, 인천지역 최초로 진보정당 국회의원이 탄생할 것인가, 하는 것 등이 지역의 관심사였지만, 필자 개인적으로는 아무래도 그동안 각종 선거에서 보여 준 '낮은 투표율'이었다. 특히 이번 선거에서도 또 최하위를 기록할 것인가가 최대 관심사였는데, 역시 인천의 투표율은 전국에서 가장 낮았다. 본보에 칼럼을 쓰는 필자들이 이미 여러 번 다룬 얘기라 동어반복이 될 수도 있지만, 인천의 낮은 투표율에 대해 한 번 더 얘기하고 싶다.

낮은 투표율에 일단 실망스럽고 부끄럽다. 약간 화도 난다. 도대체 왜 인천사람들은 투표를 안 할까? 투표율이 낮은 이유로 가장 널리 퍼져 있는 견해가 인천에 사는 사람들이 대체로 인천에 관심이 없다는 것이다. 나는 원래 서울에 사는 사람이어야 하는데 사정이 여의치 않아 지금 잠시 몸만 인천에 살고 있는 것이다, 그래서 인천사람이 아니니 당연히 인천에서 투표할 일이 없고, 투표율 따위에 전혀 관심이 없다거나, 또는 나는 충청이나 호남에서 올라왔다, 원래는 서울까지 가야 하는데 여러 가지 사정상 우선 인천으로 왔다, 그러니 난 기회만 되면 인천을 떠날 것이다, 인천이 원래 내 지역이 아니니 인천선거 따위는 관심 없다 등. 이런 견해는, 서울의 위성도시 내지는 베드타운에 불과한 인천은 숙명적으로 투표율이 가장 낮을 수밖에 없다는 것으로 우리를 일종의 숙명론에 빠지게 한다.

두 번째는 첫 번째와 비슷한 얘기일 수도 있지만, 그리고 지겹도록 많이 거론됐던 얘기지만, 인천에 '인천사람'이 없어서 그렇다는 것이다. 인천 토박이는 거의 없고, 인천은 호남사람, 충청사람, 월남민들이 대부분이라(하기야 이북5도민회가 아직도 힘을 쓰는 곳은 아마 인천밖에 없을 것이다) 투표를 안 한다는 것이다.

세 번째는 인천시장이 선거 후 기자회견에서 밝힌 견해, 인천시민 중 중소기업 노동자들이 많은데 투표 날 대부분 출근해서 일하느라 투표할 시간이 없었다는 것이다. 특히 남동공단, 부평공단, 주안공단 등 인천에는 중소기업이 많은 편인데 이날 모두 근무를 해 투표를 못 했다는 것이다(만일 이게 사실이라면 매우 중요한 문제가 아닐 수 없다. 시의 협조를 받아 시민단체 등에서 실태조사를 한 후 투표일 근무시간 조정 등의 조례제정 운동이라도 해야 할 것이다.).

그럼 인천의 투표율을 높이기 위해 무엇을 어떻게 해야 할까? 이렇게 해야 인친의 투표율을 높일 수 있을까? 누가 이 문제를 해결해야 할까? 속상하지만 어쩔 수 없이 이 문제에 관심을 두고 있는, 현재 인천에 살고 있고 앞으로도 인천에서 계속 살아갈 사람들이 머리를 맞대고 해결해야 한다.

인천의 투표율이 낮은 이유는 여전히 시 정부, 시민사회 등 지역사회의 노력이 많이 부족해서일 것이다. 인천의 많은 유권자가 투표하러 나오지 않는 이유는 자신의 투표가 현재의 자신의 팍팍한 삶을 전혀 바꾸지 못하리라 생각하기 때문일 것이다.

현재의 우리나라와 인천의 정치가, 우리나라와 인천의 정치가들이 그들에게 전혀 감동을 주지 못하고 있기 때문일 것이다. 투표율이 가장 낮은 인천의 유권자들이 인천 정치에서 인천의 정치가들에게 투표할 이유를 찾게 될 때, 그래서 인천의 투표율이 높아질 때 정치에 희망이 생기는 것이고 아울러 인천에 희망이 생기는 것이다.

현재 인천의 최대 과제는 재정 위기문제 해결이다. 특히 2014년 아시안게임과 지하철 2호선 개통문제가 가장 크고 심각하다. 서로 네 탓만 하고 있기에는 상황이 너무 나쁘다.

문제는 현재 인천의 힘만으로는 재정위기를 극복할 방법이 전혀 없다는 것이다. 재정위기를 해결하기 위해서는 중앙정부의 지원이 절실하다. 부산 아시안게임과 대구 세계육상대회 때는 35% 이상의 국비를 지원했다는데 인천은 현재 23%에 불과하다고 한다.

19대 총선투표율이 인천은 51.4%인데 경남은 56.0%, 경북은 57.2%, 부산은 54.6%였다.

(2012)

투표율 숙명론(2)

필자는 4·11총선이 끝난 후 '투표율 숙명론'이라는 제목으로 다음과 같은 내용의 칼럼을 썼다.

"4·11총선에서 누가 떨어지고 붙을 것인가, 어떤 당이 어느 정도 지지를 얻을 것인가, 인천지역 최초로 진보정당 국회의원이 탄생할 것인가 하는 것 등이 지역의 관심사였지만, 필자 개인적으로는 아무래도 그동안 각종 선거에서 보여 준 '낮은 투표율'이었다. 특히 이번 선거에서도 또 최하위를 기록할 것인가가 최대 관심사였는데 역시 인천의 투표율은 전국에서 가장 낮았다."

이번 18대 대선에서도 인천은 지난 총선처럼 또 투표율 최하위를 기록할 것인가? 그리고 그 투표율 최하위에 걸맞은 무시와 홀대가 계속될 것인가?

인천은 유력 대선후보들의 유세 일정도 늘 뒷순위로 밀린다. 인천에 대해 이렇다 할 공약도 없다. 호남권에선 새민금사업의 조기 실현을 약속하고, 영남권에선 심지어 현 정부에서조차 반대하고 있는 남부권 신공항건설을 공약으로 내걸었다. 그러나 정치 공학

적으로 따져 보면 이런 후보들의 행태가 전혀 이해가 가지 않는
건 아니다. 2007년 12월에 있었던 17대 대선의 경우를 예로 들어
보자.

인천은 당시에도 역시 투표율 최하위인 60.3%였다. 총유권자
수는 2,005,874명이었는데 60.3%가 투표를 했으니까 120여만 명
이 투표를 한 셈이다. 늘 여야가 비슷한 표를 나눠 가지니까, 한 후
보가 반 이상을 모두 가져온다고 해도 약 60만 표밖에 자기 표가
아닌 게 된다. 인구 290만 명을 자랑하는 인천이 홀대받는 정치
공학적 이유다.

반면 후보들 모두 목을 매는 소위 대경(대구, 경북)과 부·울·경
(부산, 울산, 경남)을 보자. 부산은 유권자 2,843,063명, 울산이
806,423명, 경남이 2,416,351명이었다. 부·울·경 모두 합치면 600
만 명이 훨씬 넘는데 이 지역 평균투표율은 64%였으니까 4백여
만 명이 훨씬 넘게 투표를 했고, 어느 후보가 반을 가져온다면 무
려 200만 표가 넘는다. 대구·경북을 보자. 유권자는 대구가
1,896,866명, 경북이 2,097,394명이다. 합치면 약 400만 명 되는
데 이곳의 평균투표율은 거의 70%에 육박하니까 280만여 명, 반
만 가져온다고 해도 140만 표다. 이 두 지역을 영남으로 묶으면
무려 340만 표, 요약하면 인천 60만 표 대 영남 340만 표. 내가 대
통령 후보라도 당연히 이 지역에 시간과 역량을 집중할 것이다.

그런데 자료를 더 찾아보니 놀랍게도 인천의 낮은 투표율은 '오
래된 숙명'이 아니었다. 16대 대선에선 67.8%로 17대처럼 거의 꼴
찌에 가까웠지만, 15대 때는 80%로 대구·경북보다 높았다. 14대

때는 80.3%, 13대 때는 88.1%로 당시 평균에 육박하는 투표율이었다. 당시에도 지금처럼 인천 시민들이 인천에 대체로 관심이 없었을 것이고, 기회만 되면 떠나려고 준비하고 있는 사람들이 많았을 것이고, 서울의 위성도시 내지는 베드타운이기는 마찬가지였을 텐데 말이다.

어떻게 해야 할까? 16대, 17대처럼 투표율 숙명론, 인천 숙명론에 빠져 그냥 자포자기할 것인가? 아니면 13대, 14대, 15대 때처럼 적어도 전국 평균을 유지하며 무시와 홀대에서 벗어날 것인가? 일단 투표를 하자. 이번 18대 대선만큼은 투표율 만년 꼴찌에서 벗어나 보자. 그래야 아시안게임도 치를 수 있고, 지하철 2호선도 건설할 수 있다. 현재 인천의 최대 과제는 뭐니 뭐니 해도 재정위기 해결이다. 문제는 현재 인천의 힘만으로는 재정위기를 극복할 방법이 전혀 없다는 것이다.

인천의 투표율이 낮으니 정치권의 홀대는 당연하다는 생각도 들지만 그럼에도 정치권에 서운한 건 사실이다. 여당의 경우 당 대표자가 인천 출신이고, 여당 후보의 비서실장과 수행총괄 단장이 인천 출신인데 말이다. 야당 후보 부인의 아버지 고향은 인천이라고 한다. 그래서 야당 후보는 '인천의 사위'란다. 이런 지푸라기라도 잡으려는 우리 모습이 약간 초라하다. 인천에 대한 정치권의 홀대에서 떳떳하게 벗어나는 일, 그것은 바로 이번 대선에서 '내가' 투표하는 일로부터 시작된다고 나는 확신한다.

(2012)

이 나라를 누구에게 맡길꼬

'노블레스 오블리주'라는 말이 있다. 사회 고위층에게 요구되는 높은 수준의 도덕적 의무를 뜻하는 프랑스어다. 사회적인 지위가 있는 사람들은 그만큼 사회에 대한 의무를 다해야 한다는 뜻이다. '명예(노블레스)' 만큼 '의무(오블리주)'를 다해야 한다는 것이다. 한니발이 카르타고와 벌인 제2차 포에니전쟁 중 최고 지도자인 집정관의 전사자 수만 해도 13명에 이르렀다고 한다. 로마 건국 이후 원로원에서 귀족이 차지하는 비중이 계속 줄어든 것도 전쟁에 나간 귀족들이 많이 희생되었기 때문이라고 한다.

현재 MBC는 '식물인간'이다. 파업으로 인해 '9시 뉴스데스크'도 '해품달'을 비롯한 드라마도 '무한도전'을 비롯한 예능 프로그램도 정상적으로 방송되지 못하고 있다. 그러나 이 사태에 대해 가장 큰 책임이 있는 김재철 MBC 사장은 노조 파업이 진행된 이후 회사에 출근을 안 하고 고급호텔에서 업무를 처리했다는데, 그래서 노조가 사장을 찾으러 다니는 웃지 못할 일이 벌어졌다. 노조에서 발표한 그의 법인카드 사용 명세서를 보면 벌어진 입이 다

물어지지 않는다.

취임 이후 2년간 법인카드로만 무려 7억 원을 결제했는데 씀씀이가 1천만 서울시장과 비슷했다고 한다. 또 그는 명품가방 판매장이나 고급 귀금속 가게, 의류 판매장 등에서까지 법인카드를 사용했는데 노조에 따르면 그는 취임 이후 2년 동안 14차례 해외 출장을 했고 해외에서 법인카드로 1천743만 원어치 면세품을 샀으며 지난해 4월과 5월 일본 출장에선 여성 전용 피부 관리와 마사지업소에서 법인카드로 204만 원을 결제했다고 한다. 이밖에도 일본의 백화점 다섯 군데에서 337만 원, 미국 샌프란시스코의 고급패션 상품 판매장에서 124만 원어치를 법인카드로 구매했다. 그는 지난 2월 29일 박성호 문화방송 기자회장을 해고했고, '남극의 눈물' 제작진의 법인카드 사용명세를 조사 중이라고 한다.

지난 10여 년간 평창지역의 땅을 사들인 사람들은 대부분 롯데, 지에스 등 재벌가, 전 현직 고위공무원, 대기업 임원, 유명 개그맨 등이라고 한다. 평창지역 토지의 80%가량이 이미 외지인 소유라고 한다. 이들은 헐값으로 평창의 땅을 사들인 후 국민 세금으로 올림픽 유치운동을 해서 국민의 세금으로 올림픽 준비를 위한 각종 사회적 인프라를 구축한 후 그 결과 천문학적으로 토지가격이 올라가면 적당한 때 토지를 내다 팔 것이다.

과잉투자로 인해 동계올림픽 후 평창이 공동화될 것이라는, 그래서 결국 또 그 후유증을 세금으로 감당해야 할 것이라는 염려와 걱정은 그들이 전혀 알 바 아니다.

구한말 정환직, 정용기 부자는 '노블레스 오블리주'의 전형을 보여 주고 있다. 정환직은 요즘으로 치면 대단한 고위직이었지만 자기 아들 정용기를 의병장으로 보냈고 결국 죽임을 당했다. 그러자 정환직 자신이 직접 의병장으로 나섰고 결국 자신도 순국하고 말았다.

정용기는 어려서부터 천성이 활달하고 용기가 뛰어났으며 정의로운 일에 솔선수범했다. 민중계몽에 힘쓰던 중 부친인 정환직의 명을 받고 영남에서 의병을 일으켰다. 1906년 각지에서 모여든 군중의 추대를 받아 의병대장이 되어 산남 의진의 기치를 내걸고 일본군과 싸우다가 일본군의 포격으로 적탄에 맞아 장렬하게 순국했다. 정환직은 경북 영천 출신으로 12살 때 백일장에서 장원을 차지할 정도 총명했고, 뒤에 3남 관찰사, 중추원 의관 등을 지냈다.

일제가 '을사늑약'을 통해 조선 침략을 노골화하자 아들 정용기를 의병장으로 내보냈고, 아들이 일제와 싸우다 순국하자 직접 자신이 의병장으로 나섰다. 일본군을 습격하는 등 혁혁한 전공을 세웠지만 1907년 일본군에 체포되어 결국 처형당하고 말았다.

"몸은 죽을망정 마음마저 변할쏘냐
의는 무겁고 죽음은 오히려 가볍도다
뒷일을 부탁하여 누구에게 맡길꼬
생각하고 생각하니 새벽이 되었고나."

아들을 먼저 보내고, 잠시 후 자신마저 처형당해야 할 처지에 놓인 정환직이 이승에서의 마지막 새벽에 남긴 시다. 그 새벽에 정환직의 심정은 얼마나 비통했을까? 정환직의 시처럼, 과연 이

나라를 누구에게 맡길꼬.

(2012)

장, 차관 후보자와 감자

요즘 자고 일어나면 계속되는 고위직 낙마 사태를 보고 있자니 우리나라의 수준이 겨우 이것밖에 안 되나 하는 자괴감이 든다. 사람이 인생을 살면서 저지를 수 있는 비리란 비리는 어찌 그리 빠짐없이 저지르고 살았는지, 가히 '비리백화점'이라 할 만하다. 그동안 만난 사람들의 이름을 적어 놓은 수첩이 사실은 '데스노트'라는 유머도 있지만, 실제로 골탕 먹이려고 일부러 그런 자들만 뽑아 올렸나 하는 생각이 들 정도다. 하고 많은 이들 중 하필 평생을 비리와 부패로 얼룩진 사람들만 그렇게 쏙쏙 잘도 찾아냈는지 신기하다. 하기야 그런 사람을 찾아낸 게 아니라 우리 사회에서 소위 보수라 칭하는 사람들의 삶 자체가 대체로 그러하지 않았을까 하는 생각이 들기도 한다. 그들은 일생을 공동체에 대한 고민은 한 번도 없이 오직 개인의 영달과 이익만 추구해 온 사익 추구세력이기 때문이다.

국무총리 후보자였던 김용준 씨는 평생 쌓아 온 소위 역경 극복 이미지를 하루아침에 날려 버렸다. 차라리 후보가 안 되는 게 그의 인생 전체로 보면 훨씬 나았을 것이다. 미래창조과학부 장관후보자였던 김종훈 씨는 며느리도 모른다는 '창조경제'를 이끌 재목으로, 우리 경제를 살릴 구세주로 혜성처럼 등장했으나, 미국중앙정보국(CIA) 비상근 자문위원으로 재직한 전력, 잡지에 기고한 글에서 '완전한 미국인이 됐다'라고 한 사실, 신문인터뷰에서 한국을 '닳아버린 국가'라고 언급한 것 등이 문제가 됐다. 사실은 미국 시민권을 포기하려면 거액의 국적 포기세를 내야 하는데 그게 아까워 장관직을 포기했다는 얘기도 들린다. 국방부 장관후보자였던 김병관 씨는 군에서 예편한 뒤 무기중개업체인 유비엠텍에서 비상근 고문을 지낸 전력과 각종 위장전입, 부동산 투기 의혹 등 무려 30가지 이상의 부적격 사유에도 버티다가 계속되는 거짓말이 모두 탄로 나 결국 낙마했다.

낙마 사태는 갈수록 점입가경이었는데, 법무부 차관 업무를 수행하고 있던 김학의 씨는 별장 성 접대 사건에 연루돼 사표를 냈다. 그는 사표를 내면서도 거듭 억울함을 호소했는데, 무엇이 진실인지는 더 두고 봐야 알겠지만 언론 보도로는 고위관료, 병원장, 국가정보원 간부, 국회의원 등이 별장에 모여 노무현·이명박 전 대통령의 가면을 쓰고 가면 놀이도 하고, 바지를 벗고 노래를 부르기도 하고, 성매매하다 동영상도 찍혔다는 것이다. 명박산성으로 유명한, 이 사건에 이름이 오르내렸던 또 다른 이는 그게 사실이라면 할복하겠다고 했는데, 일본 사무라이도 아니고, 입에 올리는 용어들이 참 무시무시하다. 그이는 경찰업무와는 아무 관련도 없는 코레일로 갔다가 지금은 노원구에서 새누리당의 공천을 받고 국회의원이 되겠다고 고군분투 중이다.

황철주 씨는 재산과 회사를 포기할 수 없다고 중소기업청장 후보를 사퇴했고, 우리 경제를 공정하게 처리하는 게 주된 임무인 공정거래위원장 후보였던 한만수 씨는 100억 이상을 소유한 거액의 자산가로 평생을 대형 로펌에서 대기업을 변호하던 사람이었는데 국외에 수십억의 비자금을 운용한 사실이 드러나 낙마했다. 그는 본업인 학교로 돌아가 학자로서 국가와 국민을 위해 할 수 있는 일을 하려고 한다고 말했다. 그런 사람이 다시 돌아가는 곳이 학교라는 사실도 우습다. 현재 다행히 임명장을 받고 일하고 있는 대부분의 고위직도 형편은 크게 다르지 않다. 지난 정부의 주된 낙마 사유였던 부동산 투기나 위장전입, 탈세, 논문 표절 등은 이제 매우 사소한 문제로 보일 정도다.

이명박 정부 5년간 대통령을 비롯한 사익 추구세력이 우리 국토와 국민을 농단한 것을 지켜보느라 몹시 힘들었는데 그에 못지않은, 아니 어쩌면 그보다 더한 이들이 향후 5년간 나와 우리의 운명을 좌지우지할 것을 생각하면 참으로 가슴 답답하다.

현 대통령이 시장에 가서 감자를 코에 대고 냄새를 맡으면서 고르는 사진이 언론에 실렸다. 꽃이나 과일도 아니고 감자를 코에 대보고 냄새를 맡아 보며 고르는 장면은 매우 낯설었다. 그러면서 갑자기, 장, 차관 후보자들을 고를 때 혹시 수첩에 적혀 있는 사람 이름에 코를 대보고 고르지 않았을까 하는 불경한 생각이 들었다.

(2013)

4부

시인으로 살기 위하여

문학적 자전,
나의 삶 그리고 나의 시

한겨울에 펑펑 쏟아져 내리는 함박눈이 더 낭만이 아니라 지긋지긋하고 지겨운 것일 수도 있다는 것을 절실히 깨달았던, 참으로 길었던 겨울이 물러가고, 좀처럼 올 것 같지 않았던 봄이 '드디어' 오고야 말았다. 남녘에서는 벌써 봄을 맞이하는 꽃들이 다투어 피어 진해군항제다, 남해 매화마을 축제다, 봄꽃놀이를 즐기는 모양인데, 내가 사는 인천도 꽃 소식은 아직 이르지만, 교실 창문 밖으로 진달래가 수줍게 꽃봉오리를 열고 있다.

나는 올봄에 5년 동안 근무하던 학교를 떠나서 새로운 학교로 전근을 왔다. 내 전생에 무슨 업보가 있어 이생에 주야장천 여고생들과만 살 팔자가 되었는지 모르겠으되, 학교를 졸업하고 처음 발령받은 학교는 남녀공학, 두 번째로 옮겨간 학교는 여고, 세 번째로 옮겨간 남자 고등학교에서 모처럼 남학생들과 생활할 기회를 얻었으나 고 3 담임을 한 넉 달쯤 하다가 전교조 문제로 해직되고 말았다. 그리고 복직한 네 번째 학교도 여고, 거기서 2년 있다가 인천으로 올라와 5년 동안 근무한 다섯 번째 학교도 여고, 그리고 이번에 옮긴 학교도 여고이니, 여고생과만 생활한 것이 올해로 15년째다. 나는 나이를 먹어가지만 내가 평생 만나고 살았던 아이들의 나이는 늘 비슷한 열일곱에서 열아홉의 계집애들이었으니 나이를 먹어가는 것과 관계없이 내 정신연령은 늘 그 상태에서 멈춰 있는 듯하다. 이제 내가 가르치는 아이들이 벌써 나이로 따지면 딸뻘쯤 되는데도 아이들은 나에게 말을 걸 때도 반말 비스름하게 하거나, 옆으로 슬쩍 다가와 툭툭 치기도 하고, 심지어는 내가 귀엽다고 하는 놈들까지 있는데 그것이 썩 싫지 않은 것을 보면 내 정신연령은 십 대 후반에서 멈춰 있는 게 거의 확실하다.

나는 어려서부터 누군가를 가르치는 일에 소질이 있었다(고 나 혼자 생각한다). 심지어 초등학교 6학년 때는 동네 5학년짜리 동생들을 불러서 과외 비슷하게 공부를 가르친 적도 있었다. 선생이 되었으면 좋겠다고 생각한 적이 있었고, 지금 학교 선생이 되었다. 아무리 요즘 아이들, 아이들 해도 나는 '요즈음'이 아니라 '아이들'에 방점을 찍고 싶다. 물론 내가 십여 년 전에 가르친 아이들과는 아주 다르지만 그래도 '아이들'이다. 가장 영혼이 아름다운 때, 가장 영혼이 순결한 나이의 아이들과 거의 반평생을 살아왔다는 것은 전생에 무슨 업보가 있어서가 아니라 실은 하늘이 내린 축복 아닌가.

나는 또한 어려서부터 글을 잘 썼다(고 나 혼자 생각한다). 시인이 되었으면 좋겠다고 생각한 적이 있었고, 지금 비록 삼류에 무명에 얼치기지만 시인이 되었다. 쓰기뿐 아니라 읽기, 말하기, 듣기 등 국어의 중요한 네 영역을 모두 잘했다(고 나 혼자 생각한다). 어려서부터 어른들의 일에 사사건건 끼어들어 논평해대는 바람에 '약방의 감초'라는 별명을 얻었는데 그게 초등학교 일이 학년 때의 일이다(물론 그때 감초라는 게 뭔지는 몰랐고 그냥 말 잘하는 사람을 감초라고 하는 줄로만 알았다). 한글도 초등학교 들어가기 전에 다 깨쳤고 (그 당시만 해도 학교 들어가기 전에 한글을 깨치는 것은 매우 드문 일이었다. 그래서 나 어렸을 때 별명이 '신동'이었다. 이런 얘기를 공부시간에 하면 아이들은 '그래 신기한 동물', 어쩌고 하는데, 그러면 나는 '신 씨네 집 아이라는 뜻이다' 한다.) 글짓기도 물론 남들이 따라오는 걸 허락하지 않아서 초등학교 때부터 학교 문집의 단골 필자였다(초등학교 때 학교에서 발행하던 문집 이름은 '꽃동산'이었다, 교지인가? 잘 모르겠다. 어쨌든, 문집이었건, 교지였건 그 이름을 아직도 기억하고 있는 나, 얼마나 대견한가, 라고 나 혼자 생각한다). 중학교 때는 글짓기 선수로도 뽑혔다. 그 당시 소위 '자유교양 경시대회' 라는 것이 있었다. 지금 생각하면 당시 문교부의 어떤 무식한 자가 생각해낸 건지 모르겠는데, 책 읽기 선수를 뽑아 책을 죽도록 읽힌 다음에 날을 잡아 책의 내용을 얼마나 외우고 있나 객관식으로 시험 보는 '대회'였다. 아! 책을 얼마나 읽었나를 알아보기 위해서 객관식 문제를 만들 수 있다는 생각이 통했던 무지하고도 몽매한 시대, 유신 시대, 박정희 시대. 그래서 어쨌든 책을 많이 읽었다. 『동방교양문선』, 『촛불의 과학』, 『난중일기』, 『해동명장전』, 『파브르 곤충기』 등등…. 사실 책을 읽은 것보다 친구들과 재미있게 놀았던 일이 너 생각난다. 도서실에서 사전 찾기, 사전 찾기가 뭐냐 하면 이희승 국어 대사전에 나오는 이상한 단어들, 주로 쌍시옷이 들어가는 단어들을 누가 빨리 찾느냐 하는 거였는데 그 단어들이 나오는 페이지는 새까맣게 달아 반질반질했고 결국은 다 해어져 떨어지고 말았다. 또 도서관에서 일하던 사서 누나, 그 누나에게 그 페이지를 펼쳐 놓고 도망갔던 일, 그것은 사서 누나의 관심을 끌어 보기 위해 경쟁적으로 벌였던 유치한 짓 중의 하나였다. 중학교 3학년 무렵부터 본격적으로(?) 시를 썼다. 그리고 작곡을 했다. 나는 초등학교 6학년 때부터 기타를 배우기 시작했는데 그 당시 여고생이었던 작은 누이가 송창식, 윤형주, 생맥주, 청바지, 통기타, 윤석환, 다 함께 노래 부르기, 싱어롱(이라고 쓰니 정말 옛 생각이 나는구나. 옛날에는 정말 모여서 노래 부르는 일이 아주 많았다) 등등 소위 그 당시 청소년 문화의 세례를 약간 받아 어렵사리 기타를 하나 샀는데, 아버지에게 경을 치고 나서 결국 초등학생이었던 내가 누이 대신 기타를 배우게 되었다. 그 무렵부터 내가 써 놓았던 글에다가 기타를 땡땡 거리면서 악보로 옮겨 놓곤 했는데 그게 작곡이지 무언가. 그래서 고등학교 때까지 노래 가사 비슷한 시(?)를 썼다. 그리고 대학에 들어가자마자 예식장을 빌려 작곡발표회를 했다. 그때 생각을 하면 지금도 얼굴이 화끈거리는데 어떻게 그런 유치한 가사와 노래를 갖고 사람들을 불러 모아, (그것도 티켓까지 팔아서) 발표회를 했는지 모르겠다. 이제 기타도 안 치고, 노래는 더욱이 만들지 않지만, 그때 생각을 하면 알싸한 미련 같은 게 약간 있기는 있다. 빨리 건너뛰어야지 대책도 없이 너무 길어지겠다.

두 번째 학교에 근무하던 때였는데 대학 선배 중에 시인이 있었다. 그분은 나보다 나이도 훨씬 많고 내가 속한 과의 주임이었다. 어쩌다가 내가 노래 가사 비슷한 걸 쓴다는 얘기를 듣고 한번 보자고 하면서 우리 집까지 따라왔다. 그분에게 보여 주었더니 마음에 든다고 하면서 당장 등단을 시켜 준다고 했다. 그러면서 어른 한 분을 소개해 주었는데 그분이 바로 내가 살아가면서 스승 중 한 분으로 꼽고 사는 돌아가신 야석 박희선 선생이었다. 그분은 기인이었는데 전형적으로 시대와 불화했던 분이었다. 어쨌든 나는 그분의 도움으로 한 계간지의 추천을 받아 문단이라는 데를 나오게 되었다. 야석 선생을 스승으로 모시게 된 것을 후회하지 않는다. 몇 년이 지나서 지금은 돌아가신 호서문학사 사장을 하던 신정식 선생이 시집을 한번 꾸며 보자고 해서 그냥 원고를 넘겼는데 신정식 시인이 어찌 어찌해서 만들어준 시집이 내 첫 시집 『서산가는 길』이다. 그 시집이 나오던 해 나는 세 번째로 근무하던 학교에서 해직되었다. 문학적으로 해직은 내게 많은 변화를 가져다주었다. 모더니즘에서 리얼리즘으로의 전향이라고나 할까? 해직되던 해에 교사 문인들끼리 모여 '교육문예창작회'라는 걸 만들었고 나도 그 모임의 끝자리에 끼게 되었는데, 전국을 돌면서 '참교육 실현을 위한 시와 노래의 밤'이라는 행사를 했다. 그때 나는 전국의 많은 선배, 친구, 후배들을 만났다. 만일 내게 소위 문단 인맥이라는 게 있다면 그때 만난 사람들이 전부다. 대전, 충남의 병철이 형, 영호 형, 정호 형, 홍수 형, 도혁이 형, 남천이 형, 은식이 형, 은봉이 형, 인순이 형, 기호 형, 재도 형, 교진이 형, 재학이 형 등등 선배들과 상배, 원종이, 강산이 등 친구, 지남이, 병수, 은성이, 정록이, 병철이 등 후배들. 서울의 김춘복 선생님, 진경이 형, 재철이 형, 순긍이 형, 중현이 형, 송언 형, 의연이 형, 성수, 진호, 세기, 현설이, 전남의 경윤이 형, 상준이 형, 두규 형, 전북의 영춘이 형,

도현이, 이광웅 선생님, 강산이 형, 대구의 창환이 형, 종인이 형, 영주의 영옥이 누님, 충북의 종환이 형, 시천이 형, 영상이 형, 성장이, 부산의 신용길. (아, 괜히 시작했다. 한 사람이라도 빠지면 어떡하지? 나는 급기야 작가회의 주소록을 꺼내 들고 말았지만, 작가회의 회원이 아닌 사람도 있는데, 하나라도 빠뜨리면 서운해할 텐데. 모두 지워 버릴까? 그러다가 나는 『작가들』을 누가 읽겠나 하는 말도 안 되는 용기를 내서 그냥 넘어가기로 했다) 교육문예창작회를 하면서 장례를 세 번이나 치렀다. 이광웅, 신용길, 정영상. 신용길과 정영상은 닮은 점이 아주 많다. 불같은 성격, 나 같은, 문학과 삶의 얼치기는 짐작도 못 하는 고통, 그들은 그 당시를 살아 내는 게 얼마나 힘들었을까. 다시금 그때가 떠올라 가슴이 아리다.

  해직 5년간 이렇게 저렇게 끼적거린 것들을 모아 '내일을 여는 책'의 황덕명 사장을 꾀어서 두 번째 시집 『처음처럼』을 냈다. 복직하던 해 시집이 나왔다. 그리고 99년 복직하고 나서의 5년간의 얘기를 모아서 세 번째 시집 『이미혜』를 냈다. 이미혜는 물론 사람 이름이다. 지금 인천연합의 상임의장으로 일하고 있는 분이다. 나는 '이미혜'라는 이름을 보통명사처럼 생각해서 썼다. 어떻게 하다 보니 5년마다 시집을 내게 됐다. 그래서 내심 5년마다 한 권씩 내야겠다고 생각하고 있다. 예정대로라면 2004년에 네 번째 시집을 내야 하는데 어떻게 될지는 모르겠다.

  나는 그동안 살면서 단 한 번도 내 시를 잡지 등에 실어달라고 그 누구에게도 부탁한 적이 없다. 이것은 자랑도 아니고 아무것도 아니지만, 나 나름대로 지켜온 문학과 관련한 하나의 원칙이라고 할까.

아직도 나는 글은 그냥 혼자 쓰면 된다고 생각한다. 그러다가 기회가 닿으면 발표하고(안 닿으면 계속 혼자 쓰고) 그것이 쌓인 후 기회가 닿으면 시집 묶고, (안 닿으면 안 묶고) 그러면 된다고 생각한다.

나는 그동안 살면서 단 한 번도 나도 모르는 소리를 지껄인 적은 없다. 나는 시를 쓸 때 내 어머니도 알아듣는 시를 쓰려고 한다. 그래서 '이게 수필이지 시냐, 이게 무슨 시냐'라고 자책하거나 사람들의 핀잔을 듣지만 나도 모르는 소리를 지껄이는 것보다는 그쪽이 훨씬 견디기 쉽다. 무슨 소리인지 모를 것이 시라면 결단코 나는 시인이 아니며 언제든지 포기할 수 있다. 나는 그동안 나무를 그리는 일에는 재주가 없으므로 사람을 주로 만나고 사람을 주로 얘기했다. 앞으로도 그럴 것 같다. 사람 중에서도 다 함께 잘 사는 세상으로 바꾸기 위해 헌신하는 사람들에 관해 얘기를 하고 싶다. 그러기 위해서는 내 삶이 그 사람들 언저리에라도 기웃거리는 삶이어야 할 텐데 그것이 참 쉽지 않다.

(2001)

문학적 상상력, 역사를 만나다
『시로 만나는 한국 현대사』

20여 년 전 어느 지방 도시에서 하나의 인연이 시작되었습니다. 한 사람은 지방 도시의 선생님이었고, 또 한 사람은 서울에서 대학을 다니다가 고향으로 내려온 학생이었습니다. 그때가 이 책에도 나오는 87년 6월 항쟁 전후입니다.

민주화의 바람은 지방 도시도 예외일 수 없어 두 사람은 새로 창간된 신문의 구독을 권유하러 다니기도 하고, 문익환 목사님을 모시고 강연회를 열기도 했습니다. 자주 어울려 술을 마셨고 암울한 시대에 절망하기도 했지만, 그 시절은 이상하리만치 아름다운 추억으로 기억됩니다. 모든 지나간 것들은 아련해지기 마련이지요.

그 두 사람이 20여 년 후에 다시 만났습니다. 한 사람은 여전히 교단에서 아이들을 가르치고 있었고, 또 한 사람은 출판사의 유능한 편집자가 되어 있었습니다. 그들이 함께 한 권의 책을 만들어냈습니다. 그것이 바로 『시로 만나는 한국 현대사』입니다. 인연이란 참으로 묘한 것이어서 살아가면서 삶의 어느 굽이에서 어떻게 다시 만나게 될지 아무도 모릅니다. 잘 살아야 한다는 뜻이겠지요.

  2008년 초였던 것 같습니다. 어느 날, 북 멘토 강봉구 주간과 만나 이런저런 얘기를 나누다가 '고통스러웠던 우리 현대사를 청소년들에게 알려주기 위한 좋은 방법이 뭐 없을까?' 하는 토론을 하게 되었지요. 그리고 '굴곡 많은 우리 현대사를 기록한 시를 보여 주면 되겠다'라는 데 의견이 모여 곧 책 만드는 작업을 시작했습니다. 그러나 작업은 쉽지 않았습니다. 책 머리말에도 썼지만, 강봉구 주간의 절대적인 도움이 없었다면 이 책은 아마 나오기 힘들었을 것입니다.

  이 책에는 여러분이 알고 있는 시도 있고, 처음 보는 시도 있을 것입니다. 시각에 따라서는 시 선정이 너무 편협하다는 생각도 들 수 있습니다. 물론 필자도 이 책에 나오는 시들이 우리 현대사 전부를 보여 주는 데 충분하다고는 생각하지 않습니다. 다만 이 책을 읽게 될 여러분이, 우리 현대사에 이런 일들이 일어났고 이런 시들이 있었구나 하는 정도로만 생각해 주면 좋겠습니다.

  책을 엮고 나니, 반평생 시를 써 왔고 시집을 모아 온 사람으로서 '반평생에 걸친 나의 시 공부와 시집 모으기가 이렇게 쓰일 수 있구나!' 하는 생각이 들면서, 약간의 감개무량함도 없지 않습니다.

  청소년 여러분! 여러분이 처해 있는 현실이 참으로 안타깝습니다. 필자 역시 이런 현실에서 한 치도 벗어날 수 없는 처지입니다. 토요일 오후인데도 지금 학교에 있거든요. 그러나 어떤 상황에 부닥쳐 있다 해도 우리 역사에 대한 성찰마저 없으면 안 됩니다. 역사에 대한 끊임없는 성찰이 없으면 잘못된 역사가 반복되기 때문입니다.

이 글을 마치면서 극히 상식적인 얘기를 하나 하려고 합니다. 무릇 민주주의 사회란 말 그대로 국민이 주인인 사회입니다. 몇몇 힘 있는 사람들이 주인인 나라가 아니라는 뜻입니다. 국가는 국민을 위하여 존재하는 것이지 국민이 국가를 위해서 존재하는 것이 아니지요. 이 책은 이런 원칙, 즉 상식이 무너졌을 때 어떤 일이 일어났는지, 또 어떤 일이 일어나는지를 잘 보여 주는 책입니다.

(2009)

'만석동'을 넘어서
『괭이부리말 아이들』

나는 텔레비전을 통해서 책을 소개받는 것에 대해 묘한 반감이 있다. 나는 물론 『괭이부리말 아이들』을 텔레비전을 통해서 처음 알지 않았다. 그 책이 처음 세상에 나왔을 때 내게는 이미 '창비'에서 공모한 '좋은 어린이 책' 창작부문 대상 수상작이라는 것, '기찻길옆 공부방'과 관련이 있다는 것 등등의 정보가 있었고, 아들을 데리고 어린이서점에 갈 기회가 생겼을 때 그 책을 골라 주었었다. 이 책이 텔레비전에 소개되기 훨씬 전의 일이다.

나는 좋은 책을 텔레비전을 통해서 소개받는 것 자체에 묘한 반감이 있다. 편견인지 모르겠으나 모름지기 책이란 텔레비전 같은 '천박한' 매체가 아니라 신문이나, 잡지 등의 매체를 통해서 소개받아야 하는 것 아닌가. 그런데 MBC <느낌표>라는 프로그램의 '책, 책, 책을 읽읍시다' 코너에 이 책이 소개된 후 갑자기 베스트셀러의 반열에 오르게 되었으니, 좋은 책은 어쨌든 많이 알려지고 많이 읽히는 게 바람직한 거 아닌가 하는 생각과 그래도 물신화한 텔레비전의 힘을 빌리는 것은 싫다는 생각 사이에서 갈피 잡기 어렵다는 말이다.

『괭이부리말 아이들』과 텔레비전, 사실 나는 아직도 이 둘의 관계를 어떻게 받아들여야 할지 잘 모르겠다. 정리가 잘 안 된다. 『괭이부리말 아이들』과 텔레비전. 이 시대로부터 가장 소외당하고 핍박받은 사람들이 모여 사는 곳을 그린 『괭이부리말 아이들』이란 소설이, 이 시대의 가장 천박한 자본주의의 집합소인 텔레비전의 힘으로 세상에 널리 알려지고, 베스트셀러가 되고 하는 아이러니한 우리 현실을 어떻게 이해해야 할지 잘 모르겠다.

그러나 이미 책과 텔레비전의 주종적인 관계는 거역할 수 없는 대세가 되었다. 하기야 책뿐 아니라 이제 우리 사회의 모든 것들이 텔레비전을 통하지 않고서는 아무것도 이룰 수 없게 되어 버렸다. 이제 자본주의에서 텔레비전으로 말미암지 않고는 절대로 물신에 도달할 수 없게 되었다. 텔레비전의 책 관련 프로그램이 다룬 책들의 판매 부수는 급격한 수직상승을 기록했고 특히 책의 의미를 전혀 모를 것 같은 연예인들이 진행하는 <느낌표>라는 프로그램에서 거론한 책은 예외 없이 베스트셀러가 되었다. 출판사들은 자신들의 책이 이 프로그램에 한 번이라도 다뤄지게 하려고 적극적인 로비를 펼치기도 하는 것으로 알려졌다. 이제 천박한 텔레비전이 고상한 책을 다뤄서 기분 나쁘다는 일차원적 반응은 아무짝에도 쓸모없는, 쓰레기통에나 버릴 쓸데없는 감정이 되어 버렸다. 책과 텔레비전의 주, 종적인 관계는 거역할 수 없는 대세가 되었다. 슬프지만 인정할 수밖에 없는.

'괭이부리말'은 책에 쓰여 있는 것처럼, 인천의 가장 오래된 전형적인 빈민 지역으로, 그곳이 예전에 바닷가였고, 그 바닷가에 '고양이 섬'이라는 작은 섬이 있었다고 해서 붙여진 이름이다. 일제 강점기부터 가난하고 집 없는 사람들이 하나둘씩 모여 마을을 이루고 살았고, 6·25 때는 피난민들이, 산업화 시기에는 농촌에서 몸 하나 믿고 올라온 이 농민들이 모여 살았던 동네다.

'괭이부리말 아이들'에는 빈민촌 어디서고 볼 수 있는 아이들이 등장하고 있다. 빚 때문에 엄마가 집을 나가고, 아버지는 매일 술에 취해 들어오는 숙희, 숙자 자매. 둘은 오늘도 취한 아버지를 피해 친구 집에서 라면을 끓여 먹으며 시간을 보내고 있다. 그러나 조숙한 숙희는 집 나간 엄마를 데려오지 못하는 아빠를 이해하려고 한다. 어머니가 집을 나간 지는 한참 되었고, 얼마 전에 아버지마저 돈 벌겠다며 집을 나간 동준이, 동수 형제, 동준이는 학교에서도 외면당하고 빈 공사판에서 본드를 마시고 하루 종일 누워 있다. 뼈 빠지게 일하면서 나름대로 희망을 키웠던, 아이들이 원해서가 아니라 자신이 원해서 아이들을 거두고 돌보는 유도 청년 영호, 공부해서 겨우 마을을 떠날 수 있었던, 그래서 그곳에 다시 발령받았을 때 처음에는 거부하다가 다시 마음을 여는 명희, 동수의 말더듬이 친구 명환이, 하루 종일 학교 급식 한 끼만 먹는 아이들 등 이 소설은 이 시대의 빈민 지역이면 언제나 어디에서나 볼 수 있는 인물들과 거기서 벌어진 일들을 담담하게 그리고 있다. 그러나 이 소설은 허구가 아니라 이 괭이부리말에서 10여 년 이상 기차길옆 공부방을 운영하며 현재도 거기서 일하고 있는 필자가 직접 겪었던 일들을 그린 소설이다. 그래서 소설이라고 하지만 거의 수기나 르포에 가깝다.

개인적으로 '기차길옆 공부방'에 대해 이야기를 듣고 알게 된 것은 꽤 오래된다. 한때는 인천에 '인공련'이라고, '인천 공부방 연합회'라는 연합조직이 있었을 정도로 인천에 공부방이 우후죽순처럼 생겨났으나 지금은 거의 문을 닫아버리고 말았다. 그러나 기차길옆 공부방만은 아직 건재하다. 일 년에 한 번씩 인하대 대강당을 빌려 '우리 아이들의 나라는'이라는 발표회를 하는 것도 잘 알고 있고, 꼭 가봐야지 하면서도 못 가 보고 있는 것도 벌써 몇 년째다. 공부방 운동이라는 게 지역 운동인지, 여성운동인지, 교육운동인지, 빈민운동인지, 아니면 그 모두인지에 대한 자리매김과 개념설정이 모호한 상태에서 그동안 인천에 많은 공부방이 명멸했으나 '기차길옆 공부방'만은 아주 튼튼하게 운영되고 있는 것을 보면 경외심마저 느껴진다. 나는 몇 년 전에 '기차길옆 공부방'에서 '만석동 신문'이라는 동 신문을 만들고 있다는 얘기를 들은 적이 있다. 거의 만석동 인구수와 같은 발행 부수에, 집까지 직접 배달해 주고, 거기에 나오는 기사는 정말로 내 이야기, 바로 내 이웃의 이야기들이 실리는 이 신문을 동네 사람들이 사랑하지 않을 리 없다. 기차길옆 공부방은 이렇듯 어느 날 갑자기 또는 저절로 튼튼해진 게 아니라 10년 이상 한눈팔지 않고 만석동이라는 '지역'을 화두로 삼아 싸워 온 만석동 공동체 구성원들의 내공의 결과물임을 나는 누구보다도 잘 알고 있다. 아무도 주목하지 않았던 '지역'을 붙잡고 10년 이상 씨름한 것만으로도 만석동 공동체는 치하받아 마땅하다고 나는 생각한다.

그러나 만석동 공동체에 한마디 고언을 드리자면, 아무리 구성원들의 헌신적이고 피나는 노력으로 만석동이 바뀐다고 해도 이 세상의 근본적인 모순은 해결되지 않는다. 이 세상의 근본 모순은 그대로인 채 한 동네만 바꾸었다고 해서(그것도 매우 어려운 일이겠지만), 설령 만석동에서 아름다운 공동체가 이루어진다고 하더라도 이 세상의 모순은 없어지지 않는다. '만석동'이 필요한 민중들은 끝없이 생겨날 것이며 그리하여 그들은 끝없이 괭이부리말로 흘러들어올 것이다. 이 세상의 구조가 근본적으로 변하지 않는 한 또 다른 괭이부리말들은 끊임없이 생겨날 수밖에 없으며 절대로 없어질 수 없다.

나는 지금 그들이 괭이부리말에서 벌였던 10년 이상의 사투와 노력을, 한숨과 고통과 희생을 폄하하자는 뜻이 전혀 아니다. 다만 근본적인 제도의 개선이 없는 이상, 가난한 자는 끝없이 가난하고 부자인 자는 더욱 부자가 되는 이 천박한 자본주의가 그대로 존재하는 이상 또 다른 '괭이부리말 아이들'의 생활은 전혀 개선될 가망이 없어 보인다는 뜻이다.

그러면 무엇을 어떻게 해야 할까? 동네를 바꾸는 것과 아울러 이 세상을 근본적으로 바꾸려는 노력도 병행해야 하지 않을까 하는 게 내 생각이다. '만석동'을 바꾸고 그 바뀐 '만석동'을 잘 지켜 내는 것은 물론 그 '만석동'을 넘어서, '만석동'을 인천의 다른 지역으로, 대한민국 전체로 점점 넓혀가려는 진지한 접근과 시도 말이다.

'누군가 때문에 눈물을 흘리게 되면 그 누군가와 동무가 된다.'

라는 작가의 말에 전적으로 동의하지만 이제 더 이상 눈물만 흘리는 것이 아니라 함께 활짝 웃는 세상을 꿈꿀 수는 없을까? '만석동'을 넘어서.

그래서 나는 이 소설의 읽기를 마치면서 더욱 궁금해졌던 것이다. 숙희와 숙자, 동수와 동준이 명환이는 어떤 모습으로 성장했을까. 괭이부리말의 다른 아이들은 어떻게 되었을까?

(2006)

끝이 없는 싸움 저항과 연대의 이야기
『유월의 아버지』

　인간이 동물과 구별되는 지점 중의 하나는 아마도 공감 능력일 것이다. 남의 아픔에 동참해서 함께 아파해 주는 마음 말이다. 그러나 사실 공감은 쉬운 일이 아니다. 특히 자식이 참혹한 죽임을 당한 부모들의 마음에 공감하기는 더욱 힘들다. 왜냐하면, 공감하는 것만으로도 더 이상 숨쉬기조차 힘들기 때문이다. 지난 해 봄, 우리는 수백 명의, 거의 타살에 가까운 죽음을 목도했고, 당연히 공감해야 했으나, 엄청난 충격의 크기 때문에, 공감하면 거의 살기가 어려워, 애써 눈을 돌리고 외면해 왔는지도 모르겠다.

　지난 87년에도 우리는 비통하고 참혹한 죽음을 겪었다. 서울대 언어학과 학생 박종철, 그리고 박종철의 아버지 박정기. 나는 이 책을 읽는 내내, 만일 내가 박종철의 아버지였다면 어떻게 했을까, 그 시절을 대체 어떻게 살아 냈을까, 하는 마음으로 이 책을 읽었다. 그리고, 약간 공감하는 자세로 이 책을 다 읽고 난 지금, 마치 열병을 앓고 난 것 같은 '정신적 얼얼함'이 남아 있다.

　5년 전인 지난 2010년 6월 13일, 난 박종철이 고문받다 죽은 그곳에 갔었다. 남영역 1번 출구로 나가 수도서점을 끼고 오른쪽으로 돌아 100m쯤 올라갔고, 바로 오른쪽에 시커먼 건물이 나왔다. 치안본부 대공분실이 이렇게 가까운 곳에 있었다는 사실에 적잖이 놀랐다. 김근태 의원이 '고문은 고문이 아니라 예술'이라고 떠들던 고문 기술자 이근안에게 전기고문, 물고문을 받다가 사경을 넘나들던 곳이 대로에서 이렇게 가까운 곳에 있었다니, 하루에도 수천 명이 쏟아져 나오고 들어가는 전철역과 지척인 곳에 있었다니, 대로에서 불과 100m도 떨어지지 않은 곳에서 이런 악랄한 고문이 자행되고 있었다니. 박종철은 지명수배 중인 선배 박종운의 행방을 알고자 하는 경찰들에 의해 대공분실에 끌려왔다. 509호 조사실에서 물고문을 받다가 끌려온 지 3시간 만에 사망했다. 1965년생, 그의 나이 고작 스물셋이었다. 박종철이 사망한 조사실은 맨 위층인 5층에 있었다. 5층은 창문이 없고, 조사실마다 두 개의 폭이 좁고 긴 틈만 만들어 놓았다. 고문으로 인한 비명소리가 밖으로 새어나가지 않게 하고, 또 피조사자가 자살하지 못하게 하기 위해서였다. 이 건물은 70·80년대 유명한 건축가였던 김수근의 76년도 작품이다. 공교롭게 이 건물은 '공간' 건물과 같이 검은 벽돌과 돌출 창문으로 돼 있다. '공간'은 한국 현대 건축사에서 대표적인 작품으로 꼽히는 건물이다. 한 곳은 70년대 문화예술의 산실이었고, 또 다른 한 곳은 젊은이를 물고문하다가 사망에 이르게 한 지옥이었다. 같은 사람이 같은 형태로 설계한 두 건물의 전혀 상반된 쓰임새. 문득, 건축가는 그 건물의 쓰임새에 대한 책임은 전혀 없는 건가 하는 생각이 들었었다.

이 책은 남영동 대공분실에서 고문받다 비명에 죽어간 박종철의 아버지, 박정기 선생의 구술을 르포작가 송기역이 받아 적은 책이다. 2011년 12월부터 다음 해 4월까지 <한겨레신문>에 '길을 찾아서'라는 제목으로 실었던 글을 깁고 보탰다.

박종철의 아버지 박정기 선생은 1987년 1월 14일 이전까지는 부산시 수도국의 매우 평범한 공무원이었다. 1986년 정년퇴임을 앞두고, 동네 목욕탕 관리인으로 노후를 준비했다. 그러나 둘째 아들 종철의 죽음은 그의 삶을 송두리째 바꿔 놓았다. 14일 밤, 경찰들이 부산에 내려와 그를 서울 용산구 남영동 치안본부 대공분실로 데려갔고, "책상을 '탁' 하고 치니 '억' 하고 쓰러졌다"라는 '말도 안 되는' 말을 들었고, 부검에 반대할 정도로 '세상 물정'을 몰랐고, 직접 염을 했고, 벽제화장장에서 화장한 후, "철아, 잘 가그래이. 이 아부지는 아무 할 말이 없데이."라고 외치며 아들의 유골 가루를 임진강에 뿌렸다. 이날 이후 기관원들은 참여정부 들어서기까지 꼬박 15년 동안 그와 그의 가족 주변을 감시했다. 사태 파악이 되고 나서부터는 "이부자리에 누우면 철이가 고문을 버티고 버티다 최후에 가슴속에 간직한 게 무엇일까, 철이가 죽음과 맞바꾸면서까지 지키려 했던 것이 무엇일까?" 거듭 생각했고, 그것은 한 인간의 사랑이라고 생각했다. 아들을 생각하며 한 치 부끄러움 없이 싸워나가자고, 고문 없는 세상, 민주주의와 인권이 살아 있는 세상을 만드는 데 일평생을 바쳐야겠다고 다짐했다.

그 후 그는 30여 년 이상 전국민족민주유가족협의회 회장 등을 맡으면서 스스로 아들과 한 약속을 지켰다. 그는 1988년 10월 17

일부터 종로 5가 기독교회관에서 135일간 진행된 의문사 진상규명 농성에 앞장섰고, 그로부터 10년 후인 1998년 11월 4일부터 다시 무려 422일에 걸친 농성을 진행했다. 의문사 진상규명 투쟁 12년 만에 관련 법안 <민주화운동 관련자 명예회복 및 보상 등에 관한 법률>, <의문사 진상규명에 관한 특별법>이 국회 본회의를 통과했다. 모란공원 전태일이 묻힌 뒤편 산자락, 떠오르는 해를 바라볼 수 있는 전망 좋은 곳에 종철의 가묘도 마련했고, 유가협의 사무실 겸 숙소인 27평짜리 '한울삶'도 마련했다. '한울삶' 한쪽 벽면에는 자식들의 영정 사진들을 걸어 놓았다. 불면증을 겪는 유가족들은 '한울삶'에 오면 잠이 잘 온다고 한다. 심지어 감기에 걸렸을 때 영정을 보면 낫는다는 말도 있다. 영정 사진이 걸려 있는 '한울삶'은 유가족들에게 위로의 공간이고 치유의 공간이었다. 박정기는 독재정권과 싸우다 강경대의 아버지 강민조 선생과 함께 교도소에 갇히기도 했다. 99일 만에 징역 1년에 집행유예 2년을 받고 영등포구치소에서 석방됐다. 공교롭게 아들 박종철과 비슷한 수감 기간이었다.

이제 와 지난 이야기를 꺼내는 이유에 대해 '그 시절의 저항과 연대의 이야기를 다음 세대에게 들려주는 게 내 인생의 남은 몫이라고 생각했기 때문'이라고 박정기는 말한다. 특히 박종철 사건을 세상에 드러낸 주역들을 꼭 기억하고 싶다. 첫 검안의사 오연상, 고문 흔적을 기록한 일기를 공개해 은폐를 주도한 경찰 수뇌부의 처벌을 끌어낸 부검의 황적준, 부검을 지휘한 최환 검사, 미사를 통해 고문 사실을 세상에 알린 김승훈 신부, 영등포교도소에 수감

중이었던 이부영에게 박종철 군 사건의 앞뒤를 알려준 교도소 보안계장 안유, 고문 사실을 폭로한 이부영의 편지를 세상에 내보낸 한재동 교도관 등등.

87년 육십이었던 그는 현재 여든여덟의 나이가 되었다. 이제 더 이상의 활동은 어렵다. 그런데 박종철이 목숨으로 지키려고 했던 선배 박종운은 2000년 한나라당에 입당했다. 한나라당 공천을 받아 부천에서 세 번 출마했지만 당선되지 못했다. 박종철 고문치사 사건의 담당 검사였던 박상옥은 얼마 전에 대법관이 되었다. 이 책에 가장 많이 등장하는 박래군은 세월호 집회와 관련한 혐의로 현재 감옥에 가 있다. 87년과 같은 형태의 고문은 없어졌는지 모르겠다. 그러나 형태만 달리한 고문은 오늘도 계속된다. 쌍용자동차가 그랬고, 현재에도 진행되고 있는 인권위 건물 농성이 그렇다. 스타케미칼 차광호가 그랬고, 10년 넘게 싸우고 있는 방종운을 비롯한 콜트 콜텍 조합원들이 그렇다. 최루탄 대신 최루탄보다 더 강력한 최루액이 시민들에게 난사된다. 그리고, 지난해 봄, 배와 함께 가라앉은 아이들. 그 부모들의 당연한 요구를 굳이 무시하고 들은 척도 안 하고 흔적을 없애버리려고 하는 이 정부의 행태는 또 다른 형태의 고문이 아니고 무엇인가? 그리하여 지난봄에 우리 사회에는 수백 명의 '사월의 아버지'들이 생겨났다. 아, 앞으로 얼마나 더 많은 '유월의 아버지', '사월의 아버지'가 생겨나야 우리 민주주의는 완성될까?

송기역은 이 책의 후기에서 말한다.

"박정기는 나에게 민주주의는 완성되지 않는다는 것을 일깨워

주었다. 그는 민주 정부가 들어선 이후에도 싸움을 멈추지 않았다. 민주주의는 완성될 수 없다는 것을, 끝이 없는 싸움이라는 것을 자신의 일대기를 통해 내가 깨닫게 해주었다. 인권에 대하여 민주주의에 대하여 모든 추상을 걷어 내고 난 후에 남는 것, 어쩌면 그것이 박정기의 생애일지도 모른다."

(2015)

야석 스승님께

잊지 않고 늘 연락 주시는 이규식 선생님으로부터 회보에 실을 원고를 부탁받고, 그동안 원고 약속을 해 놓고 지키지 못한 죄가 커서 거절을 못 하고 그러마 했는데, 하도 글을 써 본 지가 오래되어서 무엇을 어떻게 써야 할지 모른 채 고민하다가, 뻔뻔스럽게도 이 기회에 지면을 빌려 스승님께 인사를 드려야겠다고 생각했습니다.

저는 아시는 것처럼 89년 전교조 문제로 당시에 근무하던 대천고등학교에서 해직이 되어서 5년 동안 인천에서 전교조 일을 하다가, 지난 94년, 제가 전에 근무했던 대천여고에 복직해서 아이들을 가르쳤습니다. 복직한 후 학교 앞에서 자취했는데 아침마다 혼자 일어나 밥을 차려 먹어야 하는 것도 매우 고통스러웠지만, 가족과 떨어져 생활해야 하는 외로움을 견디기가 참 어려웠습니다. 특히 비라도 오는 일요일 밤에, 대천으로 내려오려고 아이들을 두고 집을 나설 때는 선생이고 뭐고 다 때려치우고, 사표라도 내고 싶은 적이 한두 번이 아니었습니다. 학교에서 퇴근한 후 방안 깊숙이까지 들어온 햇볕을 멍청히 구경하다가 마루를 시뻘겋게 물들인 노을을 하염없이 바라보기도 하였습니다. 2년 동안 주말마다 인천과 대천을 오가면서 언제까지 이런 모습으로 살아야 하는지, 불확실한 나의 미래에 대하여 한없이 절망하기도 하였습니다. 지난해인 96년, 정말 기대하지 않은 소위 '시도 간 교류'라는 것이 이루어져 인천으로 올라오게 되었습니다. 선생 되어서 돌아오겠다고 떠난 지 약 20여 년 만에 진짜 선생이 되어서 인천에 돌아온 것입니다.

야석 스승님, 어찌 지내시는지. 지금도 한 번인가 찾아가 뵌 유성 온천리 허름한 철 대문 집에서 기거하시는지, 식사는 잘하시는지, 좋아하시는 막걸리는 드실 수 있으신지, 담배는 끊으셨는지, 이런 얘기를, 이런 자리에서, 이렇게 오랜만에 참으로 뻔뻔하게도 주저리주저리 늘어놓을 수 있는 나의 후안무치함에 저 자신마저 놀랍습니다. 스승님의 제자라는 자가 말입니다.

옛날 선생님이 대천에 오셨을 때 아름다운 서정시를 한 편 쓰고 싶다고 말씀드린 적이 있었는데, 아직도 그 꿈은 변함이 없지만, 서정시는커녕 그동안 잡문 나부랭이조차 끄적거리지 못했습니다. 두 번째 시집을 낸 이후로, 그러니까 94년부터 써놓은 시가 고작 네 편쯤 될까, 일 년에 한 편쯤 시를 쓴 모양입니다. 왜 그런지는 잘 모르겠습니다. 우선 저의 게으름이 문제이겠고, 또 학교생활이나 그 밖의 내게 주어진 공적인 사적인 여러 가지 일들이 문제이겠는데, 무엇보다도 가장 중요한 이유는 무엇을 써야 할지 모르겠다는 것이었습니다. 첫 번째 낸 시집은 잘못된 교육제도 속에서

질식되어 가는 교육현장과 고민하는 나의 모습을 그렸다면, 두 번째 시집은 학교 밖으로 나와 전교조 운동을 하면서 학교 안으로 다시 돌아가기를 열망하는 얘기들이었는데, 이제 학교로 다시 돌아왔지만, 학교는 전혀 변하지 않았고 오히려 해직되기 전보다도 훨씬 못한 학교의 분위기 속에서 첫 번째 시집과 똑같은 노래를 부를 수는 없었기 때문이었습니다. 그렇더라도 일 년에 한 편도 채 안 되는 시를 쓴다는 것은 거의 문학을, 시인임을 포기한 것으로 생각하며, 한 명의 시인으로 행세할 수 있게 만들어주신 스승님을 심히 욕되게 하는 일이라고 생각합니다. 그러나 작금의 세상 분위기는 더욱 시니, 문학이니 하는 것들을 말하는 이들이 거의 정신병자 취급을 당하는 쪽으로 흘러가니 참으로 어찌할 바를 모르겠습니다.

겨울은 다시 돌아오는데 방을 따뜻하게 할 무슨 방편은 마련되신 것인지, 건강은 어떠신지, 아직도 따님이 밥을 끓여 주시는지, 참으로 부끄럽고 뻔뻔하지만, 저의 스승님에 대한 궁금한 마음을 이 글로나마 대신하려고 합니다. 참 집사람도 인천에서 학교 잘 다니고 있고, 선생님이 갓난아이 때 보셨던 큰아이는 벌써 초등학교 4학년이고, 작은아이는 여섯 살입니다.

매일 약속이 있고, 아무리 바쁘게 돌아다니며 살아도 늘 뭔가 빈 듯한 허전한 삶이 아니라, 무언가 사는가싶어 사는 가슴 뿌듯한 삶은 문학뿐이라는 것을 저는 잘 알고 있습니다. 나의 삶 속에서도 문학이 그 무엇보다 우선하는 생활이 되었으면 좋겠습니다. 그러나 그것이 쉽지 않을 것을 또한 잘 알기에 또다시 가슴이 답답해집니다.

   건강하시고 안녕히 계십시오. 조만간 아이들 데리고 한번 찾아뵙겠습니다.

(1997)

인천노동자문학회 창립 10주년을 축하하며

인천노동자문학회가 벌써 창립 10년을 맞았다. 창립 때보다 회원들이 나이를 10년 더 먹었다는 뜻이다. 생각해보니 처음에 노동자문학회를 드나들던 때는 나도 30대 초반이었는데 이제 40대 초반이 되고 말았다. 인천노동자문학회는 10년 동안 무엇을 하였나? 10년 전보다 나이를 열 살이나 더 먹은 만큼, 회원 수도 급격하게 늘어났나? 번듯한 사무실을 구했나? 노동자문학회의 지나온 10년을 생각해보니 나는 회원도 아니면서 괜스레 쓸쓸해지고, 속이 상하고, 가슴이 아프다. 문학회 10년 역사는 사실, 문학회를 처음 시작했을 때와 비교해 보면, 회원 수, 사무실 규모, 문학회에 대한 세상의 관심 등등이 점점 줄어든 역사였다. 세상에서 가장 착하고 진실하고, 소박하고, 겸손하고, 순수한 문학적 열정을 간직한 인천노동자문학회 친구들이 늘 외롭고 어렵게 지내온 것이 가슴 아프다.

세기말이라고 한다. 새 천 년이 온다며 세상이 온통 난리다. 엄격하게 따지면 21세기가 시작되기까지는 아직 일 년도 더 남았지만 아무래도 숫자가 4개 모두 바뀌는 내년이 상업적으로 더 그럴 듯한지 온갖 세기말 행사가 난무한다. 그러면 내년 2000년에는 무슨 새로운 세상이 올까. 새 천 년이 오면 노동자문학회에도 무슨 좋은 일이 생길까. 그럴 것 같지 않다. 여전히 문학을 비롯한 모든 진지한 것들은 무시당하고, 온갖 가벼운 농담들만 더 유행할 것 같다. 없이 사는 사람들은 더 고통받는 세상일 것 같다. 정말로 80대 20의 사회가 될 것 같다.

그래서 역으로 말하면 그동안 약간은 불확실했던 우리 문학이나 운동의 목표가 새 천 년에 오히려 더 확실해진 것 아닐까. 모순이 깊어질수록 사물을 보는 눈은 더욱 명쾌해지므로. 새 천 년에 문학회가 문학을 통하여 더 노력해야 할 목표, 진정한 참여 민주주의 실현이라고 해도 좋고, 외세로부터의 진정한 독립이라고 해도 좋고, 통일된 세상이라고 해도 좋고, 함께 잘사는 세상이라고 해도 좋고. 새 천 년의 모순을 해결하는 문학, 그것이 어렵다면 새 천 년의 모순을 똑바로 바라보는 문학. 세상이 아무리 알아주지 않아도, 세상이 아무리 바뀌어도, 나는 앞으로도 10년 동안 인천 노동자문학회 친구들과 함께 이 세상을 살아가고 싶다.

(1999)

인문주의의 부활을 위하여
문화지원정책 유감

며칠 전 내 손전화기로 후배가 보낸 문자 메시지가 하나 들어왔다. 열어 보니 문예진흥기금 수혜를 축하한다는 내용이었다. 나는 작년에 문진 기금을 신청한 적이 없었기 때문에 뜬금없는 메시지에 약간 의아해했다. 무슨 일인지 궁금하기도 해서 문예진흥원 홈페이지에 들어가 봤더니, 수혜자 명단에 '신현수'라는 이름이 있었다. 나와 이름이 똑같은 사람 중에 시를 쓰는 사람이 또 있는 모양이었다. 동명이인 때문에 빚어진 우발적인 해프닝이었다.

올해도 문예진흥기금 수혜자 명단이 발표되었다. 지원액은 문학 22억 4천만 원(268건), 시각예술 21억 7천만 원(221건), 음악 14억 원(127건), 무용 14억 4천만 원(94건), 연극 21억 7천만 원(111건), 전통예술 18억 8천만 원(202건), 다원 예술 8억 4천만 원(50건), 문화 일반 20억 5천만 원(105건) 등 총 142억 1600만 원으로 시집은 8백만 원, 소설집 또는 평론집은 천만 원씩의 기금이 일률적으로 결정되었다. 이번에 선정된 작가나 평론가들은 작품집을 발간하는 데 매우 큰 도움이 될 것이다. 그러나 한편으로는 약간 쓸쓸한 생각이 들기도 했다. 죽어가는 문학 또는 기초예술을 그나마 보조금으로 연명시키고 있다는 생각을 지울 수 없었다. 마치 빈사 상태의 환자가 극약으로 간신히 생명을 유지하는 것처럼.

언제부턴가 시집이나 소설집 또는 평론집이나 문예지를 출간하는 데 이러한 국가의 보조가 없으면 책을 내기 어려운 상황이 돼 버렸다. 내가 일하고 있는 인천작가회의에서 발간하고 있는 계간 「작가들」의 경우도 예외가 아니다. 보조금이 없다면 「작가들」을 계속 발간하는 건 거의 불가능한 일이다. 시집의 경우 과거에는 그래도 2천 부 정도 초판을 찍었는데 요즘은 그나마 반으로 줄어 1천 부 정도로 줄었고, 그것마저도 거의 그대로 출판사에 쌓여 있는 형편이라고 한다. 그리고 천신만고 끝에 책을 낸다 해도 세상의 반응은 거의 없다. 소설이나 시 등은 이미 쓰는 사람들끼리만 서로 나누어 보고 마는 그들만의 친목회적 작업이 되어 버렸다. 이미 산업화한 영화와 문학을 단순 비교하기는 어렵다 해도 작년의 경우 우리나라 국민 4명 중 한 명이 본 영화가 두 개나 되고, 웬만한 영화는 관객이 몇백만 명 이상 거뜬히 넘는다는데 시집은 천 권 이상 팔기가 매우 어렵다는 사실은 참으로 속상한 일이다.

천박한 자본주의 아래에서 말초적인 신경을 건드리는 것들, 무언가 돈으로 바뀌는 것들 이외에 시나 소설을 비롯한 우리 삶에 대한 진지한 모색과 성찰이 들어간 것들은 이제 이 땅 위에 더 존재하기 어렵게 되었다. 그런 것들은 이제 아무도 거들떠보지 않는다. '인문주의'는 이미 죽은 지 오래되었고 더 살아날 가망도 보이지 않는다.

그러나 우리가 지향하는 세상이 '동물의 세계'가 아니라면 인간이란 무엇인가, 인간은 어디서 와서 어디로 가는가, 나는 왜 사는가, 등등에 대한 쉼 없는 성찰은 필요하다. 인문주의적 성찰의 종말은 그것만으로 끝나는 게 아니라는 데 더 큰 문제가 있다. 그것은 인류문명의 종말을 의미한다. 설령 영화도 이런 인문주의가 살아 있어야 소위 콘텐츠도 생산이 되는 것이다. 영화고 문학이고 다 같이 함께 멸망하는 것이다.

보조금으로 연명해야 하는 우리 문학이 가슴 아프기는 하지만 그렇게 해서라도 살려내야 한다. 다만 한 가지 전제조건이 있다. 올해 최저 생계비가 1인 가구 40만1천 원, 4인 가구 113만 원으로 책정되었다. 거기보다 시집 한 권당 보조받은 8백만 원은 적은 돈은 아니다. 만일 작가가 받은 보조금 때문에 사회 복지 쪽으로 써야 할 돈이 모자랐다면, 그리하여 장롱 속에서 다섯 살 아이가 굶어 죽어가는 일이 또 생긴다면 그건 참으로 끔찍한 일이다. 그들에게 자신의 문학은 무엇인가, 자신의 문학이 무엇을 할 수 있는가 대답해야 한다. 그것은 세금으로 보조금을 받는 작가들의 국민에 대한 최소한의 예의일 것이다.

(2005)

"봄 없는 땅 끝, 바람만 부는 땅 끝, 그러나, 아름다운 시인이 사는 땅 끝"

김경윤론

1

개고기 얘기부터 하나 해야겠다. 1992년도였던가. 나는 이 세상에서 가장 맛있고도 고마운 보신탕을 먹은 적이 있다. 철들고 나서 수도 없이 개고기를 탕으로, 전골로, 백숙으로 먹어 왔지만, 그날 그 여름날, 광주에서 먹었던 보신탕이 아직 잊히지 않는다.

1992년은 내가 전교조 인천지부에서 부지부장으로 일을 할 때인데 '장산곶매'에서 만든 영화 <닫힌 교문을 열며> 상영 투쟁을 할 때쯤이었던 것 같다. 벌써 오랜 시간이 지난 옛날얘기인 것 같다. 천안에서 교육문예창작회 모임이 있었고 다음 날 광주에서 부지부장 회의가 있었다. 창작회 모임에 참가했던 광주 사는 경윤이 형이 광주까지 함께 가서 내게 보신탕을 사 주었다.

그 당시 학교에서 쫓겨난 우리에게 보신탕은 감히 생각하기 어려운 사치스러운 음식이었다. 보신탕은 그때 경윤이 형이 내게 해 줄 수 있었던 나에 대한 최대한의 접대였다. 그날 보신탕 한 그릇 값이 오천 원이었던가. 만 원이 천금같이 귀한 돈이었던 시절에. 한 달에 이삼십만 원으로 온 가족이 버텨 냈던 시절에.

그 시절, 우리는 돈은 많이 없었지만 함께 일하는 사람들 얼굴만 보고 있어도 배가 불렀다. 서로가 서로를 깊게 신뢰하였으며, 우리가 하는 일이 세상을 바꿀 수 있을 것이라는 믿음 또한 있었다. 진정 서로를 위하는 마음이 지극하였으므로, 없는 돈에 서로 보신탕도 사 줄 수 있었다.

나는 사람을 참 좋아한다. 나는 인복이 넘쳐 주변에 좋은 사람들이 매우 많다. 물론 경윤이 형도 그중의 한 사람이다. 너무 멀리 떨어져 있어 자주 만나지는 못하지만, 마음속으로나마 보고 싶고 늘 그리운 사람이 이 세상에 존재한다는 것이 얼마나 기쁜 일이냐. 전교조 해직 동안 고통스러운 일도 많았지만, 그렇지 않았다면 만나기 어려웠을 전국의 많은 친구, 선배, 후배들로 하여 나의 해직 5년은 충분히 보상받고도 남았다.

더구나 경륜이 형과 나는 같은 국어 선생에, 함께 시를 쓰고, 사물에 관한 생각과 세계관도 비슷하니 더할 수 없이 복 받은 일 아니랴. 사람 좋고 심성 착한 경윤이 형을 만난 일을 나는 두고두고 고맙게 생각한다. 경윤이 형을 처음 만난 게 언제인지는 사실 잘 기억이 나지 않는다. 회의 때 만났는지, 집회 때 만났는지, 아마 전국을 순회하며 개최했던 '참교육 실현을 위한 시와 노래의 밤' 행사 때 만난 것 같은데 확실하지는 않다. 처음 만났던 자리에 시 쓰는 봉환이가 함께 있었던 것 같기는 한데. 경윤이 형은 시를 쓰는 것 같았으나 말이 별로 없었고, 주로 남의 얘기를 듣기만 하는

편이었다. 그 후로 겪은 경윤이 형은 내가 아는 한, 자기가 맡은 일에 최선을 다하는 참으로 성실한 사람이다. 서울이나 대전에서 모임을 하면, 그 먼 광주에서 올라오는데도 인천에서 가는 나보다 더 빨리 모임 장소에 와 있곤 했다.

2

더러는 참숯 같은 희망을 가슴속에 품고 살아도
더는 별을 노래하지 않는다
-「그리움」 중에서

나도 한때는 무성한 나무로 서서
바람 따라 귀를 세우며 종종거렸지
누군가의 시야를 가리고 선 줄도 모르고
-「가을 아침에」 중에서

빛을 좇는 새들의 비상이라니
나에게도 저와 같은 시절이 있었지
세월은 붉은 꽃잎처럼 흘러가고
내 나이 벌써 불혹의 문턱이라
신경통을 앓은 무릎뼈가 쿡쿡 쑤신다
새처럼 날기에는 너무 늦은 나이일까

- 「붉은 꽃잎처럼 흘러간 세월」 중에서

　우리가 살았던 삶이 별로 자랑할 만한 게 못 되는 분위기 속으로 복직을 하긴 했지만, 잘 모르겠다. 우리가 살아왔던 한과 눈물과 싸움의 세월이 소용없는 짓이었는지. 언제부터인지도 잘 모르겠다. 우리가 살아왔던 세월이 갑자기 자랑스럽지 않게 생각되고, 오히려 거추장스러워지고, 차라리 숨기고 싶은 심정이 내 속에 도사리게 된 것이. 그리고 우리, 지금, 이렇게 흔들리며 살아도 되는 것인지 잘 모르겠다.
　한때 우리는 시같은 것이 별것 아니라고 생각한 적이 있었다. 우리는 회의에, 집회에, 눈 코 뜰 새 없었으며 시를 쓸 시간이 있다면 문건을 쓰거나 차라리 잠을 보충하는 게 낫다고 생각하던 때가 있었다. 그 생각이 옳다는 것에 대하여 추호도 의심하지 않았으며 문학 주의, 신춘문예는 개똥이라고 생각하던 적이 있었다. 그런데 언제부터인지 잘 모르겠다. 신춘문예 당선된 후배가 슬슬 부러워지고 잘 나가는 시인이 슬슬 부러워지고, 잘 팔리는 시가 슬슬 부러워지고.
　그리고 우리, 지금, 이렇게 살아도 되는 건지 모르겠다. 전혀 흔들릴 것 같지 않던 그도 나이를 먹어 가는가. 시집을 읽다 보면 더러 쓸쓸한 구석이 눈에 띈다. 쓸쓸한 마흔 살을 그는 어떻게 견딜까. 그는 정말 우리 나이를 새처럼 날기에는 늦은 나이라고 생각하는 걸까.
　그래서 땅끝에 갔다. 출판 패권주의가 횡행하는 시대에 변방

출판사 하나 부여잡고 악전고투하고 있는, 이 시집을 출판할 황덕명과 함께, 국어 선생이 노래도 만들고 시도 쓰고 못 하는 게 없는, 목포 사는 유종화 시인과 함께, 경윤이 형이 사는 땅끝에 갔다. 전라도는 언제나 고향 같다. 전라도는 언제나 마음 편하다. 전라도는 마음이 놓인다.

내 젊은 날의 이력은 철새처럼 애달프다
우리 한글이를 친손자처럼 귀여워하던
인정 많은 남원댁 아줌마도
전세금은 에누리가 없단다
진눈깨비 창문을 두드리는 밤
아내는 행여 깨질세라 신문지에 싼 부엌살림을 챙기고
나는 버리지 못한 젊은 날의 꿈만 같은
낡은 시집 몇 권 라면박스에 꼭꼭 묶어 싼다
철없는 아들 녀석은 덩달아 잠도 없이 방정대고
언제나 눈치 보지 않는 내 집에서 살아보나
아내는 코맹맹이 푸념이지만
소리죽여 이삿짐을 싸는
눈물 많은 아내여
속절없이 밤눈만 창밖에 쌓이고
부질없는 희망은 봄날처럼 아직 멀다
- 「이삿짐을 싸며」 전문

사실은 나도 쓸쓸해서, 경윤이 형이 사는 동네에 한 번 가 보면 쓸쓸한 마음이 풀릴까 해서, 경윤이 형은 어떻게 쓸쓸한 삶을 견디나 구경하러, 어렵게 큰맘 먹고 먼 데 나들이를 했지만, 더 큰 이유는 형수님 얼굴을 한 번 보고 싶어서였다. 경윤이 형이 전교조 해직 기간 5년 동안 얼마나 열심히 일했는지는 전라도 사람들은 다 안다.

그는 나처럼 뭔가 믿는 구석이 있었던, 마누라가 선생인 사람도 아니었고, 부인이 집에서 살림 사는 분이었는데, 와중에 또 이미 있는 아들에 아들까지 하나 더 낳아서 갓난쟁이까지 키워야 했다. 그러므로 그가 그렇게 전남을, 전국을 돌아다니는 동안에 그의 부인이 얼마나 많은 눈물을 흘렸을지, 얼마나 큰 고통을 겪었을지는 모든 사람이 미루어 짐작할 수 있다. 아이에게 젖을 먹였는지 우유를 먹였는지, 우유를 먹였다면 무슨 돈으로 우유를 사댔는지 나는 모른다. 그 시절이 하도 고맙고 슬프고 기가 막혀서 형수 얼굴 한번 보자고 큰맘 먹고 내려갔던 거였다. 마음속으로는 정말 얼굴에 바르는 분이라도 하나 사서 선물하고 싶었다. 그 고단하고 팍팍했던 세월이 그 무엇으로 보상이 되겠냐마는.

친목회가 끝나고 홀로 돌아오는 늦은 퇴근길
선배 교사가 건네준 몇 잔의 소주에 단풍이 든 나는
비틀거리는 걸음으로 논둑길을 따라 걷는다.
모내기를 끝낸 무논에는 멀리 마을의 불빛이
어두운 밤길 위에 자운영 꽃처럼 그리움으로 피어나고

살아 있으면 지금쯤

장다리꽃 같은 아이들과 시를 읽다가

나처럼 소주 한 잔에 취해 비틀대며

집으로 돌아가고 있을 사람들 생각이 난다.

저마다 가슴에 불덩이를 품고 살아온

모진 세월을 함께 싸우며 견디던

그리운 벗들은 지금 너무나 멀리 있고

저문 들길에는 악머구리만 모질게 운다.

그래도 너희는 살아 있지 않느냐고

살아서 할 일이 아직도 남아 있지 않느냐고

취한 내 귓전에서 누군가의 목소리로

취기에 비틀대는 나의 머리를 나의 눈과 귀를

후려친다, 이 막막한 밤길 위에서

- 「악머구리 우는 밤길」 전문

나는 경윤이 형이 복직해서 「악머구리 우는 밤길」이라는 시를 쓸 줄 알았다. 이광웅, 정영상, 신용길, 시인이었고 교사였던 사람, 어두운 시절을 함께 견디다 먼저 간 사람, 도저히 우리가 잊지 못하는 사람, 그들은 죽었고 우리만 살아남아, 이 이상한 세상에 살아남아, 다시 학교 선생이 되어 아이들을 가르치고 있고 시를 쓴다고 하고 있다.

언젠가 교문창 연수를 해남에서 한 적이 있었는데, 경윤이 형이 "나는 복직하면 고향에 와서 아이들을 가르칠라네." 하더니,

정말로 그렇게 되어 그는 지금 그의 고향 땅끝에서 그의 선배 또는 그의 친구들의 자식들을 가르치고 있다.

경윤이 형이 복직해서 아이들을 가르치고 있는 해남 송지종합고는 동네 사람들이 말리려고 교문 앞에 널어놓은 벼 때문에 진입로의 출입도 불편한, 아주 한가롭고 한적하고 햇볕 좋은 시골 고등학교다. 그가 담임 하는 3학년 진학반 교실에서는 바다도 보인다.

만족스럽지 않은 형태로 복직하였고, 게다가 현재 우리가 꿈꾸고 바라는 학교의 모습은 아니었지만 그러면 어떠랴, 시퍼런 아이들이 두 눈 말똥말똥 뜨고 우리를 쳐다보고 있는 교실에서 바다도 보이는데. 그래 우리, 쓸쓸한 게 다 뭐냐. 그토록 목숨 걸고 오고 싶어 했던 학교, 그토록 보고 싶어 했던 아이들이 우리 눈앞에 있는데. 또 반성하면서 매일 반성하면서 살면 되지. 견디다 보면 또 좋은 날도 오겠지.

눈부신 봄 햇살 아래서
아이들은 운동장에 나가 나무를 심었다
붉은 꽃망울 철쭉이며 노란 입술 개나리꽃을
학교 진입로에 옮겨 심으며
오랜만에 밝은 얼굴 꽃이 되었다
갇힌 새처럼 교실 안에서 조울거리던
아이들이 콧등에 보송보송 땀방울을 흘리며
한 줌 가을의 꽃향기를 위해

콧노래 부르며 재잘거리며 구덩이를 파고
밑거름을 넣어 새 묘목을 심고 있는 동안
정작 정성 들여 꿈나무를 가꾸어야 할 나는
아이들의 가슴속에 꽃 한 송이 심지 못하고
아이들의 가슴속에 거름이 되지 못하고
그저 정성 들여 심어 놓은 꽃나무 곁에서
언제 폐교가 될지 모를 벽지 고등학교
쭉정이 같은 아이들의 꿈만을 생각했다
눈부신 봄 햇살 아래서
아이들은 척박한 황토 운동장에 나무를 심고 있는데
따가운 봄볕을 가리는 그늘이 되지도 못하고
막막한 미래를 밝히는 등대도 되지 못하는
죄 많은 시대 죄 많은 선생으로 살아온 날들을
생각했다. 한 그루 나무도 심지 못하고
- 「식목일에」 전문

3

 사람을 아주 좋아한다는 이유 하나만으로는 발문이 잘 될 수 없음을 이번에 알았다. 벌써 나왔어야 할 이 시집이 나의 천성적인 게으름과 글쓰기의 무능력으로 발문이 늦어져 이제야 세상의 빛을 보게 되었다. 경윤이 형에게 미안하다.

그러나 발문을 못 쓰고 있던 한 달여 동안 줄곧 경윤이 형의 시와 그의 삶에 대해서 생각했다는 사실은 자랑스럽게 경윤이 형에게 말할 수 있다. 이 시집이 나오면 핑곗김에 "봄이 없는, 바람만 부는", 그러나 착하고 아름다운 사람, 경윤이 형이 사는 땅끝에 한 번 더 가야겠다. 경륜이 형 아버님이 바다에서 막 건져 올린 눈 맑은 숭어회도 또 얻어먹고, 참으로 아름다운 시 「아름다운 사람의 마을에서 살고 싶다」를 읽으며 마흔 살이 쓸쓸한 사람끼리 어깨 겯고 함박눈이라도 흠뻑 맞고 돌아와야겠다.

별빛 한 점 없는 하늘에서
떡살 같은 눈이 내린다
내리는 눈은 진창길을 덮고
썩은 냄새 진동하는 수챗구멍을 덮고
마을 앞 당산나무에 꽃을 피운다

나도 저 눈처럼 더 낮은 곳으로 내려가
누군가 상처 난 몸을 덮어주고
그에게 향기를 주는 꽃이 될 수는 없을까

바람아 배암의 혓바닥 같은 바람아
새해는 제발 덕분에
때 묻지 않은 붉은 귀를 더럽히지 말아라
세밑에 내리는 눈처럼

세상 모두에게 한결같은 사랑을 주는

아름다운 사람의 마을에서 살고 싶다

-「아름다운 사람의 마을에서 살고 싶다」 전문

(1996)

"우리, 이제 노을을 보며 그냥 하염없이 무너져 우는 수밖에"

김동경론

1

젊은 날을 다시 기억해야 한다는 건, 젊은 날 입었던 수많은 아픔과 상처를 끄집어내야 하는 고통스러운 일이다. 하기야 젊은 날을 추억하는 데 명치끝 저릴 정도의 가슴 쓰린 기억 하나 없는 사람 어디 있으랴? 시도 아니었고 읍이었던 시골에서 대학 생활을 해야만 했던 우리 젊은 날, 공주는 패배자들이 모이는 곳? 머리는 있으나(?) 돈은 없었던 자들이 모이는 곳? 공주에서의 우리 젊은 날엔 뭐가 있었나? 금강이 있었고, 백사장이 있었고, 노을이 있었고, 금강 다리, 어부집, 상록원(이라고 쓰니 벌써 내 눈에 눈물이 고이려고 한다)이 있었고, 공산성의 흐드러진 벚꽃, 곰나루, 그리고 사랑이 있었나? 이별이 있었고, 막걸리가 있었고, 책과 시와 노래, 연극, 징계, 또 뭐가 있었나? 상록원, 식당도 아니고, 카페도 아니고, 그렇다고 술집도 아닌 곳, 그 어느 것도 아니었으나 우리에게 모든 것이기도 했던 곳. 우리 젊은 날, 저녁 무렵 상록원 창가에 앉아, 금강 철교 위에 걸쳐 있는 해를 바라보며, 금강을 붉게 물들인 노을을 하염없이 바라보며 눈물 흘린 적이 한두 번이었던가?

김동경의 시를 읽으며 나는 어쩔 수 없이 그와 함께했던 우리 젊은 날을 추억해야만 한다. 김동경과 나는 소읍 공주에서 대학 시절 3년 동안을 거의 붙어 다녔으므로, 추억이 같고, 상처가 비슷했다. 따져 보면 그와 나는 비슷한 점이 많다. 우리가 다녔던 공주에 비하면 도시(?) 출신이라는 점, 도시 중에서도 어린 시절부터 미군들을 보고 자란 기지촌 출신이라는 점(그는 평택이고 나는 부평이다), 공주와 늘 불화했다는 점, 그러면서도 공주를 끔찍이 사랑했다는 점, 대체로 공주에 어울리지 않는 복장과 신발을 착용하고 다녔다는 점(세련됐다는 뜻은 아니고, 촌스럽지 않은 정도), 아버지가 돌아가셨다는 점, 그래서 형제들의 등을 쳐서 학비를 마련했다는 점, 그러고도 돈 벌 생각은 단 한 번 안 했다는 점, 머리가 길었다는 점.

그를 언제 처음 만났던가? 따져 보니 벌써 20년도 훨씬 넘었구나. 그가 79년, 공주사대 신문사 기자시험에 응시했을 때인 모양이다. 그는 신문사 수습기자 시험을 보러 온 신입생으로, 나는 그를 면접 보는 선배 기자로, 그렇게 그와의 첫 인연이 시작되었다. 그래, 우린 시골 단과 대학의, 한 달에 겨우 두 번 내는 대학신문사의 기자였다. 우리는 기사를 썼고, 그것도 기사냐, 발로 썼냐, 국문과 맞냐, 선배들로부터 허구한 날 구박을 받았고, 자주 수업에 빠졌고, 자주 술을 마셨다. 공산성이나 또는 곰나루로 몰려다니며 술을 먹었다. 술 먹은 대부분 날을 토했고, 비가 오면 비를 맞았다. 우리 젊은 날, 왜 그렇게 술을 많이 마시고 살았나? 억울한 게 많았을까? 아주 이따금 사회과학 공부도 조금은 했던 것 같고.

잠시, 80년의 봄이 있었고 곧이어 '광주'가 지나갔다. 대부분의 선배와 친구들은 감옥이나 군대로 끌려갔고, 80년 가을, 비겁하게 살아남은 자들끼리 모여 처음으로 만든 신문은 불태워졌고, 우리는 그에 대한 항의의 표시로 신문 제작을 거부했고, 모두 신문사 밖으로 나왔다. 모여 있을 때가 마땅치 않아 후배들과 포장마차를 차렸다.(지금 생각해 보면 어떻게 포장마차 할 생각을 다 했는지 모르겠다) 나는 졸지에 후배들을 데리고 술장사를 한 파렴치범이 되어서 학교에서 요주의 인물이 되었다. 우리는 결국 신문사에서 쫓겨났다. 분노와 허탈, 비겁, 그리고 부끄러움, 표현하기조차 어려운 복잡한 심경, 주체하기 어려웠던. 어느 날 동경이와 나는 부여까지 걷기로 했다. 부여에는 누가 있었나? 부여에는 신동엽이 있었다. 그 시대에 신동엽은 금기였으나 우리는 등사판 신동엽 전집을 돌려 읽고 있었다. 함께 쫓겨났던 친구를 만나러 기도원에도 들르고, 상록회에서 운영하는 야학이 있었던 이인에 들러 저녁도 얻어먹었다. 우리는 별을 보며 계속해서 걸었다. 아, 우리는 그날, 공주에서 부여까지 밤새워 걸으며 무슨 얘기를 나누었던가? 우리, 젊은 시절 무엇이 억울했을까? 무엇이 답답했을까? 무엇이 우리를 공주에서 부여까지 밤새워 걸어가게 했을까? 거의 새벽녘이 다 되어서 허름한 여인숙을 찾아 들었다. 다음 날 신동엽 시비 앞에 소주를 따르며 우리는 무엇을 다짐했나? 더는 비겁하지 않게 살기로? 다시는 부끄럽게 살지 않기로? 다음 날 버스를 타고 공주로 왔다. 그날 동경이와 함께 타고 왔던 버스가 이상하리만치 선명하게 떠오른다.

네가 가는 서산 길
함께 가고 싶더라.
싸락눈 혹은
겨울비라도 내리다 멎은
이른 저녁
네가 기울일 소주잔만큼
맑은 네 눈 바라보며
너 지금 바라보고 있을
외줄로 타는 안스런
서산 가는 길
함께 가고 싶더라.
내 있는 나라
그림자도 가지지 못하고
발자국도 없이
언제 우리가 함께
그림자 비추고
발자국 찍으며 걸었던지

기억조차 없어져 가는

내 초라한 일상

-「현수에게」중에서

부여에서 돌아와 연극을 한 번 해 보기로 했다. 우리가 공연하려고 했던 연극이 <아일랜드>였던가? <아일랜드>의 두 주인공처럼 실제로 머리도 빡빡 깎기로 했다. 내가 연출을 하고 동경이와 주대가 주인공을 하기로 했다. 연극에 관한 책도 모으고, 하숙집에서 연습도 했다. 무기 정학 사건이 시작된 건 아마도 소위 축젯날 밤이었을 것이다. 멀리서 들으니 송창식이 와서 <새>, <왜 불러> 같은 노래들을 부르는 것 같았다. 노래가 끝난 후 불꽃놀이도 했었던가? 우리는 축제에 끼지 않았다. 우리는 이방인이었다. 선배와 친구들이 군대와 감옥에 끌려가 있는데 아직, 불꽃놀이 할 때는 아니라는 기특한 생각을 했던가? 학교 밑 개미집에 내려가 막걸리를 한 잔 마시고, 연극 연습을 하기 위해 강의실을 찾아들었다. 몇 번 연습하던 국문과 강의실이었다. 문이 안 열렸다. 발로 찼다. 안에서 뭐가 떨어지는 소리가 들렸다. 안에서는 어떤 종교 동아리가 전시회를 준비하고 있었다. 가뜩이나 기분이 꼬여 있던 터에 술기운까지 빌려, 전시 준비를 도와주고 있던 교수와 싸웠고, 우리는 무기정학을 받았다. 남들은 광주항쟁으로 감옥에 있는데, 우리는 학원 민주화 투쟁도 아니고 고작 교수에게 대들다가 징계를 당했다. 우리 젊은 날은 이렇게 지리멸렬했다. 나는 졸업을 앞두고 있었기 때문에, 징계

날짜에 따라 졸업마저 위태로웠다. 마치 고등학생처럼 학생과에서 부모를 소환했고, 인천과 평택에서 식구들이 내려왔다. 동경이는 어머니가, 나는 누나가 내려왔다.(아, 그 전에 나는 아버지가 돌아가셨다) 우리는 진술서를 쓰고, 가족들은 빌고. 징계 얘기가 오고 가던 학생과 사무실 창밖으로 은행잎들이 떨어지고 있었던가? 가을바람이 겨울바람보다 더 차갑게 느껴졌던가? 나는 간신히 졸업하고 대천으로 발령을 받았다. 동경이는 이듬해, 멋있게 연극을 치러냈고, 그날 내가 근무하던 대천으로 왔다. 그날 밤도 대천 해수욕장 밤바다에 나가 술을 많이 마셨을 것이다. 아마 울다가 웃다가 했을 것이다.

우리는 일 년 이상을 한집에서 살았다. 산성동 꼭대기에서 2년 반을 살았던 나는 4학년이 되면서 동경이가 살고 있었던 중학동으로 하숙을 옮겼다. 물론 동경이가 내 책과 책상, 이불 보따리가 실린 리어카를 끌고 내려왔다. 가로등 하나 없어 어두웠던, 중학동 하숙집 골목이 떠오른다. 우리는 돈도 없으면서 각방을 썼다. 그렇다고 아르바이트 한번 한 적 없었다. 집에서 꼬박꼬박 보내 주는 돈으로 하숙비를 치렀다. 중학동 우리 하숙집, 낡은 나무 대문이 있었고, 마당이 있었고, 마당에는 코스모스가 피었던가? 방이 여러 개 있었고, 마루가 있었고, 창호지 바른 문을 열면 어둑한 방이 있었고, 들창문이 있었고, 방안에는 앉은뱅이책상이 있었고, 비키니 옷장이 있었고, 이불 보따리가 있었고, 마음씨 따뜻하고, 음식 솜씨마저 좋았던 주인아주머니가 있었고(하숙집 아저씨도 일찍 돌아가셨다. 그 시절 공주는 아버지 부재였다), 가끔 친구들이 와도 눈치 주지 않고 고봉밥을 퍼주었던 아주머니, 아, 하숙집에는 우리와 나이가 비슷했던 예쁜 딸이 있었고, 이름이 연우 씨였던가? 그녀가 선을 보고 온 날 우리는 괜히 신경질을 부렸고, 인사하러 온 그녀의 남편 될 사람에게 이유 없이 적대감을 가졌었고, 그리고 그녀는 시집을 갔고.

2

숙취를 견디지 못하고
쓰린 속을 더듬어
일상을 위한
매일 부끄러운 아침.
고개 숙이면
수도 없이 빠진 머리카락은
세상에 이미 길들여진 자의
초라한 배설물로
방바닥에 뒹굴고
고개 들어 바라보는 흐린 거울엔
맑은 유년의 눈빛
기억하지 못하는
낯선 얼굴이

손을 내민다.
가끔 독설로 부딪쳐 오는
내가 누린 세월들은
아직 세상을 깨우치지 못한
어리석은 희열의 시간들.

세상은 명함의 크기 속에
나를 가두고
가지고 놀아서는 안 될 장난감 같은
금박직함으로
나의 공격성을 채근하고 있다.
둘러보면
내가 감당해야 할
수많은 질문들로 가득한 길
혹은,

정말 맑았던 소년이었던 때를
기억하지도 못하고
나는 거기에
선인장처럼 서 있다.
- 「중년으로 가는」 일부

아, 우리는, 벌써, 아니 이제, 아니 잘 모르겠다. 어쨌든, 중년이 되었다. 우리는 결혼을 했고, 우리는 아이를 낳았고, 우리는 아파트를 샀고, 매일 아침 우리는 학교에 가서 '거짓말'을 했고, 시험 감독을 했다. 그리고 아주 가끔 시를 썼다. 중년? 아, 언제부터였던가? 내 입에서도 '요즘 젊은 사람'이란 소리가 자연스럽게 나오게 된 것이.

만춘옥 이른 여덟 시 다섯 명 앉아 해물탕에 저녁 먹고 문학 애긴 꺼내 보지도 못하고 악수하고 헤어진다. 다음 달에 좀 더 많은 사람, 많은 얘기 가지고 모여 보자고 힘내서 만나 보자고 손 흔들고 헤어져 공작에 가 술을 마신다. 송창식의 새는 더 이상 감당할 수 없는 진짜 초롱초롱한 눈망울이라고 우린 초라해지다가 이젠 어느 정도 거나하다고 비척거리며 삼오정 앞에 파는 김치만두 길거리서 우물거리다 늘 푸른 아파트 벤치에 와 앉는다. 이번 겨울엔 신춘문예 응모해 보자고, 보란 듯이 내 시로 이 세상 흔들지 못하면 눈 내린 내리에 나 가서 소주잔이나 기울이자고 진욱이랑 잔 부딪고 불 꺼진 아파트 창문 사이 나 돌아가야 할 14층 고개 쳐들어 바라보다 담배 한 대 다시 피워 물고, 수은등 파리한 조명 아래 우린 다시 산 이야기를 하다가 세상 살다 한 번쯤 산 같은 사람 보고 싶다, 산 같은 시 쓰고 싶다 중얼거리며 다시 잔 부딪는다. 누구에게 미안하다고 떠올릴 사람 갖고 살면 잘 사는 거라고 위안하다 보면 나 떠올리며 미안해 줄 사람 있는지 자신 없어져 다시 잔 채우고 창문에서 꿈꾸는 아이들 목소리 들려온다. 아빠 오늘 밤엔 별도 없어. 번쩍 고개 쳐들어 다시 어두운 하늘 보다 혹시 별 떨어졌을까 잔 바라다보면 술은 바다가 되어 있고 내가 뛰어들게 허락하지도 않는 바다. 깊은 어둠에 물들어 버린 바다. 우린 바다 옆에 앉아 목메어 울지도 못하고 부딪는 종이 잔에서 별만 찢어 가졌다.

　-「문학회 끝나고」 전문

　나는 이 세상이 살만한 가치가 있는 건지, 더 이상 살아가야 하는 건지 정말 모르겠다. 우리 삶이란 어차피 뻔한 것, 언제나 지리멸렬하고 언제나 통속적인 것 아닌가? 허구한 날 퍼먹는 술, 되지도 않는 시, 삶에서 가장 신성한 목표가 되어 버린 아파트 한 채를 이 세상 위에 마련하기 위해, 마누라와 싸우고, 내가 내야 하나, 이번엔 저놈이 낼 차례인데, 술값 눈치나 보고, 그리고 책임지지도 못하면서 큰소리치고, 그러나 그 큰소리는 이제 더 이상 아무런 영양가도 힘도 없다는 걸 이미 다 눈치채버린 자식들에게 무시당하기나 하고.
　아, 목메어 울지도 못하는 우리, 중년. 아주 가끔, "혼자 흘러가야 한다고 생각한다 / 혼자 가야 내가 보인다"(「강」)라고 다짐해 보지만 술 깨면 후회와 부끄러움뿐. 일상으로 다시 흘러들어가서 전전긍긍할 수밖에 없는 우리, 분별력도 없는 중년. 아, 우리도 중년이 되었다.

3

나는 지난 89년 다니던 학교에서 쫓겨났다. 충남에서는 50여 명이 넘게 해직되었는데 그중의 반 이상이 일, 이 년을 위아래로 해서 함께 학교에 다녔던 공주사대 국문과 출신들이었다. 교진이 형, 인호 형, 재도 형, 창태 형, 병성이, 장식이, 우경이 등등. 그리고 동경이는 학교에 남았다. 그 일 때문에 동경이는 참으로 힘들어했다. 그러나 사실 해직 5년 동안 더욱 고통받고, 더욱 상처받고, 더욱 가슴 아팠던 이들은 학교를 떠난 이들이 아니라 동경이와 같은 학교에 남았던 이들이라고 나는 확실히 말할 수 있다.

부끄럽다고애기할수있는부끄러움은부끄러움이아니다아니다그런데도나는부끄럽다고자신있게이야기하는부끄러움을범하고부끄럽다고애기하였으므로부끄럽지않다고생각하는부끄러움을갖고잘 살고있다.

- 「辭說 - 넷」 전문

동경이는 자꾸 부끄럽다고 얘기했지만, 생각해 보면 뭐가 부끄러운가? 남은 자들이 부끄러운 게 아니라 사실 떠난 자들이 오만한 것 아니었나? 그때 학교를 떠났던 일이, 10년도 더 지난 지금, 무슨 의미가 있는 것인가? 혹시, 아무것도 아니었지 않은가? 도대체 누가 누구에게 용서를 구하는가? 오히려 거꾸로 되어야 하는 거 아닌가?

눈 내리는 하늘 보며
한 해를 접는다.
쏟아지는 눈발 속에 섞여
나를 꾸짖는 친구들 목소리
멀리서 붉게 빛나는 십자가처럼 다가들고
한 일 없이 지내온 시간들만
시리게 가슴으로 몰려든다.
아직도 제대로 사는 법을 모른다고
나는 중얼거리며 명멸하는 십자가 불빛 외면하고
말로만 되뇌는
나의 비겁한 자위에 대해
침이라도 뱉고 싶다.
가능한 일만 하는 것은
아무 것도 안 하는 것과 같다고 한
친구의 말 떠올리면
나는 아무 것도 안한 것이 아니라
죽어 있었다.

아름다운 일 떠올리고 싶은
스무 살의 욕심만으로 사는 일상의 치기
그대들에게 용서받고 싶은

내 가슴 어린네인 것을.

한 해는 또 쉽게 저물고

내가, 사는 법을 모르는 것이 아니라

모른 체하고 사는 것임을

아는 하늘

눈보라는 더욱 세차게

내 가슴 구석구석 몰아쳐

숨겨진 비겁함을

때리고 있다.

- 「옥상에 서서」 전문

사실 나는 시는 아무 것도 아니라고 생각한다. 삶 또한 아무 것도 아니라고 생각한다. 이제 더 이상 멋있고 대단한 삶은 없다고 생각한다. 어차피 우리 삶은 통속적이라고 생각한다. 이제 우리는 아무것도 할 수 없다고 생각한다. 우리는 이제 어디론가 떠나고 싶을 때 떠날 수 없다. 우리는 그 무엇도 이제 꿈꿀 수 없다. 우리는 이제 퇴근길, 유리창을 통해서 차 안에까지 노을이 쳐들어 왔을 때, 그때 마침 켜 놓은 자가용의 라디오, 오미희의 '가요응접실'에서 송창식이나 또는 양희은의 노래가 흘러나올 때, 노을에 젖어 그냥 눈물을 뚝뚝 흘리는 수밖에. 노을을 보며 그냥 하염없이 무너져 우는 수밖에.

종일을

물가에 앉아 있었네

날 저물도록

꼼짝 않고

앉아 있었네

내 생애

전부를 기다려

온몸 피멍 들며

저 환장할 하늘

언제 적부터 감당할 수 없었을까

초월을 꿈꾸는 저녁

너무도 눈부셔

네 앞에서

하염없이

무너져

운다.

-「노을에 관한 명상」 전문

(2003)

"진지하고 진실 된 문학"을 위하여
정세훈론

1

지난 10월 25일, 인하대학교에서 "새로운 시대의 문학, 어디까지, 무엇이 가능한가?"라는 주제로 제8회 민족문학제가 열렸다. 인천작가회의가 주최한 이 날 토론회에 참석하신 현기영 선생님을 오랜만에 뵈었다. 우리나라 생존 문인 중 내가 따르며 존경하는 분 중의 한 분이다. 하기야 소위 문단이라는 곳에 아는 사람도 별로 없고, 만나서 얘기 나눠 본 사람조차도 몇 명 안 되지만. 내가 현기영 선생님을 존경하는 이유는, 그동안 인천지역에서 열렸던 인천작가회의 행사에 가장 많이 참석해 주셔서 그런 건 아니다. 90년 초 교사 문인들이 모여 만들었던 교육문예창작회 시절부터 관심을 가져주셔서도 아니다. 올해 나온 선생님의 소설『지상에 숟가락 하나』를 과분하게 직접 사인까지 해서 부쳐 주셔서도 아니다. 현기영 선생님을 존경하는 이유는 다른 게 아니라 변함없는 그분의 문학관 때문이다.

"이 글은 감성에 의해 부당하게 내쫓김을 당한 이성의 복권을 주장하는 것이지, 감성에 대한 이성의 우위를 논하는 것은 아니다. 요컨대 이제는 이성과 감성의 과격한 이분법은 지양해야겠다는 것이다. 그에 따라 미시문학이니, 거시 문학이니 하고 다투는 일도 이제는 그만두어야 하겠다. 진지하고 진실된 문학이라면 그것으로 족하지 미시냐 거시냐의 구별은 무의미하다", "그리하여 인간은 불멸이고, 인간이 존재하는 한, 문학 역시 존재를 그치지 않을 것이다. 인간과 상품의 만남이 아니라 인간과 인간의 만남을 중시하는 문학, 인간 긍정의 문학을!"

이날 발표한 현기영 선생님의 발제문 '초토에서 꿈꾼다'의 일부이다. "진지하고 진실 된 문학", "인간과 인간의 만남을 중시하는 인간 긍정의 문학", 천박한 자본의 전일적인 지배 속에서 모든 진지한 것들이 깡그리 무시되는 시대에 어떻게 생각하면 시대착오적이라고까지 말할 수 있는 이분의 문학관에 나는 적극적으로 찬동하고 그래서 그분을 존경하는 것이다. 그러면 진지하고 진실 된 문학이란 무엇인가? 나는 그것을 모두가 알아들을 수 있는 쉬운 말로, 우리가 살아가는 삶에 대해 말하고, 우리가 현재 살아가고 있는 세상을 함께 잘 사는 세상으로 만들기 위해 작으나마 공헌할 수 있는 문학이라고 생각한다. 나는 가끔 문학 강연에 가서 문학을 특히 시를 집짓기에 비유하곤 했었다. 집은 어렵지 않다. 건축가가 집을 지어 놓으면 사람들은 그것이 집인지 아닌지 모두 안다. 집인지 아닌지를 모른다면 그것은 이미 집이 아니다. 또 집은 사람들이 들어가 쉬는 곳이다. 비바람을 막아 주는 따뜻한 곳. 집에 들어가 오히려 스트레스를 받는다면 그것은 이미 집으로서의 효용성을 잃어버린 것이다. 집을 짓기 위해서는 적당량의 벽돌이 필요하다. 벽돌이 모자라면 집은 무너지고 말 것이고, 또한 벽돌이 너무 많으면 그것은 낭비이다. 잘 지어 놓은 집에서 사람들은 감동한다. 다시 말해서 문학은 특히 시는, 모든 사람이 알기 쉽게, 많지도 적지도 않은 적당한 언어로, 위안을 받고 쉴 수 있는, 감동적인 그 어떤 것이라고 나는 생각한다. 그러므로 어떤 문학을 할 것인가, 시를 어떻게 쓸 것인가는 결국 인생을 어떻게 살 것인가의 문제라고 나는 생각한다. 삶이 녹아들어 간 문학, 삶에 대한 진정성이 들어가 있는 문학, 인생에 대해 진지하고 진실한, 인간과 인간의 만남을 중시하는 인간 긍정의 문학, 그것이야말로 올바른 문학이라고 나는 생각하고 있다.

2

정세훈 시인을 만난 지도 벌써 10년 가까이 되어 간다. 91년인가, 내가 해직교사였던 시절에 작은 공장 노동자였던 그를 인천문협 사무국장 일을 하던 장종권 형의 소개로 처음 만났다. 나보다 세 살이 많으니 이제 하대를 할 법한데도 그는 나를 꼭 신형이라고 부를 만큼 겸손한 성품이다. 인천에도 작가회의가 만들어지고 지금은 같은 회원으로 모임이나 회의 때 가끔 만나고 산다. 그를 처음 만난 날, 차를 한 잔 마시더니, 시민회관 앞의 서점으로 나를 데리고 가서 한 해 전에 나온 그의 시집을 한 권 사줬다. 그날 집에 돌아오는 길로 그의 시집을 다 읽었다. 그리고 내가 평소에 생각하고 있던 참되고 진실 된 문학, 쉬운 시, 누구나 알아들을 수 있는 시, 그리고 감동이 있는 시를 그의 시집에서 확인할 수 있는 기쁨을 맛봤다. 그는 시를 쓰되 폼 잡지 않는다. 그는 시를 쓰되 거짓말하지 않는다. 그는 시를 쓰되 꾸미지 않는다. 그는 시를 쓰되 잘 모르는데 아는 것처럼 허세를 부리지 않는다. 도대체 의미가 통하지 않는데 어떻게 감동을 느낄 수 있겠는가? 시가 무슨 암호 풀이가 아닌 다음에야(평론가들은 아주 그럴듯한 풀이를 해 놓고 있지만) 아무도 알아듣지도 못할 말을, 감동 없는 시를 무엇 하러 쓴단 말인가. 그래서 나는 그의 시들을 좋아한다. 특히 그의 첫 번째 시집 『맑은 하늘을 보면』에 실린 여러 시편을 좋아한다. 「고향의 저 골 깊은 뿌리 1」, 「공단마을 5」, 「베갯머리 이야기」, 「문제」, 「나의 하늘」, 「정」 같은 시들은 몇 번이나 거듭해서 읽었다. 너무나 쉬워서 이게 무슨 시인가 할 정도로, 마치 그의 일기를 훔쳐보는 듯한 느낌을 받다가, 시가 끝나갈 무렵에는 진한 감동을 주는 그의 여러 시편. 나는 특히 그의 「돈까스 사랑」을 좋아한다. 이웃집 아이들은 자주 먹어 본 돈까스를, 한 번만 사달라고 조르는 아이들의 손을 잡고, 부부가 바지 주머니 속 꼭꼭 찔러 넣은 만 원짜리 한 장 가지고 외식을 한다. 네온사인 겁을 주는 레스토랑에 당차게 들어간다. 메뉴판을 보니 1인분에 삼천이백 원이다. 식은땀 흘리며 나온다. 더 싼 집을 찾아 나선다. 간판이 허름한 경양식 집을 찾아내 아이들은 밖에 세워 두고 돈까스 값이 얼마냐고 묻는다. 고개를 갸우뚱하며 웨이터는 이천팔백 원이라고 대답한다. 머리를 절레절레 흔들고 더 싼 집을 찾아 나선다. 정말로 싸게 받을 것 같은, 건물도 허술한 레스토랑에 들어가 앉는다. 삼천오백 원이라 적혀 있다. 더 이상 자리를 뜰 수가 없어 2인분만 갖다 달라고 한다. 부부는 아이들이 먹는 걸 구경만 한다. 처음에 이 시를 읽고 가슴이 너무 아팠다. 그리고 공장 노동자들도 네 식구 마음 놓고 돈까스 사 먹을 정도의 월급은 받아야 올바른 세상 아닌가 생각하기도 했었다.

그러나 그는 이제 더 이상 노동자가 아니다. 아이러니하게도 시인이란 딱지가 그를 노동자 생활에서 벗어나게 해주었다. 그리고 그는 놀랍게도 신문사의 기자로 변신했다. 나는 내심 걱정했다. 소위 블루칼라에서 화이트칼라로 그의 신분이 변하였으니 당연히 더 이상 '돈까스 사랑' 같은 시는 쓸 수 없으리라 생각했다. '돈까스 사랑' 같은 감동적인 시는 말할 것도 없고, 시 쓰기 자체가 어렵지 않을까 생각하기도 했다. 그러나 그는 계속 시를 썼고 그러다가 '내일을 여는 책' 출판사에서 그의 세 번째 시집 『그 옛날 별들이 생각났다』가 나왔다. 나는 그 시집에서 다음과 같은 시 한 편을 발견했다.

일천 구백구십 삼 년 삼월 초하룻날
시인이란 딱지를 붙인 덕에
이십여 년 몸담고 마음 주었던

공장생활을 떠나
나 기독선교신문사라 하는
주간지 신문사의 기자가 되었네.

자식들은 아비가 더 이상
밤샘하는 공돌이가 아니라며
초저녁별처럼 떠들어대고
아내는 건강을 되찾을 거라며
노정의 베갯머리에서
늦가을 박처럼 밤잠을 설쳐댔지만

실금 실금 목젖 같은 눈물이 나왔네.
노독에 찌들어
철 바뀌는 오뉴월
찬기 없는 끝 바람에도
실없이 몸살을 앓아대는 내 몸뚱이
왠지 전장의 패배자 같은 생각이 들어

이제는 이게 내 삶이다.
취재 노트 펼쳐 들고
단 한번의 부흥집회로
몇 백 만원의 돈을 챙긴다는
돈 많은 부흥목사들을 만나보고

습기 찬 냉 바닥 지하실에서
몇 푼 안 되는 사재를 털어
더 못한 이들에게
자선을 베풀고 있는
돈 없는 성직자들도 만나 보았네

오늘은 일천 구백 구십 삼 년 십일월 초하룻날
시인이란 딱지를 붙이고 기자가 된 지 여덟 달 만에
사표를 썼네
인터뷰 취재를 하러 가기 전
점심을 사 주어야 하는
돈 없는 사람들보다
점심을 사 주고
교통비도 넣어주는
돈 많은 이들 앞으로 나 있는 길
자꾸만 그 길로 향하려는
내 가난한 발길
다독이며 사표를 썼네.
- 「길」 전문

　나는 이 시를 보고 기뻤다. 사표를 냈다는데 기쁘다니 그건 무슨 고약한 심보란 말인가. 나는 그의 사표가 고통스럽고 힘들더라도 계속해서 진지하고 진실 된 문학을 해나가겠다는 결심으로 보여 기뻤다는 것이다. "돈 많은 이들 앞으로 나 있는 길"을 과감히 버리고 "자꾸만 그 길로 향하려는 내 가난한 발길"을 다독이는 마음, 그 마음이야말로 진지하고 진실 된 문학의 시작 아니겠는가. 그리고 그는 그 마음을 "성공적인 계급 상승(?)"에도 불구하고 아직 그대로 간직하고 있다는 말 아닌가.

3

이제 정세훈 시인의 신작시들을 살펴볼 차례가 되었다. 이미 말한 것처럼 그동안의 10년 세월만큼 그도 많이 변했다. 작은 공장의 노동자였던 그는 현재 기독교 관련 신문사의 사장이 되었다. 헤어스타일도 안경도 변했다. 이제 핸드폰도 있고 자동차도 있다. 돈까스 아니라 함박스테이크도 그의 네 식구에게 한꺼번에 사 줄 수 있다. 그럼 그의 시는 어떻게 변했을까? 아주 다행스럽게 그는 여전히 작은 것, 약한 것에 관심을 보인다.

> 영하의 날씨에다 바람까지 세차게 불었다
> 이쪽저쪽 마구잡이로 흔들거리는
> 차창 밖 가로수의 앙상한 가지들이
> 차창밖엔 겨울바람이 세차게 불고 있다는 걸
> 말해주고 있었다

차창 밖은 매우 추울 거라고 짐작하고 있는
내가 탄 차창 안은 그러나 춥지 않았다
차창 안 온풍 통풍기에서 불어오는
따스한 기운의 훈풍이 나를 춥지 않게 했다
그렇게 내가 탄 겨울 저물녘 차창이
도시의 회색 건물들을 지나쳐 갈 무렵
저만치 어둠이 깔려오는 인적 끊긴 보도블록을 타고
파지를 가득 실은 어느 노파의
낡은 손수레가 다가오고 있었다
기우뚱기우뚱 다가오고 있었다

-「이방인」전문

그는 여전히 (비록 차 안이기는 하지만) "파지를 가득 실은 어느 노파의 낡은 손수레"에 눈길이 머물러 있고, 또 "저까짓 것 팔아 몇 푼을 벌겠냐 싶은 푸성귀들을 / 길가에 늘여놓고 흥정하는 노점상 할머니"(「맘」)에 여전한 관심을 보이고 있으며, "공장들이 다닥다닥 늘어서 있고 / 그 공장들을 목이 빠져라 바라보고 사는 / 공단마을 달동네가 있고 / 그 달동네에 벌집으로 가는 / 좁은 골목골목 길이 얼기설기 얽혀있고 / 그 골목길에 땀 젖은 발길들"(「숨결」)들에 애정을 보인다. 그는 또 이 세상을 진실 되게 산다는 것은 결국 "제 몸 스스로 떨어져 내려"(「화해」)모든 걸 버리"(「고목」)는 것이라는 것을 이미 깨닫고 있다.

외롭다 외롭다들 하는 이 세상에

정작 외로운 이는

외롭다 하지 않고

서럽다 서럽다들 하는 이 세상에

정작 서러운 이는

서럽다 하지 않고

괴롭다 괴롭다들 하는 이 세상에

정작 괴로운 이는

괴롭다 하지 않고

아프다 아프다들 하는 이 세상에

정작 아픈 이는

아프다 하지 않고

- 「정작 외로운 이는 외롭다 하지 않고」 전문

하룻밤에 수백만 원을 술값으로 날리는 자와 잠자리가 없어 온 가족이 거리로 나앉는 사람들이 공존하는 웃기는 세상, 그가 말한 것처럼 진실로 이 세상은 "정작 외로운 이, 정작 서러운 이, 정작 괴로운 이, 정작 아픈 이"들은 말하지 못한다. 그러면 어떻게 그들을 말하게 할 수 있을까. 그런 세상을 어떻게 만들 수 있을까? 그런 세상을 "어떻게 지펴야 제대로 지필"(「불씨」)수 있을까. 그 스스로 불씨가 되어.

4

물론 사람들이 늘 옛 생각만 하면서 살 수는 없을 것이다. 사람들은 가능하면 어려웠던 시절을 빨리 잊고 싶을지 모른다. 그러나 나는 정세훈 시인이 지금까지와 마찬가지로 그의 어렵고 고통스러웠던 과거를 잊지 않기를 바란다. 돈이 없어 온 식구가 함께 돈까스도 사 먹지 못하던 시절, 야근하고 돌아와 커튼 사이로 들어오는 햇볕을 피하며 낮에 억지로 잠을 청하던 시절, 노동조합도 없던 작은 공장에 다니던 시절, 아이들에게 헌 옷을 얻어다 입히던 시절, 하도 이사를 많이 다녀 주민등록표에 빈칸이 하나도 없던 시절을 잊지 말기를 바란다. 나보다 작은, 나보다 약한 사람들을 위한 마음이 변치 않기를 바란다. 함께 잘사는 세상을 만들어가는 꿈, 노동자들도 적어도 돈까스 정도는 마음 놓고 사 먹을 수 있는 세상을 만들어나가는 꿈을 버리지 말기를 바란다. 그것이 고통스럽고 어려운 길일지라도 현실의 "한복판을 뚫고 들어가", 현실에 "코를 들이밀고 입을 박"고 밀고 가기 바란다. 말똥구리처럼. 이 천박한 자본의 시대에 저항하면서. 참된 문학을 위하여. 진지하고 진실된 문학을 위하여.

(2006)

학교는 죽었다?
정평한론

1

9월 말쯤에 평한이에게서 전화를 한 통 받았다. "현수형, 나 평한인데, 부탁이 있어서 전화했어." '그림 그리는 놈이 나에게 무슨 부탁을 할 게 있다고 전화를 다 했지' 속으로 생각하며,

"그래 뭔데?" 했더니, "글 좀 하나 써줘야겠어" 했다. 나는 "무슨 글인데?" 하면서, 평한이가 '인미협'에서 만드는 계간지 '황해미술'의 편집 일을 하는 것을 알고 있었기 때문에 또 속으로는, 거기에 실릴 시나 한 편 보내라는 줄로 미리 짐작했다. "'인미협' 정기전 때 내 작품을 초대전 형식으로 함께 전시하기로 했는데 거기에 쓸 작가론 비슷한 거야, 형."

화가에 대한 작가론이라니, 시인이나 소설가에 관한 얘기는 그동안 더러 써 봤어도 화가 얘기는 한 번도 안 써 봤는데, 미술을 전혀 모르는 내가 무슨 작가론을 쓴단 말인가, 라고 속으로는 생각했지만 나는 덜컥 "그래, 알았어. 언제까지 써야 하는데? 그림도

한 번 보러 가야겠네? 내가 인천여고 미술실로 한 번 갈게. 그래. 4일 날 만나자. 그날 술도 한잔 하고."라고 얘기하고 말았다.

나는 평한이에게 빚을 지고 있었는데 내 세 번째 시집의 표지로 평한이의 그림을 쓰고도 그동안 술 한 잔 안 사 주고 있었다. 아마 평한이에게 가지고 있었던 그런 미안한 마음과 이번 기회에 그 빚을 갚으면 좋겠다는 알량한 계산속으로 작가론을 쓰겠다고 덜컥 대답했는지 모르겠다.

평한이를 언제 처음 봤는지 정확하게 기억이 나질 않는다. 구십 몇 년이던가, 내가 충남 대천고등학교에서 해직되고 나서, 집이 있는 인천으로 올라와 전교조 인천지부에서 일할 때인데, 어느 날 어떤 젊은 친구가 사무실을 왔다 갔다 했다. 복장 상태로 보아 선생은 전혀 아닌 것 같고, 대학생이라고 하기엔 약간 얼굴이 늙은 친구였는데, 도대체 무엇 하는 친구인지 알 수가 없어 옆에 있던 선생에게 물어봤더니, 인화여중에서 미술을 가르치는 선생이고 조합원이라고 했다. 아니 선생이라니, 무슨 선생이 저러고 다니지? 게다가 조합원이라고? 그의 겉모습과 복장 상태는 대학생 중에서도 아주 날라리 성 대학생에 속하는 모습이었다. 그래서 전교조 인천지부 부지부장으로 오랫동안 일했고, 지금은 10여 년 만에 인천기계공고에 복직해서 국어를 가르치고 있는 임병구 선생은 평한이에게 '전교조 오렌지족'이라고 별명을 붙였더랬는데, 그러나 알고 보면 사실은 평한이가 얼마나 삶에 대해 진지하고 속 깊은 친구인지, 그리고 얼마나 많은 일을 잘해 내는지 사람들은 잘 모른다.

2

97년인가, 정평한 선생의 첫 번째 개인전 때 나는 참으로 놀랐다. 어떻게 책상 위에 그림 그릴 생각을 다 했지? 이제 평한이 때문에 책상 위에는 아무도 그림을 못 그리겠군. 어떻게 아이들이 쓰다 버린 책상이 캔버스가 될 수가 있지? 그러나 한편으로 또 생각해보니 책상 위에 그림을 그리는 것은 너무나 당연하고 역사가 매우 오래된 일이었다. 책상은 학교가 생긴 이래로 모든 학생의 화판이었지 않은가. 연필로, 볼펜으로, 색연필로, 심지어는 칼로 우리들의 내면을 아주 솔직히 표현해 온 아주 훌륭한 캔버스였지 않은가? 그러므로 책상 위에 그림을 그리겠다는 생각은 생활과 예술을, 교육과 미술을 늘 일치시키려고 노력해온 화가이자 교사인 정평한 선생만이 할 수 있었던 평범하지만 아주 위대한 발견이었다. 그래서 첫 번째 개인전 때 정평한 선생은 이미 화단과 교단의 주목을 함께 받았고 언론의 화려한 스포트라이트도 아울러 받았던 것이었다.

우리 시대의 가객 정태춘이 한 인터뷰에서 그의 노래를 무엇이라고 생각하느냐는 질문에 '나는 나의 노래를 나의 일기라고 생각한다'라는 대답을 한 적이 있는데, 나는 그 말에 전적으로 동의하면서, 나에게 누가 정평한의 그림을 무엇이라고 생각하느냐고 묻는다면 나는 '정평한의 그림은 정평한의 일기'라고 확실하게 말하겠다. 일기를 쓸 때 사람들은 폼 잡지 않는다. 일기를 쓸 때 사람들은 자신도 모르는 헛소리를 지껄이지 않는다. 일기를 쓸 때 사람들은 겪어 보지도 않은 일을 상상으로 쓰지 않는다. 일기는 또 자신의 삶을 정리하고 반성하고 되돌아보게 한다. 나는 무릇 모든 예술은 공개된 일기 같아야 한다고 생각한다. 나는 시고 그림이고 간에 작품을 감상한다는 일은 일기를 공개한 이의 삶에 함께 들어가 그가 무엇을 고민하는지, 내 고민과는 어떻게 다른지, 그의 고민이 정당한지 알아보는 것으로 생각한다. 정평한은 그가 모르는 것은 그리지 않는다. 정평한은 없는 것을 억지로 꾸며서 그리지 않는다. 그리고 끊임없이 그가 화가로서 교사로서 올바른 길을 가고 있는지 그의 그림에, 동료 교사에게, 그가 가르치는 아이들에게 묻고 있다.

첫 번째 개인전에서 그는 책상이라는 캔버스에 걸맞게 들꽃 같은 아이들의 삶을 그려냈다. 그에게 아이들은 들꽃이다. 중학교에 근무할 때 비록 일주일에 한 시간씩이지만 전 학년 전체 반을 모두 들어가니, 아이들의 이름을 다 알 수가 없다. 이름을 모르니 들꽃이다. 들꽃은 누가 특별히 돌보아 주지 않아도 자기 자리에서 나름대로 빛을 발하며 생명력 있게 살아간다. 아이들도 그렇다. 그의 그림은 그가 늘 겪고 살아가는 아이들의 세계이다. 그의 그림은 쉬는 시간에 도시락 까먹는 아이, 아이들의 무거운 책가방, 아이들이 공부하는 교실, 국민교육헌장, 아이들이 손들고 서서 벌받는 모습, 빈 교실에 혼자 남아 물끄러미 앞을 바라보고 있는 아이, 책상 위에 엎어져 졸고 있는 아이, 어깨동무하고 깔깔대며 웃는 여학생, 몰래 숨어서 담배 피우는 남학생, 야간 자율학습을 끝내고 지친 표정으로 밤늦게 집으로 돌아가는 아이들이다. 그가 추구하는 그림의 내용은 그 자신도 잘 알지 못하는 무슨 아리송한 기호이거나, 무조건 아름답기만 한 이 세상에 없는 세계가 아니다. 그는 자기 삶을 둘러싸고 있는 현실을 가감 없이 그리려고 하고 있으며, 그것이 올바른 예술이라고 믿고 있다. 무릇 예술은 현실 있는 그대로 드러내고, 현실을 까발려 보여 주어야 한다고 생각하고 있다. 그러므로 그는 매우 철저한 현실주의자다.

3

지난 10월 4일 이번 전시회에 걸 작품들을 미리 둘러보는 호사를 누렸다. 그날 밤 인천여고 미술실에서 정평한 선생과 함께했던 두어 시간은 참으로 행복했다. 나는 주로 묻고 정평한 선생은 설명했는데, 사실 나는 그림은 설명이 필요 없어야 한다고 생각한다. 그냥 보고 느끼면 되는 것 아닌가? 그러면서 나는 그림을 보면서 또 책상을 합쳐 놓은 모양이 너무 도식적이라는 둥 쓸데없는 트집을 잡았는데, 사실은 뭐라고 얘기는 해야겠는데 별로 할 말이 없어서 그랬음을 정평한에게 고백해야겠다.

이번 전시회는 그의 첫 번째 개인전의 연속 선상에 있다. 정평한 선생이 전부터 얘기를 해왔고, 첫 번째 전시회에서도 「두밀리」와 「폐교-정산리」 등 몇 작품이 이미 선보였던 것처럼 이번 전시회는 주로 '폐교 연작'으로 구성되어 있다. 그는 방학 때마다 폐교 기행을 다녔다. 폐교는 우리 교육의 현실을 단면적으로 드러내고 있다. 그러므로 그의 이번 개인전은 작고 자유롭고, 창의적이며, 마을 공동체가 함께 숨 쉬는 아름다운 학교가 아니라, 크고 획일적이고 틀에 박힌, 지역과 무관한 학교를 지향해 가고 있는 우리 교육 현실에 대한 항변인 것이다. '통호에서 만난 가을'은 해남 땅끝 마을을 지나다가 만난 통호초등학교에 그의 유년기의 추억, 곤충채집을 함께 버무려 놓은 작품이다. 동네 형들을 따라나섰던 곤충채집, 잠자리, 메뚜기, 방아깨비, 여치를 따라가다가 풀에 베이기도 하면서 잡은 곤충을 내장을 꺼내고 나서 주사기에 소주를 넣어 주사해 말린 후, 아버지의 새 와이셔츠를 담던 상자에 솜을 넣어 방학 숙제로 내곤 했던 우리 어린 시절의 곤충채집, 아련한 우리 어린 시절의 추억들을 떠올리게 한다. '금기국민학교'는 교문에 달려 있었던 학교 팻말인데 좋은 오브제가 되겠다 싶어서 떼어 왔다. 잘 일치가 안 되는 그의 그림과 그의 겉모습에 혼란스러워 하는 사람들이 가끔 있는데 사실 그는 해남 땅끝 마을 출신이다. 그곳의 송지초등학교를 다니다가 6학년 때 인천으로 전학을 왔다. 그러므로 사실 그는 전라도 출신 촌놈이고, 이런 어린 시절을 실제로 겪어 본 사람이고, 아마 그는 이런 아련한 우리 어린 시절의 풍경들을 추억할 마지막 세대가 아닐까 하는 생각이 들기도 한다. 또 그의 그림에는 어린 시절 우리를 짓눌렀던 이승복 콤플렉스, 나도 공산당을 만나면 이승복 군처럼 용감하게, 목숨 걸고, '나는 공산당이 싫어요.'라고 말할 수 있었을까 하는 죄책감에 늘 우리를 사로잡히게 했던 그 이승복 군, 또 거의 모든 학교마다 하나씩 세워 놓았던 성웅 이순신 장군도 있고, 누나의 앨범에서 빌려

온 그림들도 있다. 종이 부조로 만든 도시락도 보이는데 그는 어릴 때 어머니와 떨어져 생활함으로 인해서 생긴 어린 시절부터의 안타까움이 있다. 엄마가 싸준 도시락을 한 번 먹어 보고 싶었던. 그는 이번 전시회에서 역사의 한 증인으로서의 실향을, 폐교의 안타까움을, 두고 온 고향의 냄새를, 그 옛날 그가 어릴 적 다니던 동네의 작은 학교를 다시 그림 위로 옮겨 오고 싶다고, 추억의 앨범을 다시 펴고 싶다고 말했는데 그의 이런 이번 전시회의 의도는 아마 성공하지 않았을까 하는 생각이 든다.

4

그러나 그의 그림을 다 구경하고 나서 내 마음속 한편으로 스멀스멀 기어오르는 한 가닥 쓸쓸함을 숨기지 못하겠다. 현재의 우리의 공교육 체제는 거의 무너져 가고 있다. 에버트 라이머는 이미 10여 년 전에 '학교는 죽었다'고 선언한 바 있지만, 현재의 우리의 교육 현실은 거의 파탄 지경이라고 할 수 있다. 학생들을 상대로 한 한 여론조사에 의하면, 만일 자기 의사대로 결정할 수 있다면 반쯤 되는 학생들이 학교를 그만두겠다고 했다. 더 이상 공교육에서 아이들이 기대할 것이 없다. 진도는 학원에서 나가 주고, 모든 지식은 인터넷 안에 들어 있다. 아이들에게 교사는 더 이상 존경의 대상도, 나보다 지식이 많은 사람도, 인격적으로 감화 감동할 대상도 아니다. 이제 현재의 공교육 체계에서는 졸업장을 따는 것이외에 더 이상의 의미를 찾기가 어렵게 되었다. 도대체 우리의 학교 교육은 어디로 가야 하는가?

왜곡된 교육 현실을 그냥 드러내기만 해서 우리 현실이 달라질 수 있을까? 폐교를 그려서 어쩌자는 것인가? 이제 현실주의자 정평한의 작품세계는 어디로 가야 하는 걸까? "책상 위에 그리는 그림은 이제 그만해야겠지요. 그러나 아이들과 교육에 관한 내 그림의 주제는 변하지 않을 거예요." 라고 그는 말했지만 약간 가슴이 답답해짐을 느낀다. 이제 앞으로의 그의 작품의 주제와 그의 작품세계와 그의 나아갈 길은 무엇이어야 할까? 그러나 한편 곰곰 생각해보면 사실 이런 고민은, 이후의 그의 작품세계는 사실 정평한 선생 혼자만이 아니라 나를 비롯한 교육에 몸담은 우리가 모두 함께 대답해야 할, 우리가 모두 함께 공동으로 책임져 나가야 할 일인지 모른다.

(2006)

친구가 되어 주실래요?
이태석 신부론

 수시 합격한 친구들은 여유가 좀 있겠고, 정시에 원서를 넣은 친구들은 또 정시 준비에 여념이 없겠지? 오늘은 선생님이 책 한 권을 추천하려고 해. 사실은 원고 청탁을 받고 너희들에게 김영갑 선생의 사진 에세이집, 『그 섬에 내가 있었네』를 소개하려고 했었어. 선생님이 요즘 사진에 빠져 있거든.
 "그의 사진을 쳐다보고 있으면 나도 모르게 스스르 눈에 눈물이 고이는 사진가가 있다. 그의 사진에 그의 삶이 겹쳐 보여서 그런 건지는 모르겠다. 어쨌든 그의 사진을 가만히 쳐다보고 있으면 눈물이 난다. 하늘과 바람과 구름과 바다와 파도와 들판과 풀과 꽃과 나무와 억새와 산과 오름과 해와 노을과 눈과 바위와 모래와 무지개…. 아니다. 우는 하늘과 움직이는 바람과 그 바람의 흔적과 흘러가는 구름과 울부짖는 파도와 누운 풀과 숙인 나무와 떠오르는 해와 지는 달과 흔들리는 억새와…. 외로움, 그런 것들. 사진을 보면 눈물이 난다니? 사진을 보면 외로워지다니? 그게 말이 되나? 거짓말인지 꼭 한 번 실험해 보시기 바란다. 김영갑이라는 사진가가 있었다. 1957년 충남 부여에서 태어났으나 고향을 떠난 후에는 다시 고향에 돌아가지 못했다. 서울에 살며 1982년부터 제주도를 오르내리며 사진을 찍다가 1985년 아예 제주에 정착했다. 그가 찍지 않은 것은 제주도에 없다. 막노동해서 필름을 샀고, 밥 먹을 돈으로 필름을 샀다. 폐교를 임대해 갤러리로 꾸밀 무렵 갑자기 손에 힘이 없어 셔터를 누르기 어려웠고, 이유 없이 통증에 시달렸다. 발병 원인도 알 수 없고, 치료 방법도 모르는, 서서히 근육이 굳어가는 루게릭병이었다. 굳어가는 근육을 움직여 '김영갑 갤러리 두모악'을 2002년에 열었고, 투병 6년 만인 2005년에 영면했다. 이승에서 48년을 살았다. 그의 뼈는 그의 갤러리 마당에 뿌려졌다. 두모악은 한라산의 옛 이름이다."

이런 식으로 원고를 거의 반쯤 썼는데, 오늘 다른 책을 소개하기로 갑자기 마음을 바꿨어. 그건 왜냐하면 모처럼 내가 어제 영화를 하나 보고 들어왔는데, 그 영화를 보고 난 감동을 좀처럼 주체하기 어려워서야. 책 소개한다면서 웬 영화 얘기냐고? 내 얘기 좀 들어 봐. 며칠 전 옛날 교육운동 하던 선배들과 송년회를 겸한 모임이 있었어. 그날 한 선배로부터 이 영화에 관한 얘기를 들었어. 서울시교육청과 L시네마와 협약을 맺어 서울시 교직원과 학생들에게 반값으로 영화를 보여 주기로 했다는 거야. 그리고 23일 텔레비전에서 다큐멘터리도 방영한다고. 꼭, 꼭 보라고.

23일 텔레비전에서 방영한 다큐는 바로 <이태석 신부, 세상을 울리다>였어. 그리고 내가 보고 온 영화는 <울지마, 톤즈>였고. 텔레비전을 볼 때도 그랬지만, 영화를 보는 내내 난 눈물과 함께 콧물까지 훌쩍여 옆 사람의 영화감상을 방해할 정도였어. 영화 제목은 '울지 마'였는데. 난 이 영화를 보면서 영혼이 참으로 아름다운 한 인간이 이 세상의 얼마나 많은 것들을 바꿀 수 있는지, 얼마나 많은 사람을 움직일 수 있는지 절실히 깨달았어. 난 영화를 보고 나오자마자 서점으로 달려가 그가 이 세상에 남긴 유일한 책 <친구가 되어 주실래요?>를 사서 단숨에 다 읽어 버렸어. 이제부터 그가 주인공인 영화 <울지 마, 톤즈>와 그가 이 세상에 남긴 유일한 책 『친구가 되어 주실래요?』에 대해 함께 이야기해 볼게.

'한국의 슈바이처'라는 별명을 가진 이태석 신부는 1962년 부산에서 가난한 집안의 10남매 중 아홉째로 태어났어. 9살 때 아버지가 돌아가셨고, 어머니는 홀로 삯바느질을 해 가면서 10남매를 키웠어. 집은 가난했지만, 이 신부는 어렸을 때부터 매우 다재다능했어. 특히 음악 쪽에 재능이 많아서 성당에서 혼자 풍금을 배우기도 했고, 기타도 독학으로 익혔어. 중3 때는 성가를 작사, 작곡하기도 했고 작곡 콩쿠르에 나가 상도 받았어. 공부도 잘해서 1987년 인제대학교 의대를 졸업했어. 그의 앞길은 당연히 장래가 보장된 순탄한 길이었지. 그러나 군의관으로 군 복무를 마친 그는 의사로서의 보장된 길을 과감히 포기하고 신부의 삶을 살기로 결심했어. 이미 형과 누나가 신부와 수녀의 삶을 살고 있어서 어머니에게는 너무나 죄송했지만 말이야. 광주 가톨릭대와 로마 살레지오 대학에서 철학과 신학을 전공한 그는 2000년 사제서품을 받자마자 살레지오회 소속 한국인 신부로는 처음으로 아프리카 수단에 파견됐어. 이곳은 그가 신학생 시절에 열흘 정도 봉사활동을 하던 곳이었어. 1990년 여름, 전쟁 중이었던 이곳을 처음 찾았을 때 하루 한 끼도 못 먹는 사람들, 전쟁으로 인한 손발 없는 장애인들, 한 동이의 물을 얻기 위해 몇 시간을 걸어가야 하는 아낙네들, 학교가 없어 온종일 빈둥거리는 아이들을 보고 그는 사제가 된 후 다시 이곳에 돌아오겠다고 결심을 했었거든. 수단으로 간 이 신부는 내전과 가난과 질병, 특히 말라리아, 콜레라, 장티푸스를 비롯한 전염병으로 고통받는 수단인들을 위해 헌신했어. 콜레라에 걸린 환자들은 수도꼭지에서 수돗물 쏟아지듯 구토와 설사를 했어. 이토록 환자들은 지천으로 깔렸으나 병원은 전혀 없었던 톤즈에 그는 맨 먼저 병실 12개짜리 병원을 지었어. 하루에 2, 3백 명의 환자들을 진료했어. 이 신부에게 가면 살 수 있다는 소문이 나자 100km 밖에서 며칠을 걸려 걸어오기도 했어. 그들이 밤중에 도착하면 이 신부는 자다 말고 일어나 치료를 해 줬어. 모두 가난한 곳이지만 정말 더욱 찢어지게 가난한 이들이 한센병 환자들이었어. 그들이 사는 곳은 집이 아니라 움막이었어. 그들의 뭉툭한 손과 발은 늘 고름이 흐르고, 상처투성이였어. 뭉개져 있는 한센인들의 발을 보고 늘 가슴 아팠던 그는 환자들의 발에 꼭 맞는 본을 떠서 이 세상에 하나밖에 없는 맞춤형 샌들을 만들어주었어. 그는 또 학교와 기숙사를 세웠어. '예수님이라면 이곳에 학교를 먼저 지으셨을까, 성당을 먼저 세웠을까, 아마 학교를 먼저 세우셨을 것 같다'라고 스스로 묻고 답하면서, 직접 학교 지붕 위에 올라가 못을 박는 등 학교를 지어 가난한 어린이들을 가르쳤어. 그는 수단의 아이들에게 '배고픔을 달래 주기보다 자립할 용기'를 주고 싶었지. 비록 두 명 앉는 의자에 4명씩 앉아 공부했지만, 수학은 직접 가르치기도 했어. 전기가 없는 그곳에서 그는 직접 태양열로 전기를 만들었어. 백신 등을 보관하기 위한 냉장고 때문에 전기가 꼭 필요했지. 어렵게 만든 전기를 당연히 아껴서 썼지만 24시간 전기를 켜게 한 곳이 있었어. 아이들이 공부하는 기숙사였어. 그는 전쟁과 가난으로 생긴 아이들의 상처를 어루만지고 치유하기 위해 음악을 가르치기 시작했어. 35인조 '브라스 밴드'를 만들었지. 트럼펫, 트롬본, 클라리넷 등 그도 직접 만져 보기는 처음인 악기들 속에 끼어 있는 설명서를 보고 혼자 익혀 아이들을 가르쳤어. 소년병으로 끌려가 총과 칼을 잡았던 아이들의 전쟁 상처를 음악으로 치유해 주려고 했어. 연주가 끝나면 아이들은 '총과 칼을 녹여 클라리넷과 트럼펫을 만들면 좋겠다'라고 말했어. 물론 청소년들과 함께하는 삶에 많은 어려움이 따랐지만, 그는 늘 '청소년들과 함께 하는 삶의 여정은 맨발로 장미 덩굴을 걷는 것과 같다'라는 돈 보스코 성인의 말을 떠올렸지. 그는 한센병 환자들의 손가락도 없는 뭉뚝한 손을 따뜻하게 감싸 쥐었고, 환자들의 고름과 피가 흐르는 상처를 손으로 닦아 줬어. 헐벗은 이들에게 옷을 나눠 주었고, 총 대신 책과 악기를 쥐여 줬어. 그는 그들 곁에 늘 함께 있어 주었어. 그런데 하나님의 무슨 계획이었는지, 2008년 2년 만에 휴가차 돌아온 한국에서 지인들의 권유로 건강검진을 받았는데, 천만뜻밖에도 대장암을 선고받았어. 선고받고 그가 가장 먼저 한 걱정은 수단의 아이들에게 돌아가지 못하는 것이었어. 그는 말기 암 선고를 받고도 수단 어린이들을 후원하기 위해 조직되어 있던 '수단장학회'가 후원금 마련을 위해 연 음악회 무대에 올라가 기타를 치며, 환하게 웃으며, '내가'라는 노래를 불렀어. 그동안 내가 부르고 들었던 '내가'라는 노래 중 가장 슬펐던 노래. 오직 수단 톤즈로 돌아갈 생각뿐이었던 이 신부는 결국 지난 1월 14일 안타깝게도 수단이 아니라 하늘나라로 돌아가고 말았어. 그가 이승에서 마지막 한 말은 '모든 게 좋아요'였어. 그는 담양의 천주교 묘역에 묻혔어. 영화에서 그가 연주하는 '아드린느를 위한 발라드'를 들을 때 난 나오는 눈물을 닦을 새도 없어서 그냥 흐르는 대로 내버려 뒀어. 이제 더는 그의 연주를 들을 수 없어서였을까? 이 신부가 생전에 밴드부 아이들에게 가르친 노래, 수단의 브라스밴드부 아이들이 검은 눈물을 흘리며 부르는 '사랑해'라는 노래가 그렇게 슬픈 노래인지 처음 알았어.

'사랑해 당신을 정말로 사랑해 당신이 내 곁을 떠나간 뒤에 얼마나 눈물을 흘렸는지 모른다오. 예- 예- 예- 사랑해 당신을 정말로 사랑해. 멀리 떠나버린 못 잊을 임이여 당신이 내 곁을 떠나간 뒤에 밤마다 그리는 보고 싶은 내 사랑아 예- 예- 예- 사랑해 당신을 정말로 사랑해. 사랑해 당신을 정말로 사랑해'

아, 마침 오늘은 크리스마스네? 이 땅에 평화를 주러 오신 예수님이 태어난 날. 예수님의 뜻과는 정반대로만 치달아가는 오늘 우리의 현실. 우리나라의 현실. 예수님을 꼭 닮은 이태석 신부, 그가 가진 모든 것을 아낌없이 다 바쳐, 예수님처럼 목숨까지 다 바쳐 그 스스로 예수님이 된 이태석 신부가 더욱 그리워지는, 오늘은 크리스마스. 그가 8년간 수단에서 헌신하면서 사람들로부터 가장 자주 받았던 질문과 이 신부의 대답으로, 이 신부의 영화 <울지마 톤즈>와 그가 이 세상에 남긴 유일한 책 『친구가 되어 주실래요?』에 대한 내 이야기를 마치려고 해.

'꼭 신부가 아니더라도 의술로 많은 사람을 도울 수 있는데 왜 꼭 신부가 되실 결심을 하셨나요? 한국에도 가난한 이들을 위한 일들이 많은데 왜 그 먼 아프리카까지 갈 생각을 하셨습니까?'

'가장 보잘 것 없는 형제 한 사람에게 해 준 것이 곧 나에게 해준 것이다(마태복음 25장 40절)'

(2011)

'이화자' 되살리기
이화자론

인천의 젊은 대중음악평론가 나도원이 쓴 책 『시공간을 출렁이는 목소리, 노래』를 재미있게 읽었다. 그런데 이 책을 읽으면서 인천에 관한 내 공부의 부족함이 몹시 부끄러웠다. 그건 다름 아닌 일제 강점기에 이화자라는 전국적으로 유명한 가수가 인천에 존재했었다는 사실을 전혀 몰랐기 때문이었다.

잠시 이 책 33쪽의 내용을 옮겨보자.

"1917년 혹은 1918년에 인천(부평)에서 태어난 것으로 알려진 여인이 있다. 어떤 사정인지 술집 작부가 된 그의 노랫가락 솜씨가 하도 뛰어나 서울에 알려질 정도였다. 급기야 작곡가 김용환이 부평의 어느 술집에서 그 목소리를 듣게 된다. (중략) 큰 인기를 얻고 여러 음반사를 거치며 성공한 이화자는 가요계의 이슈가 됐다. 목포에 이난영이 있다면 인천에 이화자가 있는 것이다."

이화자에 대한 자료를 더 찾아보니 책에 나온 정보 이상의 것들은 잘 보이지 않는다. 본명은 이순재 또는 이원재라고도 하는데 이름도 불확실하지만, 출생이나 성장에 관한 내용이 거의 알려져 있지 않다. 그녀 자신은 언제 어디서 태어났는지 평생 입 밖에 내지 않았다. 아마도 1910년대 후반기에 어느 빈한한 가정에서 태어나 남의 집 더부살이를 해온 듯하다.

보통학교를 졸업한 뒤 기생이 되어, 1935년 당시 인천 권번 소속으로 술집에서 노래를 부르게 되었다. 인천에 노래를 잘 부르는 기생이 나타났다는 소리가 김용환의 귀에까지 들어갔다. 당시 가수 겸 작곡가로 활동하고 있던 김용환이 처음 이화자를 만난 때는 1935년 무렵으로 알려져 있다. 이화자가 가수로 데뷔할 수 있었던 배경에는 김용환의 전폭적 지원과 배려가 있었다. 1938년 가을 무렵 오케레코드 전속이 되어 12월에 <꼴망태 목동>과 <님전 화풀이>를 첫 음반으로 발표했는데, <어머님전상백>, <화류춘몽>, <화륜선아 가거라>, <살랑 춘풍>, <신작 노들강변>, <초립동> 등 이화자가 발표한 곡은 무려 130곡 이상이나 확인된다고 한다.

이화자는 당시 가요계를 대표하는 신민요 가수로 큰 인기를 누렸다. '초립동'을 배우려는 사람들이 전국의 레코드 상점 앞에 구름처럼 모여들었고, 이화자의 사진과 가사가 인쇄되어 레코드 상점마다 배포될 정도였다. 1940년 봄, 이화자는 자신의 전기를 그대로 옮겨 놓은 듯한 노래 '화류춘몽'을 발표했다. 이 노래는 당시 화류계 여성들의 처지를 그대로 대변한 작품이었다.

광복 이전에는 절정의 인기를 누렸으나 광복 이후 별다른 활동을 하지 못했다. 평소 담배를 많이 피우던 이화자는 1940년대 전반에 이미 심각한 아편중독 증상을 보이었으므로, 그것이 광복 후 가수 활동을 제대로 하지 못한 것에 영향을 미쳤을 것이다. 순회 공연 중에도 아편이 떨어지면 금단증상을 보였다. 이 무렵 녹음한 친일가요 <목단강 편지>가 그녀의 마지막 히트곡이었다. 1945년 해방이 되었지만 이미 마약중독자 이화자의 삶에 광복은 없었다. 오로지 비참한 생활고와 고독만이 그녀와 함께했다. 그리고 한국전쟁이 나던 해, 이화자는 차디찬 방에서 홀로 세상을 떠났다(이상 김윤식, 이동순의 글 참고).

목포의 이난영은 유달산에 노래비도 서 있고, 버튼을 누르면 즉석에서 비 앞에서 노래도 들을 수 있는데, 당시에 그렇게 유명했던 인천의 이화자는 나를 비롯해 인천사람들 대부분 아는 이가 없다. 도대체 왜 이렇게 되었을까? 짐작건대 그녀가 사고무친한 출신에 세상에 혈육 한 점 남기지 못하고 세상을 떠난 게 중요한 이유일지 모른다. 그리고 그녀가 일제 강점기 친일 군국가요를 불렀기 때문인지도 모른다.

인천에서 '이화자 되살리기' 운동을 시작하자. 먼저 이화자의 노래를 찾아 듣자. 이화자가 인천 또는 부평에서 태어났는지 이화자가 인천 또는 부평 어디에서 노래했었는지 찾아보자.

그녀의 공과를 그대로 기록하자. 그래서 과가 용인할 만한 수준이라면 인천이나 부평의 적당한 장소에 '노래비'를 세우자. 있는 것도 지키지 못하고 없애 버리는 우리 인천에 '이화자 되살리기'는 너무 과분한 과제일까?

(2013)

선한 영향력
박상윤론

사람도 인연이 있듯이 책도 다 인연이 있다. 박상윤 대표가 쓴 『선한 영향력』이란 책이 그렇다. 박상윤 대표와는 학교 후배인 장재홍 시인의 소개로 페북 친구가 된 사이인데, 그냥 상해에서 크게 성공한 사업가인 줄만 알았지 그가 책을 썼다는 사실은 몰랐었다. 후에 장재홍 시인에게 얘기를 들으니, 이 책을 읽고 큰 감동을 하여 일부러 휴가까지 내고 상해에 가서 박 대표를 만났다는 거다. 박 대표의 말대로 '아름다운 인연의 명령'이다. 책 표지를 보니 '2008년 상해에서 1인 기업으로 창업해 5년 만에 연 매출 400억 규모의 강소무역회사로 일궈낸 박상윤 대표의 진심경영 스토리'라고 쓰여 있었다. 그는 이 책에서 '(내가) 사회에 기여한다는 것은 바로 우리 회사 안에 있는 직원들에게 먼저 잘하는 것으로부터 출발해야 바람직하다고 생각한다.'라고 말했다. 그래서 그는 스마트폰이 흔하지 않을 때 전 직원에게 스마트폰을 사 줬고, 회사 창립 기념일마다 전 직원과 함께 제주, 전주 등으로 해외여행을 했는데, 놀랍게도 제주도를 다녀온 2012년에는 전년 대비 100% 성장을 했다. 이 책에서 가장 감동적인 장면은 그의 운전기사로 입사한 분 중 3명이 모두 그 회사의 중견 임원이 됐다는 사실이다. 그는 현재 연 매출 2조에 도전하는 한편, 『선한 영향력』을 계기로 작가로도 이름을 알리고 있다. 그의 도전의 끝이 어디일까 궁금했는데, 이번에 또다시 '그의 인생의 두 번째 책'을 낸다면서 나에게 추천사를 부탁해 왔다. 페북 친구이기는 하나 아직 얼굴도 안 본 분의 책에 추천사를 쓴다는 게 약간 저어되기도 했지만, 그의 말대로 '아름다운 인연의 명령'으로 알고 몇 자 적기로 했다. 우선 『나는 한 살이다』라는 책 제목이 재미있다. 지금까지 살아온 50년을 과거로 돌리고, 인생을 '리부팅'하여 새로운 50년의 삶을 살겠다는 거다. 그래서 '나는 한 살'이라는 거다. 새로운 삶의 가장 중요한 부분은 '글쓰기'라는 거다. 그래서 매일 책을 읽고, 매일 한 꼭지의 글을 쓰겠으며, 그것을 모아 일 년에 한 권씩 책을 내겠고, 그래서 그의 삶을 정리하는 100세쯤에는 책 50권을 가진 작가가 되겠다는 거다. 『선한 영향력』을 내기 전에는 50년 동안 문장을 써본 일이 없다는 분치고 놀랍고도 대단한 결심이 아닐 수 없다. 그가 바란 대로 100세까지 건강하게 살아서, 책도 50권 내고, 돈도 '왕창' 벌어서, 선한 일에 '엄청' 기부했으면 좋겠다. 그가 계획하고 있는 엄청난 포부와 앞으로의 놀라운 도전을 나는 지켜보지 않을 도리가 없는 것이다. 박 대표의 건투를 빈다.

(2014)

그래서 우리는 친구 아닌가?
최성수론

"시가 무엇을 위한 것이란 말인가? 만약 인류의 몸에 난 부스럼을 인류에게 보여 주지 않는다면, 만약 수천수만 사람들의 가슴 속에 숨어 있는 소원을 드러내 주지 않는다면, 만약 보다 아름다운 사상을 사람들에게 가르쳐주지 않는다면, 만약 오늘 실망하고 있는 사람들에게 또 내일이 있다는 것을 알려주지 않는다면, 시가 무엇을 위한 것이란 말인가?"

- 「애청」

1

사랑하는 친구, 최성수 시인의 다섯 번째 시집 『물골, 그 집』을 여러 번 읽었다. 약간의 과장을 보태면 내 시집을 낼 때보다도 더 많이 읽었다. 시집을 읽으면서 계속 내 머릿속을 떠나지 않았던 장면이 하나 있다. 최성수가 자신의 SNS 담벼락에 올렸던, 눈 수

술을 하고 나서 무시무시한 안대를 끼고 찍은 사진이다. 최성수는 아프다. 몸이 아픈지는 꽤 오래됐다. 여러 가지 병을 조금씩 앓고 있지만, 그중 당뇨가 가장 심하다. 당뇨는 다 아는 것처럼 후유증이 무서운데, 최성수는 그 후유증이 눈으로 왔다. 낮에만 간신히 운전할 수 있고 밤에는 운전할 수 없다. 최성수는 아주 오래전부터 매끼 식사 전에 자신의 배에 자가 주사를 놓는다. 그래야 별 탈 없이 식사를 계속할 수 있다. 아니 살 수 있다. 난 쳐다보기도 어려운데 본인은 오죽할까? 고통도 오래되면 익숙해지나?

처음 발병했을 때, 의사는 도대체 이유를 모르겠다고 했다. 본인도 역시 전혀 이유를 찾을 수 없었다. 병이라는 게 약간의 예감이 있는 법인데, 갑자기 이유 없이 그를 찾아왔다. 그러나 잘 따지고 보면 이유가 없는 게 아니다. 그의 병은 해직과 함께 왔다. 그것도 해직교사들을 복직시켜 달라는 운동에 앞장섰다가 해직됐다. 그러므로 최성수의 병은 개인의 잘못에서 온 게 아니다. 사회적인 병이다. 다시 말하면 최성수의 병은 '산재'인 것이다. 하기야 이 세상은 우리 아이들을 좀 더 좋은 환경에서 좀 더 좋은 내용으로 좀 더 잘 가르쳐 보겠다는 전교조 교사들을 1500여 명이나 해직시켰고, 그 해직이 부당하다고 복직시켜달라고 한 최성수를 비롯한 교사들 수십 명을 또 해직시켰다. 최성수의 시 「여주」를 어찌 아무 느낌 없이 읽을 수 있겠는가? 하기야 투쟁의 과정에서 이광웅 시인, 정영상 시인, 신용길 시인처럼 죽지는 않았으니 최성수는 그나마 다행스러운 경우인가?

한때 여주에서 늙어가고 싶었다

어린 당나귀 한 마리 벗 삼아

두텁나루에 빈 낚싯대 던져두고

섬강 물살처럼 천천히 흐르고 싶었다

하루 종일 아무도 오지 않는 강원도 산골에서

이제 나는 고집 센 늙은 당나귀 같은 아내와

낚싯대 대신 앞산 그늘이나 바라보며

멍하니 늙어간다

아내는 고집스레 내 병에 좋다는 여주로 만든 음식을 해댄다

여주에 사는 대신 여주를 먹으며

나는 때때로 오래전 가르쳤던 여주란 아이를 떠올리기도 하고

여주 고을처럼 곱게 늙어가는 법을 생각하기도 하지만,

생은 여주의 맛처럼 지독히 쓰고 조금만 상큼할 뿐이다

그저 그 쓴맛을 달게 받아들이며

남은 세월을 견뎌내는 것,

그 끝에는 텅 비어 고운 노을이 남아 있으리라고

나는 믿고 싶은 것이다

올해도 내년에도 여주는 울퉁불퉁 자라다

끝내 곱게 붉어질 것이다

-「여주」 전문

최성수는 명퇴 후 그의 고향 강원도 횡성군 안흥면 보리소골로 내려왔다. 초등학교 5학년 때 떠난 고향을 아픔 몸으로 돌아왔다. 물론 서울살이를 하면서도 방학이나 주말에는 계속 내려와 살았으므로 아무 준비 없이 내려온 건 아니다. 고향 안흥에서 구십이 훨씬 넘은 아버님을 모시고 당나귀 같은 아내와 살고 있다. 최성수는 그의 고향 안흥에서 봄을 살았다. 그리고 여름을 살았다. 가을을 살았고, 겨울을 살았다.

잘 있거라, 눈부신 새잎의 시간이여
숲 아래서 더 깊어지는 그늘의 자리여
오래 춥고 잠시 따사로웠던
짧은 시절은 이렇게 잠들고 말리니

냉이꽃대 단단하게 힘 오르고
잡초들 더 굳세게 땅바닥 움켜쥐고 견디는
땡볕의 시간이 저기 다가온다

피어서 사랑스럽지 않은 꽃이 어디 있으랴
봄날에 빛나지 않는 사람이 어디 있으랴
나 또한 그렇게 사랑스럽고 빛났으니

이제는 툭툭 자리를 털고 떠나야 할 때
그러니, 잘 있으라

덧없고 쓸쓸한 시절 또한 잘 있으라

꽃은 지고,
바람은 불고,

이렇게
봄날은 간다
-「봄날은 간다」 전문

딱새 새끼가 알을 깨고 나올 때
백도라지꽃 입 벌리고 햇살 쬘 때
미처 못 뽑은 배추 꽃대 키울 때
골짜기 저 혼자 깊어질 때
가을을 살고 겨울을 살았다.
-「여름」 전문

하얗게 서리 내린
아침

마당 가 마른 꽃잔디 위에
다람쥐 한 마리 앉아 있었다

그 눈빛이 처연했다

한낮엔

지는 잎보다 가벼운 가을 햇살 위를

어린 살모사 한 마리 느리게 지나갔다

징검돌 하나만 한 길을

두어 각 동안 온몸으로 걷던

그의 몸짓이 아련했다

저녁이 되기 전에

서둘러 찾아온 어둠이 길게 눕는

산마을

아무 일도 없었다

아무도 찾아오지 않아

마음이 텅 빈 채 가득했다

짧고 긴

가을날

- 「가을 하루」 전문

김장을 하는 동안

찬바람이 불었다

나무도 겨울날 준비를 하는지
제 몸을 말리기 시작한다

떨어진
나무의 살점 하나
마당에 던져놓고 호시탐탐

스며들 기회를 엿보는
겨울

- 「나무의 살점을 보다」 전문

그렇게 일 년을 살았고 십 년을 살았다. 그의 고향 안흥은 아침이면 자욱하게 깔리는 안개, 안개를 헤치며 울어 대는 새소리가 있고, 그가 직접 심은 잣나무와 낙엽송도 있고, 산짐승들이 넘어오지 못하게 울타리까지 두른 텃밭도 있고, 작은 정자와 정자 옆을 흐르는 시냇물도 있고, 그와 아버지가 함께 가꾸는 계절별로 피는 온갖 꽃이 있고,(그래서 네 번째 시집 이름이 『꽃, 꽃잎들』이다) 비닐하우스도 있고, 심지어 표고버섯까지 키우고 있지만, 그래서 그를 가르치고, 그를 치유해 주고 있지만 그러나 그의 고향 안흥도 지상낙원은 아니어서 다른 여느 농촌처럼 '시바'라는 욕을 입에 달고 살아도, 욕을 아무리 해 봐도 풀리지 않는 농민들의 분노가 있고, 일 년 뼈 빠지게 토마토 농사를 지었으나 한 상자에 칠

백팔십칠 원밖에 안 쳐 주는 현실에 절망하는 하우스 토마토 농사꾼 마을 청년회장이 있고, 삼 년 공들여 키운 백도라지 값이 도라지 캐는 품도 안 되는 명록 씨가 있고, 그들을 속절없이 지켜볼 수밖에 없는 최성수가 있다. 그래도 어쩌랴. 살아야 할 이유가 있으니 살아야 하고 살아가야 할 이유가 없어도 살아야 한다. 나이 먹고, 살아가고 또 나이 먹는 게 어쩔 수 없는 우리 삶 아닌가? 우리 벌써 '가을 하루 같은' 나이 아닌가.

곰취 네 포기 산비탈에 옮겨 심고,

배추벌레 서너 마리 잡아주고,

늦도록 웃자라는 하우스 안 잡초 몇 포기 뽑아주고,

하루 사이 발갛게 익은 고추 여남은 따 말리고,

빗줄기 오락가락하는 하늘만 바라보다,

어느새 어둑어둑해지는,

가을 하루 같은,

나이

-「예순」전문

2

최성수는 초등학교 때 고향 안흥을 떠났다. 아버지 등 식구들과 서울로 올라가서 정착한 곳이 바로 성북동이다. 성북동, 아, 최성수에게 그건 얼마나 다행스러운 일인가? 성북동, 서울이되 서울 같지 않은 곳, 몇 년 전까지만 해도 서울에서 아파트가 없었던 유일한 곳. 최성수의 제2의 고향 성북동은 강원도 출신 최성수에게는 가장 맞춤한 동네였고, 최성수 등의 노력으로 성북구는 현재도 서울에서 공동체가 살아 있는 동네 중의 하나다. 그러니까 최성수는 강원도 안흥초등학교에 입학해서 서울 성북초등학교를 졸업했다.(그의 두 아들도 모두 성북초등학교 출신이다.) '세 살짜리 계단'이 있는 성북동 산3번지 비탈길은 최성수의 또 하나의 고향이다.

그리운 것은 모두 두고 온 그 마을에 있으니,
성북동 산 3번지 비탈길을 오르면 나는
세월을 거슬러 소년이 된다

서울에 올라와 처음 집을 갖게 된 아버지는
마당 귀퉁이에 작은 화단을 꾸몄다
농부인 아버지의 기억이 담겼던 그 집
삼백만원에 샀던 무허가 블로크 집에서는
한겨울이면 대접의 물이 꽁꽁 얼었다
세월처럼 바래고 낡아 마침내는 제 몸조차 가누지 못했던
그 집
세 살짜리 계단을 걸어올라 한참 숨이 차야 만날 수 있던 녹슨 철
대문과
비가 오는 날이면 청량리역에서 기차의 울음소리가 들려오던 다

락방

　한양도성을 마주 보며 양지바른 언덕에 옹기종기 모여 있는 그 마을에서
　나는 소년이 되고, 청년이 되고, 마침내는 아버지가 되었다
　성북동 산 3번지
　철거반과 맞서 똥물을 퍼부으며 싸웠던 사람들이 눌러살던 곳
　제 몸을 부숴버린 블로크 대신
　새로 벽돌집을 지은 아버지는 담장 아래 장미를 심었다
　오월이면 담장을 넘어 늘어지던 장미는
　재개발의 광풍을 먹먹하게 바라보고 있을까?
　아버지와 함께 심은 향나무도
　늙어 숨을 거둔 그 집
　집집마다 대추나무 한 그루씩 심어 가을을 맞았던 그 동네
　이제 젊은이들은 마을을 떠나 세상으로 나가버리고
　나이 든 어른들만 옛집처럼 늙어가는 곳
　3번지를 날던 비둘기가 사라지고 남은 하늘은
　오늘도 여전히 청청 눈부시다
　- 「성북동 산 3번지 그 집」 중에서

　최성수는 지난 2013년 성북동에 오래 살고 있는 동무들과 힘을 모아 계간지 <성북동 사람들의 마을 이야기>도 펴냈다. 나도 그 계간지에 「성북동 골목길 기행기」를 기고한 적이 있다. 최성수는 성북구 마을만들기지원센터의 지원을 받아 성북동을 사랑하는

주민들의 모임 '성북동천'도 만들었다. 또한, 시인, 가수들을 초청해 정기적으로 시 콘서트도 연다. 나도 그 모임에 제일 먼저 초대받아 간 적이 있다. 성북구는 간송미술관, 길상사, 성락원, 심우장, 선잠단지, 최순우 옛집처럼 잘 알려진 곳이 많지만, 그것들이 주민들과 따로 떨어져 있는 게 아니라 주민들과 숨결을 같이 한다. 문화재가 문화재인지 모르고 산다. 길을 가다가 쉬고 싶으면 고색창연한 한옥이 카페로 변신한 산수다향에 들어가 십전대보탕을 마시거나, 배가 고프면 '디미방'으로 들어가 비지찌개랑 청국장을 먹거나 '생의 뜨거운 국밥 한 숟가락' 뜨면 된다. 커피가 마시고 싶으면 '날아라 코끼리'로 간다. 길상사 공양 갔다가 꽃에 홀려 꽃 공양만 하고, 돌아오면서 해동 꽃농원에 들러 꽃 한 송이 사서 집으로 돌아온다. 한복을 맞출 일이 생기면 혜윰 한복에 가면 되고 정말 속상한 일이 생겨 낮술 한잔하고 싶으면 '낮술'에 가면 된다. 성북동의 봄은 영순 씨네 집 매화나무에서 온다. 성북동의 골목은 큰길에서 마을 끝으로 실핏줄이 되어 흐른다. 그래서 성북구는 공동체가 살아 있는 곳이다. 그가 태어난 고향이 물 맑고 산 깊은 강원도란 점, 그리고 평생을 살았던 곳이 성북구라는 점, 그리고 자식들은 성북구에 두고 부인과 함께 다시 고향 강원도로 돌아가 아버님을 모시고 살고 있다는 점에서 최성수는 적어도 땅과 관련해서는 복이 참 많은 사람이다. 성북구 버스정류장 곳곳에 붙어 있어 많이 알려졌지만, 탤런트 김남길이 낭송한 게 인터넷에 떠다녀 더 유명해진 시, 어쩌면 성북구가 최성수 시인을 살리고 있는 것이 아니라 최성수 시인이 성북구를 살리고 있는지도 모를 일이다.

천천히 흐르고 싶은 그대여,
북정으로 오라.
낮은 지붕과 좁은 골목이 그대의
발길을 멈추게 하는 곳
삶의 속도에 등 떠밀려
상처 나고 아픈 마음이 거기에서
느릿느릿 아물게 될지니.

넙죽이 식당 앞 길가에 앉아
인스턴트커피나 대낮 막걸리 한 잔에도
그대, 더없이 느긋하고 때 없이 평안하리니.

그저 멍하니 성 아래 사람들의 집과
북한산 자락이 제 몸 누이는 풍경을 보면
살아가는 일이 그리 팍팍한 것만도 아님을
때론 천천히 흐르는 것이
더 행복한 일임을 깨닫게 되리니.

북정이 툭툭
어깨를 두드리는 황홀한 순간을 맛보려면
그대, 천천히 흐르는 북정으로 오라.
- 「북정, 흐르다」 전문

3

이 시집의 발문을 쓰기 위해 최성수의 옛 시집들을 꺼내 다시 읽어 보고 있던 지난 4월 24일, '라오스방갈로초등학교를 돕는 모임(방갈모)'의 라오스 현지 담당 이사인 김경준 작가가 사진을 몇 장 보내왔다. 동네 사람들이 모두 나와 일을 하고 있는 사진이었다. 드디어 산 위에 받아 놓은 물을 학교까지 끌어오기 위한 공사가 시작됐다. 그동안 아이들의 학용품과 옷가지와 구급약 등은 말할 것도 없고, 학교 담장도 만들어 줬고, 교무실 컴퓨터도, 교장 선생님 휴대전화도 사 드렸고, 지난겨울에는 직접 찾아가 학교 건물에 페인트칠도 했지만, 이번 사진은 마음속에 색다른 감동이 일어났다. 황간역에서 성황리에 끝낸 라오스방갈로초등학교 급수 시설 마련을 위한 전시회, 음악회의 여운이 아직 가시지 않아서 그런 건지도 모르겠다. 최성수 시집 얘기하는 자리에서 뜬금없이 방갈로 모임 얘기는 왜 끌어들이느냐고 물을 수 있겠다. 그런데 절대 뜬금없지 않다. 왜냐하면, 라오스의 김경준을 내게 처음 소개해 준 사람이 바로 최성수 시인이기 때문이다. 한 사람과의 인연의 힘은 이토록 넓고 크다.

명말 청초 위기의 시대를 대표하는 개혁적 계몽사상가 고염무는 "만 권의 책을 읽고, 만 리 길을 다녀라. 讀萬卷書 行萬里路"라고 말한 바 있는데, 최성수는 고염무의 말을 실천하려는 듯 방학만 되면 세상 이곳저곳을 주유했다. 고비, 치앙마이, 둔황, 시안,

투루판, 카라쿨, 집안 등을 돌아다녔다. 그는 중국 운남 기행집 『구름의 성, 운남』이란 책을 쓰기도 했는데 그가 주로 다닌 곳은 문명의 첨단을 달리는 화려하고 요란한 여행지가 아니라 정반대로 조용하고, 소박하고, 따뜻한 인간의 정이 아직 살아 있는 곳들이었다. 그래서 중국에서도 운남성이나 귀주성 같은 소수민족들이 사는 곳이었다. 새벽 미명의 얼하이 호수, 호도협, 차마고도, 샹그릴라, 웬양의 다랑논, 리장 고성 같은 곳들이었다. 베트남의 호이안 작은 이발소, 무이네 수오이띠엔계곡, 달랏역, 꺼호족 락즈엉 커피마을, 미토섬 같은 곳들이었다. 그리고 나에게 김경준을 소개해 준 라오스의 시판돈, 루앙프라방, 방비엔, 비엔 티엔, 콩로 동굴마을, 탐푸칸 같은 곳들이었다. 탐푸칸은 방비엥에 있는, 블루 라군으로 널리 알려진 곳이다. 최성수는 풍경 속에서도 사람을 본다. 미토 섬에 가서는 스물다섯 살 어린 선장이, 왓푸 사원에 가서도 순례자들을 위해 참파꽃 쌓아 놓는 소녀가 먼저 들어온다. 블루 라군에 가서도 마흔 몇 해 전 자신의 누이들을 떠올린다. 최성수에게 여행은 풍경과 아울러 이곳의 우리와 다르지 않은 사람을 찾으러 다니는 길이다.

마흔 몇 해 전 내 누이들
저기 걸어가네
고사리 배추 따위
푸성귀 한 망태기 메고
새벽시장 어스름에 떨던 아이들

비 그친 진흙길을
맨발로 돌아가네

북쪽 마을에서는 몇십 마리
물소가 얼어 죽었다는
갑작스런 추위 속을

그 누이들 환하게 웃으며
돌아가네

등에 멘 망태기에는
못 팔고 남은 푸성귀가
반 넘어나 남았는데

남은 야채도 시린 추위도
그 웃음 지우지 못하네

사십몇 해 전 십릿길 걸어
오일장 갔던 내 누이들
이제야 돌아오네
- 「탐푸칸 가는 길」 전문

4

최성수는 교사 시절 그 누구보다도 열심히 학교에서 제자들을 가르쳤고, 또한 전교조 일을 열심히 했다. 해직 결정이 되고 마지막 수업 종이 울리기도 전에 교실을 나와 버려 두고두고 마음에 걸렸고, 해직된 후 아들 소풍 가는 날 닭장차에 끌려가기도 했고, 아버지가 농사지은 사과를 팔러 친구가 근무하는 학교에 가져가기도 했다. 퇴직금마저 거덜 난 통장을 보며 몰래 한숨짓는 아내 옆에서 창문만 바라보기도 했지만 그런데도 전교조 일 말고 다른 길로 빠지지 않았다. 전교조에서는 김진경 형 등과 함께 교과위원회 등 주로 참교육의 내용을 마련하는 일에 진력했다. 전교조가 만들어지기 전에도 그는 김진호, 김성수 등 성균관대 대학원 국문과 동무들과 함께 문학교육연구회를 만들고 국어교사들을 위한 책을 꾸준히 펴냈다. 문교연에서 내는 책들은 요즘 말로 하면 매우 핫한 책들이었다. 『삶을 위한 문학교육』, 『우리들의 문학교실』 등은 순수문학이라는 미명 하에 서정주, 모윤숙, 노천명 등 '친일파 나부랭이'들의 글만 잔뜩 실어 놓은 국어 교과서에 철퇴를 가하며 만든 대안 교과서였고, 『희망이라는 종이비행기』는 그때만 해도 흔하지 않았던 중고교생들의 글 모음집이었고, 『학교야 학교야 뭐하니』는 학교 현실을 풍자한 콩트집이었다. 『다시 읽어야 할 우리 소설』 같은 책도 펴냈다. '문교연'에서 내는 책들은 교과서에 실린 내용을 가르치느라 밤마다 자괴감에 떨었던 나를 비롯한 당시 많은 국어교사들에게 단비 같은 존재였다. 그 중심에 최성수가 있었다.

  최성수의 제자들은 일 년에 한 번씩 보리소골에서 일박이일로 엠티를 한다. 이제는 제자들뿐만 아니라 제자들의 자식들까지 데리고 온다. 환갑잔치도 제자들이 해 줬다. 그게 쉬운 일이 아니라는 걸 참 부러운 일이라는 걸, 선생 해 본 사람은 다 안다. 이 세상에 일방적인 관계란 없어서 제자들이 선생에게 잘한다면 선생도 제자들에게 잘해 주는 무언가가 반드시 있는 것이다. 제자 사랑이 끔찍한 최성수에게 세월호 참사는 말로 형언할 수 없는 충격이었을 것이다.

    비가 내려서 하루쯤 빼먹어도 되는 곳,
    계단 틈에 핀 민들레 앞에 앉아 있다
    한두 시간쯤 늦게 들어가도 되는 곳,
    사월 하늘이 너무 푸르러
    수업 중 슬그머니 일어나도
    선생님 그저 빙그레 웃어주는 곳,
    운동장에서 뛰노는 아이들을 위해
    어둠조차 천천히 찾아오는 곳,
    벚꽃 그늘에 둘이 앉아
    지워지지 않을 시간들을 나누는 청춘의 마을

    그리워도 돌아오지 마라
    지각의 두려움과 공부의 공포

빛나는 젊음을 옥죄는 온갖 제도의 틀을 넘어
이 지독한 대한민국의 21세기로부터
너희들, 더 벗어나거라
우리는 너희들을 지켜내지도 못했고,
너희들의 행복을 지켜보지도 못했으니,
이대로는 돌아오지 마라
더러운 자본과 무모한 권력의 손을 들어준
이 애비 에미의 세대들이 지은 죄로 너희들
꽃 피어 보지도 못하고 지게 했으니

바람이 불어서 하루쯤 빼먹어도 되는,
꽃이 져서 여드레쯤 슬퍼해도 되는,
그곳으로 수학여행 떠난 아이들아
　-「수학여행 - 세월호의 아이들에게」 전문

5

지난 4월 6일, 최성수가 깃들어 사는 그의 고향 횡성군 안흥면 보리소골에 다녀왔다. 횡성까지는 평창 올림픽 이후 KTX 강릉선이 생겨 청량리역에서 한 시간 정도밖에 걸리지 않았다. 생각해보니 최성수는 출판기념회 등의 내 개인적인 행사에 거의 개근을 했는데, 다른 친구들은 거의 다녀간 그의 고향에 나만 뒤늦게 찾아가려니 조금 미안했다. 운동장해장국 집에서 내장탕으로 점심을 먹고 카페 커피행성 가서 커피를 마셨다. 최성수를 따라다니다 보니 여기가 성북구인가, 하는 착각에 잠시 빠졌다. 운동장해장국 사장님은 몹시 친절했고, 카페 한쪽에 주인이 직접 선정해 놓은 책이 꽂혀 있는 샵인샵 형태의 서점 겸 카페 커피행성은 카페라기보다 이미 횡성의 문화공간이었다. 최성수가 그런 곳만 찾아다니는 건지 아니면 최성수가 살고 있는 곳마다 그런 곳을 만들어 놓은 것인지는 잘 모를 일이었다. 보리소골로 들어가기 전에 안흥면 소재지 농협마트에 들러 아버님 드릴 백세주를 한 병 샀고, 그 유명한 안흥 찐빵도 샀다. 그의 아내가 만들어 준 저녁밥을 맛있게 먹었다. 특히 도토리묵을 맛있게 먹었는데 아내의 말에 의하면 친구 오면 준다고 네 시간을 저어서 만들었다고 했다. 저녁상을 물리고 가져간 시 원고를 꺼내 들었다. 최성수는 물을 마시고 나는 맥주를 마시며 번갈아 시를 하나씩 낭송했다. 최성수의 집은 동네 맨 끝 집, 산 아래 첫 집이라 내가 사용하는 전화기는 터지지도 않았고, 최성수가 수십 년 전에 심어 놓은 잣나무들의 검은 그림자만 밤새 우리를 감싸고 있었다. 보리소골의 봄밤은 깊어만 갔고, 그의 두 번째 시집 『작은 바람 하나로 시작된 우리 사랑은』의 발문에 나오는 얘기가 생각났다. 일생의 꿈이 뭐냐는 친구의 질문에 최성수는 이렇게 대답했다.

"글쎄 내 꿈은 고향인 횡성에 내려가서 말이야. 양지바르고 조용한 산기슭에 집을 한 채 짓고 농사를 지으며 시를 쓰며 사는 거야. 가끔 시를 쓰는 친구들이나 후배들이 오면 함께 지내면서 시를 짓고 문학과 인생을 이야기하는 그런 집을 하나 갖고 싶어."

최성수는 꿈을 이루기 위해서 노력했고, 지금 그의 꿈대로 살고 있구나, 생각하니 비록 그의 몸은 아프지만, 그가 잠시 부러웠다. 최성수와 나는 같은 출판사에서 책을 많이 냈다. 그것도 신생 출판사. 그래서 우리는 친구 아닌가? 최성수는 평생 부지런히 나를 찾아왔고 나는 게으르게 최성수를 찾아다녔다. 그래서 우리는 친구 아닌가? 최성수는 입버릇처럼 말한다. 사람은 살아온 깊이만큼 말할 뿐이라고. 시와 삶 모두 더 넓고 깊어지고 싶다고. 또 자주 말한다. 시보다 사람이 먼저라고. 그의 모든 말에 동의한다. 그래서 우리는 친구 아닌가? 최성수와 나는 좋아하는 여행지가 거의 같다. 그가 다녀온 곳을 나도 거의 다 가봤다. 그래서 우리는 친구 아닌가? 그러면 됐다. 이제 함께 늙어갈 일만 남았다. 그러면 됐다. 다만, 이제 그와 더 이상 술 한 잔 함께 기울일 수 없음에 대해 통탄하고 또 통탄한다. 그것이 세상과 싸우다 얻은 병이라 더 속상하고 속상하다. 라오스의 그 유명한 비어라오 예찬시를 쓸 정도로 맥주를 좋아했던 최성수 본인은 얼마나 더 비탄스러울 것인가?

라오스에 가면 '비어라오'를 마셔야 해요
체코 기술로 만들었다지만,
비어 라오에서는 라오스의 내음이 나오

잔에 얼음 몇 덩이를 넣고

가득 라오 비어를 따라요

느릿느릿한 라오스 사람처럼
잠시 숨을 고르고 기다려야 해요

한 이삼 분쯤
그 시간
한 생이 지나가고
참파 꽃이 피었다 지고
길을 걷던 소녀가 자라 아가씨가 돼요

그리곤 단숨에 잔을 비워야 해요
여전히 얼음 조각은 잔에 남고
머리끝까지 찌를 듯 살아나는
영혼

라오스에 가면 꼭
'비어라오'를 마실 거예요

먼 땅에 홀로 남아
천천히 그 시간들을 마실 거예요
- 「비어라오」 전문

(2019)

인천에서 한하운의 흔적 찾기
한하운론

이 글의 원고 마감일을 코앞에 두고서야 <다시 보는 한하운의 삶과 문학>을 겨우 다 읽었다. 못된 버릇이다. 이 책은 작년 9월에 개최된 부평박물관 주최 '한하운, 그의 삶과 문학' 학술심포지엄에서 발표된 내용을 약간의 보완을 거쳐 묶은 책이다. 400쪽 가까운 두꺼운 책을 꼼꼼하게 다 읽었다고 할 수는 없지만, 그의 생애와 작품을 머릿속에 정리할 정도는 됐다.

이 책을 읽으면서 여러 생각이 들었다. 한하운은 왜 한국 문단에서 평가받지 못하고 있나? 작품 수준이 떨어져서 그런가? 아니면 한센병 환자에, 빨갱이 모함에, 월남민에, 이중 삼중의 서발턴 중의 서발턴이어서 그런가? 한하운은 왜 그의 출생과 생애와 학력 등이 불투명한가? 반공 사회 남한에서, 학력 사회 남한에서 살아남기 위한 자기 포장이었나?

한하운 시인에 대한 궁금증을 해소하기 위해 지난 1월 19일 한하운 시인의 흔적을 찾아 나섰다. 그러나 그의 생애 반 이상 인천에서 살아왔음에도 그의 흔적은 그렇게 많지 않다. 그가 한센인들과 살던 부평농장은 공장지대로 변해버렸고, 그가 죽을 때까지 살았던 십정농장 자리에는 신동아 아파트가 세워졌다. 백운역 근처 백운공원에 있는 그의 시비는 최근에 세운 것이다.

먼저 한하운 시비를 찾아 나섰다. 그의 대표작 「보리피리」를 새긴 한하운의 시비는 작년 12월 14일 십정동 백운공원에 세워졌다. 부평공원에 있는 '강제징용노동자상'을 제작한 이원석 작가의 작품이다. 시비는 책을 펼쳐 세워 놓은 형상으로 왼쪽에는 한하운 시인 대표작인 「보리피리」를, 오른쪽에는 연보와 사진을 새겨 놓았다. 1975년 2월 28일 한하운 시인이 부평 십정동에서 간 경화증으로 57세에 타계한 지 꼭 42년 10개월 만이다. 시비를 세운 백운공원은 한하운 시인이 살던 자택 근처다. 이곳은 과거에 십정농장이 있었다. 현재 동암역과 백운역 사이 경인철도 변이다. 부평농장에 살다가 음성판정을 받은 분들 중 천주교 신자들은 십정농장으로, 개신교 신자들은 청천농장으로 옮겨가 살았다. 1990년대 후반 신동아아파트가 들어서면서 대부분 사라졌지만, 아직도 영세공장 몇 개가 남아 있다. 한 후배의 증언에 의하면 "지금의 백운역 샛길로 해서 열우물이라고 하던 십정동 쪽으로 고개를 넘어가면 갯벌이었어. 거기 놀러 갔다가 오면 엄마에게 거의 초주검이 되도록 맞곤 했어. 매년 거기서 애들이 죽었거든. 여름방학이 끝나고 가면 듬성듬성 비어 있는 자리가 생겨나곤 했지. 선생님은 별일 아니라는 어투로 그냥 건성으로 조심해라였지. 웃기는 건 나중에 엄니 모시고 살 때, 그렇게 모질게 때린 건 나를 보호하려고 그랬다는 거야, 그래서 내가 지금까지 잘살고 있다는 거야. 암튼 십정동엔 그 당시엔 어마어마한 규모의 양계장이 있었어. 거기에 한하운 선생님이 계셨었다니." 사실, 백운공원에 시비를 세우는 일은 쉽지 않았다. 특히 인근에 거주하는 한센인 2세들의 반대 목소리가 컸다. 어린 시절 그들은 친구도 없었고, 누가 어디 사느냐고 물어도 쉽게 대답을 못 했다. 그들은 그렇게 평생 아프게 살아온 마음의 상처가 있었다. 그들의 시비 건립 반대는 충분히 이해가 가는 일이다. 그분들에게는 아문 상처를 다시 들쑤시는 일일 수 있기 때문이다.

백운공원에서 신명보육원으로 가려면 철길을 넘어야 한다. 예전 같으면 고가도로를 넘어야 했지만, 이제는 백운역 위로 덮개공사를 했다. 그 위에 작은 공원을 만들고 철로로 잘린 남쪽과 북쪽을 이었다. 한하운 시인이 초대 원장을 지낸 신명보육원은 부평삼거리역 근처 신명 빌딩 뒤쪽에 있다. 신명보육원은 1952년에 설립됐다. 2016년 1월 27일 (사)인천사람과문화에서 주최한 <굿모닝 인천> 유동현 편집장 초청 강연 내용에 의하면 "나환자들인 부모들로부터 아이들을 격리하기 위해 신명보육원을 만들었다. 당시 보사부는 성혜원에 거주하는 나환자들이 아이를 가질 수 없도록 금지했고 아이가 있으면 부모와 서로 만날 수 없도록 격리해 수용했다. 성혜원과 신명보육원 사이에는 철조망이 가로막고 있어 아이가 보고 싶은 부모와 부모가 그리운 아이들이 해가 지면 산을 돌아 넘어 몰래 만나곤 했다고 한다. 인근에 한 초등학교가 개교한 1960년대 무렵, 이 학교 학부모와 교직원들은 근처 십정농장 아이들이 입학하는 것을 꺼려 농장 근처에 그들만의 분교를 두자는 주장을 펼치기도 했지만 뜻을 이루진 못했다. 어렵사리 원래 학교에 입학한 후에도 한센병자의 자식들은 교사와 같은 반 아이들의 멸시와 천대 속에서 지내야만 했다." 신명재단이 소유하고 있는 빌딩의 이름이 신명빌딩이다. 신명보육원과 아울러 현재는 신명요양원도 함께 운영하고 있다.

도로를 건너 부평농장으로 향했다. 부평농장은 우리 어린 시절에는 부평 공동묘지로 불렸던 곳 근처다. 현재는 인천 가족공원으로 이름이 바뀌었다. 삶과 죽음이 가까이에 있는 가족공원 근처를 걸으면 늘 마음이 숙연해진다. 부평농장을 마음먹고 농장 깊숙한 곳까지 걸어 들어가 보기는 이번이 처음이었다. 김민재 웹툰 작가가 2012년 6월부터 2014년 11월까지 '다음 웹툰'에 인기리에 연재한 '동재네 식구들'에는 어디서 많이 본 듯한 장면이 자주 나오는데 그중에는 부평농장도 있다. 김민재 작가는 역시 인천사람과문화 주최 초청 강연에서 "웹툰 '동재네 식구들'은 공장지대를 배경으로 해야 했다. 남동공단과 서구 가구공장 단지를 갔는데 작품과 어울리지 않았다. 이곳저곳을 헤매다 인천가족공원 근처를 지났다. 공장이 밖으로 몇 개가 보여 아무 생각 없이 들어갔는데 깜짝 놀랐다. 보는 순간 '동재네 식구들' 세트장인 줄 알았다. 1980년대로 시간이 멈춰 있는 동네 같았다."라고 말했다. 다시 유동현 편집장의 강연에 의하면 "초등학교 시절, 만월산으로 소풍을 갔는데 '부평농장에 사는 나환자들이 아이들을 잡아먹으니 절대 산을 넘지 말라'는 선생님들의 신신당부에도, 사내아이 몇 명이 호기심에 산을 넘다가 흰 저고리에 갓을 쓴 남자를 보고 혼비백산해 산을 굴러 내려왔다"는 것이다. 도대체 누가 만든 이야기일까? 나 어린 시절에도 이런 이야기는 매우 흔했다. 문둥이들이 자신의 문둥병을 낫게 하려고 몰래 와서 간을 빼 먹는다는 얘기 등등. 이곳에 왜 한센인들이 모여 살았는지는 이곳에 한 번 와 보면 금세 알 수 있다. 지금도 그렇지만 그때는 사람이 거의 살지 않던 오지였다. 사람들이 오기를 꺼리는 공동묘지 근처였기 때문이다. 차 안에서 스쳐 지나갈 때 생각했던 것보다 골짜기가 매우 깊었고 제법 많은 공장이 활발하게 돌아가고 있었다. 마을버스가 다닐 정도로 큰 마을이었다. 539번 마을버스의 종점이 부평농장이란 것도 처음 알았다. 부평농장 끝부분에 인광교회가 거대하게 서 있다. 부평농장 안에 그렇게 큰 교회가 들어서 있는 줄은 몰랐다. 이곳은 원래 '동인요양소'라는 작은 나환자 단체가 있었는데 서울, 수원, 강원도 등에서 한센병자들이 집단 이주하면서 그 규모가 점점 커졌다. 1949년 당시 한하운은 수원시 권선구 세류동 수원천 근처에서 나환자 정착촌을 만들어 8개월간 지내고 있었다. 정부는 부평에 새로운 나환자수용소를 만들 계획을 세우고 한하운 시인에게도 함께 거주하던 나환자 가족을 이끌고 새 정착지로 오도록 권유했다. 한하운은 1949년 12월 30일 한센병자 70여 명을 이끌고 이곳으로 왔다. 이때부터 한하운 시인과 부평의 인연이 시작됐다. 그는 이곳의 이름을 '성혜원'이라고 지었는데 한하운이 다녔던 일본의 학교 이름과 같다. 일본 현재 총리인 아베가 졸업한 학교로도 알려져 있다. '성혜'는 사마천의 『사기』에 나오는 '도리지하 자성혜(桃李之下 自成蹊)'에 나오는 말이다. '복숭아나 오얏은 말하지 않아도 스스로 그 아래 길을 이룬다.'라는 뜻이다.

　당시 성혜원에는 국립부평나병원 (국립나환자요양원), 공회당 등이 있었고 감금실도 있었다고 한다. 현재 인광교회 주변 새마을금고 건물이 예전 감금실이 있던 곳이고, 경로당 자리가 병원이 있던 부지, 부평농장사무소 건물 옆자리가 공회당 터라고 한다. 이들은 자립을 위해 양계장을 만들어 닭을 키우고 달걀을 팔았다. 1961년경, 앞에서 말한 것처럼, 여기서 살던 한센인 중 음성판정을 받은 사람들이 이곳을 떠났다. 가톨릭 신자들은 십정농장으로 개신교 신자들은 청천농장으로 이주시켰다. 특히 십정농장에서 생산된 달걀은 인천 생산량의 90%를 넘었다. 한하운 시인도 음성판정을 받고 십정동 자택에 살다가 1975년 2월 28일 간경화로 사망했다. 타계 당시 56세. 인천에 정착한 지 25년 만이다. 삶의 반 이상을 인천과 부평에서 살았으니 그에게는 제2의 고향인 것이다. 부평농장 지역이 현재처럼 공장지대로 바뀐 건 1980년대 중반경이다. 주거지에서 준공업지역으로 변경됐는데 그때부터 공장을 지을 땅을 빌려주고 세를 받아 생활했다. 처음에는 임대료가 다른 곳보다 평당 50% 이상이나 저렴했는데도 들어오려는 사람이 없었다. 그곳은 '게토'였던 것이다.

　한하운의 본명은 '태영'이다. 1920년 3월 10일 함경남도 함주군 동천면 쌍봉리에서 한종규의 2남 3녀 중 장남으로 태어났다. 태영은 7세에 함흥으로 이사해 함흥 제일공립보통학교에 입학했다. 우등생으로 음악과 미술에 뛰어난 재질을 보였고, 보통학교를 졸업하고 13세에 이리농림학교(현 전북대학교 익산캠퍼스) 수의축

산과에 입학했다. 당시 이리농림학교는 식민지 유일의 5년제였다. 그러나 17세(1936년) 때 경성제국대학 부속병원(현 서울대병원)에서 한센병 확정 진단을 받았다. 태영은 학업을 포기하지 않고 이리농림학교를 졸업한 후 일본 동경의 성혜고등학교에 입학했다. 성혜고등학교를 졸업했지만, 나병의 악화로 귀국해 요양하다가 중국 북경으로 가 22세(1941년) 때 중국 북경대 농학원 축목학계에 입학했다. 그러나 최원식 교수는 '북경대 농학원'의 존재에 대해, 우리가 알고 있는 '북경대'가 아닌 중일전쟁 후 친일정부가 세운 '북경대학' 농학원이라 추측했다. '3대를 과거에 급제한 선비 집안의 지방 지주'라는 등 가계와 관련한 경력들도 검증이 필요하다고 말했다. 29세(1948년) 때 월남했다. 남쪽으로 내려와 곳곳을 떠돌며 밤에는 쓰레기통 옆에서 자고 낮에는 깡통을 든 채 빌어먹는 걸인으로 연명하다 구걸할 수 있는 사람이 많은 서울 명동으로 왔다. 명동에서 유명한 시인들을 만났다. 그중에는 그를 문단에 소개한 이병철도 있었다. 이병철은 한하운의 시 「전라도길」, 「벌」 등을 <신천지>에 발표하도록 하여 세상에 그의 이름을 알린 시인이다. 이병철은 해방 무렵에는 "은하 푸른 물에 머리 좀 감아 빗고 / 달 뜨걸랑 나는 가련다. / 목숨 壽자 박힌 정한 그릇으로 / 체할라 버들잎 띄워 물 좀 먹고 / 달 뜨걸랑 나는 가련다. / 삽살개 앞세우곤 좀 쓸쓸하다만 / 고운 밤에 딸그락딸그락 / 달 뜨걸랑 나는 가련다."라는 내용의 '나막신'이란 시가 교과서에까지 실렸던 유명시인이었다. 그러나 지금은 한국 시단에서 이름이 삭제된 시인이다. 조선문학가동맹에 가담하여 활동한 좌익계열의 시인이었기 때문이다. 그는 체제부정과 혁명을 선동하는 시를 지었다는 혐의로 체포되어 서대문 형무소에 1년 가까이 복역하던 중 6·25 때 인민군에 의해 석방된 후 가족과 함께 월북했다. 이병철과의 연관성 때문에 소위 '문화 빨치산 사건'이 터졌다. 한하운의 '데모'라는 시에 나오는 '핏빛 기빨'이란 시구절을 문제 삼아 한하운을 불온한 공산주의 사상을 가진 '유령 시인', 또는 이병철의 아바타로 몰았다. 결국, 근거 없는 것으로 판명되었지만, 이 사건은 그 후 그의 삶 전체를 관통하는 트라우마로 작용했다. 그에게 빨갱이라는 소리는 문둥이보다도 더 무서웠다. 이 사건 후의 작품 중 서정적 자연의 품으로 돌아가는 내용이 많았던 게 우연은 아니다. 좌익 또는 빨갱이로 몰리는 등 우여곡절도 많았지만, 그는 후배 시인들에게 많은 영향을 끼쳤다. 화가를 꿈꿨던 고은 시인이 중학교 시절 한하운 시집을 길거리에서 주워 그날로 밤새 읽으며 울다가 시인이 되기로 작정했다는 일화는 유명하며, 김지하의 「황톳길」, 신경림의 「파장」, 박노해의 「손 무덤」 등의 시도 한하운 시와 유사하거나 연상되는 부분이 있다고 최원식 교수는 심포지엄에서 말했다.

인천에서의 홀대와 달리 오히려 다른 지역에서는 진작부터 그의 시비를 세우거나 기리는 일이 있었다. 1973년에는 그의 공로를 기리는 뜻으로 소록도에 시비를 세웠다. 국립소록도병원 내 중앙공원에 있는 한하운 시비에는 '보리피리' 전문이 새겨져 있다. 그가 1949년에 약 8개월간 나환자들과 생활했던 수원시 세류동 수원천변에도 2011년 '보리피리' 시비를 세웠고, 이리농림학교 교정에도 시비가 있다. 가장 활발하게 그를 기리는 곳은 그가 묻힌 김포다. 장릉 공원묘지에 있는 한하운 무덤 주변에 기념비를 세우고 주변을 단장했다. 6년 전부터 매해 보리가 패는 5월 무렵에 한하운 문학제를 열어왔다.

인천에서도 그를 기념하는 행사가 전혀 없었던 건 아니다. 인천문화재단은 한하운의 생애와 업적을 조명하기 위한 '파랑새 되어' 행사를 시 낭독 콘서트 형식으로 개최했고, 고인의 친필 유고와 사진, 편지글, 시집 등을 엮어 한하운 자료전을 진행했으며, '한하운 전집'도 발간했다. 부평역사박물관은 한하운 재조명 사업 운영위원회를 만들어 작년 9월 23일 인천여성가족재단 대강당에서 '한하운 그의 삶과 문학 국제 심포지엄'을 열었다. 그의 온라인 문학관도(http://www.hanhaun.kr) 만들었다. 인천에서 한하운의 흔적 찾기는 어쩌면 이제 비로소 시작인지도 모른다.

마지막으로, 그의 시 "파랑새, 보리피리, 개구리, 자화상, 전라도 길, 손가락 한 마디, 자화상, 삶, 목숨" 등은 많이 알려져 있으니 그가 부평에 살았던 흔적을 시로 남긴 '부평 지역 청년단체연합회에 부친다'의 일부를 소개한다.

'우리가 살고 있는 우리 고장을/ 누가 부평이라 하였는가/ 얼마나 얼마나 기름진 땅인가// 부평 평야는 우리의 넓은 마음으로/ 높솟은 계양산은 우리의 이상으로 하늘에 닿고/ 한강이 은룡으로 굽이치고/ 강화, 영종섬이/ 관악산이 남한산이 북한산 산들이/ 부평을 품 안고// 선인들의 옛 읍터가/ 한촌 어느 변두리처럼/ 부평이 어찌 인천의 변두리인가/…… 새 부평을 창조하여/ 뭉쳐 뭉쳐서/ 부평의 청년들이여/ 이제 어두운 이씨 조선의 잠에서 깨어/ 70년대의 새 시대를 창조하는/ 이 나라에 빛나는 부평 청년이여'

(2018)

발문
신현수라는 고유명사 찾기

#1

"봉구야, 산문집을 내려는데, 네가 해설을 써 줬으면 한다. 너만큼 나를 잘 아는 사람도 드물잖아."

아직 글머리도 올리지 못한 내게 이런 청탁은 도무지 낯선 풍경이다. 그를 어느 정도 안다고 생각했던 나는 거의 반사적으로 원고 청탁을 수락했다. 그에게서 메일로 도착한 원고를 출력한 후 원고를 읽어 보고, 책의 콘셉트를 정하고, 제목을 정하고, 글을 재배치하고, 표지를 정하고, 교정까지 마무리했지만 청탁받은 원고는 1년이 넘도록 진도를 내지 못했다. 어쩌면 신현수, 내 삶 속에 녹아든 그를 끄집어내야 하는 것은 반드시 즐거운 일만은 아니었다. 그의 삶과 내 삶이 만나는 그 교차점에는 실패와 상처의 흔적들이 널브러져 있기 때문이다. 그래서 이 글은 어쩌면 신현수에 관한 이야기라기보다 나에 대한 고해성사가 될 것 같아 두렵고 무서웠다. 그래서일까. 쓰고 지우고 쓰고 지우고를 몇 번 거듭하고 나서도 여전히 원고지 첫 장을 넘기는 것이 망설여진다.

이 책에는 대략 60여 편의 산문이 수록되어 있다. 1987년부터 최근까지 그가 쓴 글들을 주제별로 묶었다. 부 가름이 되지 않은 상태로 도착한 원고는 출판사의 판단에 따라 4개의 부로 재배치 되었다.

1부는 '공동체를 위한 삶을 살기 위하여'이다. 자신보다는 남을 더 배려하고 챙기는 그의 참모습이 담긴 글들을 모았다. 특히 1부 맨 처음 글인 「나는 이제 비로소 다시 시작할 수 있을 것 같다」는 그가 전교조 활동으로 1989년 대천고에서 해직된 직후 쓴 글로, 내가 그를 처음 만나 느낀 그의 모습 그대로가 녹아 있는 글이다. '대천', '전교조', '해직'이란 단어와 그를 떼놓고 생각할 수 없다.

2부는 '인천에 살기 위하여'이다. 내가 아는 한 그는 '대천 사람'이었다. 그가 충남을, 특히 대천을 떠난다는 것은 내 상상에 없는 일이었다. 5년간의 풍찬노숙 해직 교사 시절을 견뎌 낸 후 1994년 대천여고로 복직한 그가 대천을 떠났다는 소식은 내게는 충격이었다. 어쩌면 나의 우상이었던 그가 내 고향에 남아서 대천을 위해, 지역의 민주주의 실현을 위해 나 대신 싸워 주길 바랐는지 모르겠다. 그가 대천을 떠나 인천으로의 '귀향'을 선택한 것에는 '상처'의 연원이 있지만, 2부에 실린 글에서는 인천에 살기로 마음먹은 이후 인천에 살기 위해 어떤 노력을 기울였는지, 그가 인천 시민사회에 끼친 '선한 영향력'이 무엇인지를 느낄 수 있다.

전도가 양양한 청년 한 명이 최저 생계비에도 못 미치는 활동비를 받기로 하고 상근을 시작했다. 인천 모 대학의 총학생회장까지 지낸 청년이 (사)인천사람과문화 사무국장이란 직책으로 이제 막 상근을 시작했다. 나는 이 청년이 학창 시절 품었던 꿈을 잃지 않으면서, 상근하면서, 자아실현을 하면서, 결혼도 하고 아이도 낳는 걸 보고 싶다. 나는 사실 누구보다도 그의 부모님에게 미안하다. 나의 이 미안한 마음을 조금이라도 없애기 위해 난 조금 뻔뻔해지기로 했다. 내가 '스티커를 붙였던' 회원 카드를 만나는 사람들에게 뻔뻔하게 내밀기로 했다. 아니 당당하게 내밀기로 했다. 내가 카드를 내미는 이들에게 함께 잘사는 세상을 만드는 데 동참할 기회를 주는 일이라고 생각하기로 했다.

- 「스티커를 붙이며」 중에서

3부는 '그래도 이 땅에서 살기 위하여'이다. 나는 그가 교사, 시민운동가라고 불리기보다는 '통일 운동가'로 불리기를 바랄 것이라고 생각한다. 오늘날 우리 사회의 모든 불의와 불합리는 '분단'에 그 연원을 두고 있다고 해도 과언이 아니다. 한반도의 '분단'을 숙주로 삼고 거기에 기생하면서 자기 이익을 최대화하는 세력에 맞서 우리 공동체의 회복과 남북한의 통일문학 건설을 위해 애써 온 그의 발자취를 확인할 수 있다.

4부는 '시인으로 살기 위하여'이다. 문학에 관한 생각을 적은 글과 여러 시인의 시집에 쓴 발문을 모았다. 그는 정년을 얼마 남기지 않고 명예퇴직을 했는데, 입버릇처럼 퇴직 후에 일본에 가서 1년, 중국에 가서 1년을 살면서 일본과 중국을 공부하겠다고 공언했었다. 그랬던 그가 퇴직 후 일본행 비행기를 타지 않고 '한국작가회의' 사무총장에 취임(임명직이 아니라 작가회의 최초 선출직이다)했다. 그 이유를 나는 잘 모르지만, 후배들의 강권에 등 떠밀려 어쩔 수 없이 맡았을 것이라고 짐작할 뿐이다.

#2. 1987 대천 그리고 신현수

그를 처음 만난 것은 내 나이 스물둘의 겨울이었다.

1987년 1월 박종철 열사 고문치사 사건으로부터 시작된 민주화 열기는 1987년 6월 항쟁, 6·29 선언, 그해 12월 대통령 선거까지 식을 줄 몰랐다. 군부 독재를 종식하고 민주 정부를 수립할 수 있는 절호의 기회라는 기대에 부풀어 있었던 때였다.

당시 서울에서 대학을 다니던 나는 '공정선거감시단' 활동을 위해 재경 보령학우회 선후배들과 함께 고향인 대천으로 내려왔다. 김영삼, 김대중 대통령 후보의 분열로 인해 민주 정부를 세울 수 있을 거라는 기대가 조금씩 무너져 가고 있었지만, 희망의 끈을 놓기에는 이른 때였다.

대학생들의 난데없는 '하방'을 반기는 사람들도 많지 않았다.

초등학교 친구 아버지가 정보과 과장이었고, 후배 옆집에 세 들어 사는 이가 정보과 형사였으며, 내 아버지 역시 그해 대천에서 공무원으로 정년퇴임을 했으니, 집에 들어가는 것은 애초부터 불가능했다. 할 수 없이 여관을 전전하면서 공정선거감시단 활동을 이어갔는데, 우리를 동지처럼 반겨준 사람 중에 대천보령민주교사협의회 선생님들이 있었다. 그도 그 단체에서 활동하고 있었다. 하방 온 대학생들을 격려하기 위해 마련된 조촐한 자리에서 산골 소년 같은 그를 만난 것은 1987년 12월 대천역 근처 영빈관(?)이라는 중국 음식점이었다.

그는 우리 동네 초입에 있는 '국민주택'이라는 자그마한 빌라에 살고 있었다. 그해 겨울의 첫 만남을 시작으로 몇 번 그의 집에서 술도 먹고 김광석과 김민기를 함께 들었다. 그때의 짧았던 기억은 내 인생에서 아주 푸근했던 한때로 기억된다. 같은 곳을 바라보고 같은 꿈을 꾸는 동지 같은 연대 의식 속에서도 우리는 각자의 일을 했고, 그가 있어서 늘 든든했다.

#3. 『서산 가는 길』에서 『천국의 하루』까지

대학 시절 소위 운동권으로 분류되었던 나는 입대 후에도 여전히 보안반의 감시를 받아야 했다. 휴가 복귀 후에는 동료 후배들의 동향 보고서를 제출해야만 했고, 선임하사는 나에 대한 동향 보고서를 쓰는 데 골머리를 썩이었다. 돌이켜보면 어떻게 버텼을까 싶지만 선한 영향력이 있는 사람들 덕분에 세 번의 여름을 버틸 수 있었다.

보안반의 감시 따위는 잊은 채 부대 생활에 잘 적응해 가던 1989년의 어느 날, 소포가 배달됐다. 발신인은 신현수. 누군가 봉투를 뜯어 본 흔적이 있던 소포 속에는 그의 첫 시집 『서산 가는 길』이 들어 있었다. 그 시집 때문에 보안반에 불려 가 조사를 한 번 더 받은 것 말고 특별한 일은 없었지만, 그 시집은 영원히 되돌려받지 못했다.

그는 이제까지 모두 일곱 권의 시집을 냈는데, 첫 시집이 『서산 가는 길』이었다. 두 번째 시집 『처음처럼』은 1994년에, 세 번째 시집 『이미혜』는 1999년에, 네 번째 시집 『군자산의 약속』은 2004년, 다섯 번째 시집 『시간은 사랑이 지나가게 만든다더니』는 2009년에, 여섯 번째 시집 『인천에 살기 위하여』는 2014년에, 일곱 번째 시집 『천국의 하루』는 2019년에 출간했다.

5년에 한 권씩 시집을 내겠다는 자신과의 약속을 성실하게 이행한 것이다. 그의 시 쓰기가 언제까지 계속될지는 아무도 알 수 없으나 2024년에 그의 여덟 번째 시집이 나올 거라는 것에 이의를 달 사람은 거의 없을 것이다. 일곱 권의 시집 중 내가 만든 시집은 일곱 번째 시집뿐인데, 그의 여덟 번째 시집을 출판할 때까지 작은숲출판사가 살아남아 있길 간절히 바란다.

나는 그동안 살면서 단 한 번도 나의 시를 잡지 등에 실어 달라고 그 누구에게도 부탁한 적이 없다. 이것은 자랑도 아니고 아무것도 아니지만, 나 나름대로 지켜온 문학과 관련한 하나의 원칙이라고 할까. 아직도 나는 글은 그냥 혼자 쓰면 된다고 생각한다. 그러다가 기회가 닿으면 발표하고, (안 닿으면 계속 혼자 쓰고) 그것이 쌓인 후 기회가 닿으면 시집 묶고, (안 닿으면 안 묶고) 그러면 된다고 생각한다. 나는 그동안 살면서 단 한 번도 나도 모르는 소리를 지껄인 적은 없다. 나는 시를 쓸 때 내 어머니도 알아듣는 시를 쓰려고 한다. 그래서 '이게 무슨 시냐? 수필이지' 따위의 핀잔을 듣기도 하지만 나도 모르는 소리를 지껄이는 것보다는 그쪽이 훨씬 견디기 쉽다. 무슨 소리인지 모를 것이 시라면 결단코 나는 시인이 아니며 언제든지 포기할 수 있다. 나는 그동안 나무를 그리는 일에는 재주가 없으므로 사람을 주로 만나고 사람을 주로 얘기했다. 앞으로도 그럴 것이다. 사람 중에서도 다 함께 잘 사는 세상으로 바꾸기 위해 헌신하는 사람들에 대한 얘기를 하고 싶다. 그러기 위해서는 내 삶이 그 사람들 언저리에라도 기웃거리는 삶이어야 할 텐데 그것이 참 쉽지 않다.

- 「문학적 자전, 나의 삶 그리고 나의 시」 중에서

그의 시를 감히 평론할 주제는 못 되지만 그의 시가 쉽게 읽힌다는 것과 울림이 있다는 것에는 전적으로 동의한다. 그의 시에서는 학창 시절 국어 시간에 배운 운율 같은 것을 발견하기는 어려운데, 산문 같기도 하고 일기 같기도 한 그의 시를 읽고 나면 홍어를 먹고 난 뒤의 알싸함 같은 게 코끝을 맴돈다. 자신을 강하게 비난하기도 하고 힐책하면서 읽는 사람을 함께 부끄럽게 만드는 힘이 있다. 자신에게 솔직해지기가 쉽지 않은데, 그 힘은 도대체 어디서 나오는 것인지 궁금하다.

#4. 난 네가 언제나 잘 되었으면 좋겠어

2010년, 잘 다니던 출판사를 그만두고 일인 출판사로 독립한다고 했을 때 그는 선뜻 내게 거금을 보태겠다고 했다. 다른 외주 일이 들어와 그의 손을 빌리지는 않았지만, 그 고마움에 고개가 절로 숙여졌던 기억이 있다.

출판사를 차린 지 두 해 되던 무렵에 '사십편시집'이라는 시집 시리즈를 만들었는데, 『나는 좌파가 아니다』라는 그의 시선집을 시리즈 네 번째 책으로 출판했다. 이 시집의 표제시 「나는 좌파가 아니다」는 민중가수인 문진오가 곡을 붙여 <걷는 사람>(2013년)이란 앨범에 수록했다. 그 인연으로 그의 공연에 몇 번 기웃거린 적이 있다.

> 두 번째 학교에 근무하던 때였는데 대학 선배 중에 시인이 있었다. 그분은 나보다 나이도 훨씬 많고 내가 속한 과의 주임이었다. 어쩌다 내가 노래 가사 비슷한 걸 쓴다는 얘기를 듣고 한번 보자고 하면서 우리 집까지 따라왔다. 그분에게 보여 주었더니 마음에 든다고 하면서 당장 등단을 시켜 준다고 했다.
> - 「문학적 자전, 나의 삶 그리고 나의 시」 중에서

그의 꿈 중의 하나가 가수였다는 것을 아는 이는 많지 않을 것이다. 대학 시절에는 자작곡 발표회를 했다고도 하고, 그가 대천여자고등학교에 근무할 당시 노래 가사 비슷한 걸 쓴다는 걸 알아차린 선배 교사에 의해 발견된 시 때문에 첫 시집 『서산 가는 길』을 출판하게 되었다는 사연을 보면, 그가 노래하는 후배들에 대한 연민과 사랑이 얼마나 큰지를 짐작해 볼 수 있다.

가벼운 이 시대에, 우리 삶에 희망이 되는, 함께 잘 사는 세상을 위해 노래하는, 가수 개인이 아니라 가수 여럿의 집단적인 목소리를 모아 합창하는 '꽃다지' 같은 형태의 음악이 이 시대에 진정 필요하다면 우리는 그들이 노래를 계속할 수 있게 힘을 주어야 한다. 결혼하고도 계속 노래할 수 있게 해 주어야 한다. '꽃다지'를 사랑한다면 그들의 생활까지 관심을 두고 책임을 져야 한다. 그래서 적어도 용진이가 맞선을 볼 때 노래를 계속할 거라는 사실이 맞선 본 여자에게 퇴짜 맞는 이유가 되는 세상은 만들지 말아야 할 것 아닌가?
- 「'꽃다지'가 계속 노래할 수 있게 하기 위해서 나는 무엇을 할까?」 중에서

'꽃다지'는 '노래를찾는사람들'만큼이나 유명한, 삶의 현장 곳곳을 찾아다니며 민중가요로 희망과 투쟁을 노래한 노래패이다. 그는 '꽃다지' 인천 공연 때 인연이 된 후 꽃다지 후원회인 '꽃사람'에 가입했다고 하는데, 이 글에서 '꽃사람'에 가입한 후 회비를 내지 못한 것에 대한 부끄러움을 고백하고 있다.

그의 글에서는 이렇듯 자신보다는 타인을 위한 삶을 살아가는 후배들을 잘 보살펴 주지 못하는 자신을 탓하고 있는 그를 자주 만나게 된다. 그는 '꽃다지'를 비롯해 '인천연대' 등 그가 관계를 맺고 있는 많은 시민 단체 활동가들이 그들의 일을 하면서도 먹고살 수 있는 세상을 꿈꾼다. 그가 교사로 일하는 동안 받았던 월급의 상당 부분이 시민 단체나 문화 단체 회비와 그곳에서 일하는 후배들을 위한 술값과 밥값으로 나갔을 거라는 것을 짐작하는 것은 어려운 일이 아니다.

2017년이었던가. 내가 기획하고 그가 쓴 『시로 쓰는 한국 현대사』라는 책이 재판을 찍게 되어 초판 인세를 건넨 적이 있는데, 마다하면서도 기뻐하던 미소를 잊을 수 없다. 인세를 받았다는 사실보다 후배가 좋아하는 일을 하면서도 밥을 먹고살 수 있게 된 것에 대해 기뻐한 것이다. 언젠가 "인세도 잘 못 드리는데, 오늘 술값은 제가 낼게요."라며 식당 계산대에 카드를 내미는 내게 그는 "네가 나만큼 연봉을 받기 전까지는 밥과 술은 계속 내가 산다."라고 말했던 적이 있다. 어떤 후배들에게라도 그는 그런 사람이었다.

#5. 괜찮아, 그만 힘들어 해도 돼!

대학 졸업반이었던 나는 대천 보령 YMCA 준비위원회 간사를 맡아 지역 운동을 해 보자는 제안을 받았다. 월급도 준다고 했고 고향에서 살고 싶었던 마음이 없지 않았던 터에 그를 비롯하여 사랑하는 사람들이 있었기에 한 치의 걱정도 없이 흔쾌히 수락했다. 하지만 현실은 녹록지 않았다. 대학까지 졸업한 큰아들이 일정한 직업도 없이 정보과 형사들의 눈초리를 받으며 "쓸데없는" 일을 하는 것을 반기는 부모는 없었다. 주변 사람들의 차가운 시선도 견디기 쉽지 않았다. 각오하지 않은 것은 아니지만 경제적인 문제와 전망의 부재는 나를 다시 서울로 끌어올렸다. 결국 내가 믿고 따랐던 사람들과 나를 믿어 주었던 사람들에게 상처만 남기고 다시 서울행 무궁화호를 타야 했다. 함께하자는 말로 서로 용기를 북돋우며 보다 나은 미래를 꿈꾸었던 청춘들의 기대와 나를 지켜보던 선생님들의 기대에 부응하지 못했다는 자책은 한참 동안 나를 괴롭혔다.

자책하는 사이 대천은 점점 내게서 멀어져 갔다. 함께했던 청춘들 중 일부는 내가 떠난 지 얼마 되지 않아 대천을 떠났지만, 일부는 대천에 남았다. 그들에게 선뜻 먼저 연락할 용기가 없었다. 결혼하고 고향에서 혼자 사시던 아버지마저 서울로 모시게 된 후로는 대천은 내 기억에서 희미해진 옛사랑의 그림자가 되어 버렸다. 그러던 사이 어이없게도 세상을 등진 친구도 있었고, 청춘들의 뒷배가 되어 주던 이풍우 목사님 소식도 끊기고 말았다. 내가 대천을 떠나던 날, 월급을 못 줘서 미안하다며 당시로는 적지 않은 돈을 쥐여 주던 목사님이었다. 목사님을 빨갱이로 몰던 사람들에게 모함을 받아 감옥살이를 했는데, 출소 후 결국 대천을 떠나 경기도 어디에 사신다는 풍문만 들려 왔다.

그렇게 대천은 내게 아픈 상처로만 남아 나를 괴롭히고 있었다.

그러던 어느 날 우연히 그 역시 대천을 떠나 인천으로 왔다는 소식을 접했고, 우연한 기회에 그를 만나게 되었다.
"봉구야, 괜찮아, 너무 힘들어하지 마. 모두 네 책임은 아니잖아. 너도 노력했잖아."
비가 유난히도 세차게 퍼붓던 그 날, 그의 말에 눈물을 주체하기 힘들었다. 아주 오랫동안 어깨를 짓누르고 있던 죄책감으로부터 조금 벗어나는 순간이었다.
그 후로 대천까지의 거리는 점차 가까워졌고 더 가까워지고 있지만 그래도 여전히 대천은 내게 아픔이다. 그를 비롯하여 너무 좋은 사람들이 내 청춘을 빛나게 해 주었지만, 너무나 아픈 사랑이었다. 세상을 먼저 등진 성숙이, 학문이, 여전히 소식을 모르는 이풍우 목사님 그리고 이젠 대천이 되어 살아가는 사랑하는 사람들에 대한 미안함과 부끄러움은 숨기기 어렵다.

#6. 자기 땅에서 유배당한 자

"성품에 문제가 있다면 노력해서 고치면 되지만 대천 사람이 아닌 것이 내가 어찌해 볼 도리가 없는 거잖아. 대천 사람도 아닌 사람이 대천에 와서 물 흐린다는 말을 들었을 때는 속이 많이 상했지."

내가 대천에서 느낀 것과 비슷한 절망감이었을까. 그 역시 대천을 떠날 수밖에 없었던 사연이다. 언젠가 그 사연을 듣는데 눈시울이 뜨거워졌다. 대천에 살기 위해 내려왔을 때 동창들과 친인척들에게 미심쩍은 눈초리를 받은 적이 있다. 고등학교 동창들이 그 지역의 모든 것을 장악하고 있는 현실에서 대천에서 고등학교를 졸업하지 않은 것은 아주 큰 흠이었다. '언제든 대천을 버리고 떠날 놈'이라는 시선이 늘 나를 따라다녔다. 대천이 고향인 내게도 그랬으니 대천이 고향이 아닌 그에게 지역 사람들의 따가운 시선은 여간 아픈 게 아니었을 것이다.

그 또한 결국 대천을 떠나 고향인 인천을 선택했지만, 인천에서 고등학교를 나왔다는 것만으로 그를 바라보는 시선이 부드러울 리는 없었을 것이다. 그는 전교조 해직 교사 출신이었고, 학교에서도 빨갱이라는 소리를 예사로 들었고, 시민 단체 활동가로 많은 집회와 시위의 현장의 앞줄에 서 있었기 때문이다. 이러한 상황은 『인천에 살기 위하여』라는 시집의 모토가 되었을 것이다. 자기 땅에서 유배당하지 않으려는 강렬한 몸짓이었는지도 모르겠다.

그는 왜 인천에 관심을 두게 된 것일까. 물론 인천이 고향이기 때문일 것이다. 청주에서 태어났으나 인천에서 고등학교까지 다녔으니 그의 기억 속에는 '인천'이 크게 각인되어 있었을 것이다. 고향은 태어난 곳이라기보다는 추억이 서려 있는 곳이다.

그가 대천에서 살았던 기간은 인천에서 산 기간에 비해 터무니없이 짧은 기간이다. 더구나 인천에서 초등학교부터 고등학교까지 나왔으니 인천에 대한 애착이 남달랐을 것으로 보이지만 인천에는 별로 관심이 없었던 것으로 보인다.

사실 지역에 흥미가 없었고, 지역에 별다른 관심이 없었다. 그렇다고 다른 곳으로 이사 가서 살 생각이나 계획 같은 것도 없었다. 그러다가 내 아이들의 고향이 되어 버렸고, 그래서 어차피 계속해서 내가 살아가야 할 곳이고 내 자식들이 살아가야 할 곳이라면 부평이라는 지역사회에 더 관심을 가져야겠다고 몇 년 전부터 생각을 고쳐먹게 되었다. 관심을 갖고 보니 부평은 정말 문제가 많은 동네였다.
- 「부평의 현안과 앞으로 나아갈 길」 중에서

인천에 관심을 가지게 된 것은 "어차피 계속해서 내가 살아가야 할 곳"이기 때문이라고 그는 말한다. 20년 넘게 파주에서 살고 있지만 "지금 어떻게 생각하고 어떻게 살아가고 있느냐가 중요하지, 과거에 어떻게 살았느냐는 중요하지 않다"라는 그의 말을 듣기 전까지 나는 파주에 대해 전혀 관심이 없었다. 누가 어디 사냐고 물어봐도 "서울 살아요." 했지, "파주에 살아요."라고 말한 적이 단 한 번도 없었다. 그러다가 생각을 고쳐먹게 되니 파주가 보였다. 파주의 들과 산 그리고 문화유적, 사람들에 관심을 갖다 보니 이런저런 문제의식을 느끼게 되었다. 그래서 지역 문제를 고민하고 해결하기 위해 시민 단체에도 가입하고 이곳저곳에 후원도 했지만, 일상을 살면서 지역 문제에 관심을 둔다는 것은 보통 일이 아니었다. 직접 경험해 보니 교사로, 시민단체 활동가로, 시인으로 1인 3역 이상의 역할을 하며 살았던 그를 더 존경하지 않을 수 없게 되었다.

#7. 신현수라는 고유명사 찾기

그를 수식하는 단어는 적지 않다. 어떤 이는 그를 '인천 시민사회의 대부'라고 하고, 국회의원이나 교육감을 했어도 될 인물이라고도 한다. 그는 폭넓은 인간관계와 식견은 물론이고 인천에 대한 열정과 사람에 대한 애정이 있는 사람이다. 그러나 내가 아는 한 그는 단 한 번도 그런 '직'을 생각하지도, 꿈꾼 적도 없는 사람이다. 그는 자신보다는 다른 이를, 어려운 환경을 감내하면서도 자기 길을 올곧게 걷는 후배들을, 최저 생계비에도 못 미치는 활동비를 받고도 신념을 포기하지 않는 시민단체 활동가들을 위해 살아왔다. 그리고 지금도 여전히 자신을 위한 삶보다는 다른 이를 위한 삶을 살고 있다.

그가 자신을 더 생각하는 사람이었다면, 그의 아내가 암에 걸리는 일도 없었을 것이다. 어쩌면 지금쯤 지리산 자락에 귀촌해 있거나 일본의 대학이나 중국의 어느 곳에서 그들의 문화와 언어를 공부하고 있을지도 모를 일이다. 그런데 그는 지금도 현장에 있다. 한국작가회의 사무총장이라는 자리가 어떤 자리인지는 잘 알지 못하나, 궁핍함 속에도 창작을 위해 문학에 대한 열정을 포기하지 않는 문학인들을 위해 고군분투하고 있을 것이다.

페이스북 속의 그는 늘 사람들과 함께 있다. '동해 번쩍 서해 번쩍', 안 가는 곳이 없다. 신현수라는 이름을 빼고 그의 행적만 본다면 영락없는 정치인의 행보라고 해도 잘못된 말은 아니다. 비서라도 한 명 붙여 줘야 할 정도로 바쁘고 늘 사람 가운데서 숨 쉬는 사람이다.

  만약 '신현수론'이라는 걸 쓰게 된다면 단연 글의 화두는 유난히 사람 이름이 많이 등장하는 그의 '시'가 될 것이다. '만인보'까지는 아니더라도 '천인보'라는 시집을 낼 만큼은 되지 않을까 생각해 본 적이 있다. (고은 연작시집인 '만인보'에도 만 명이 등장하는 게 아니다. 총 작품 수 4001편, 등장인물 5,600여 명이다) 그의 시에 사람 이름이 많이 등장하는 이유, 특히 시 제목에 사람 이름이 많은 이유는 그에게 사람이란 마치 공기와 같은 것이기 때문이리라.

>계절이 바뀔 때마다 기침이 그치지 않는
>미혜는 내 동생인데
>대학도 졸업하고 운전면허증에 선생 자격증도 있는 나는
>테트리스도 아주 잘할 줄 아는 나는
>그에게 아무것도 해 준 것이 없다
>복직하고 나서 딱 한 번 5만 원인가 미혜 통장에 넣어준 적이 있는데
>겨우 돈 5만 원 넣어주면서
>그가 조직사건에라도 엮여 교도소에 가게 되면
>통장에 돈 넣어준 나도 끌려가게 되는 것을 아닐까 하는
>한심한 생각을 했고,
>그리고 술 두어 번 사주었다
>- 「이 시대의 나의 스승」 중 일부

그의 세 번째 시집 『이미혜』의 표제시는 「이미혜」다. 이 시집에는 유난히 시 제목이 사람 이름인 시가 많다. 이용규, 정한식, 윤인중, 한용걸, 구수영, 세길이, 김인숙, 안용국, 정숙이, 김준이, 박두규, 박영근, 황덕명, 김진태 …. 신현수의 시집에 수록된 시에 아직 내 이름으로 된 시가 없다는 것이 안타깝고 부끄러울 뿐, 어쩌면 그의 시의 소재가 되기 위해서라도 최소한 부끄러운 삶을 살지는 말아야겠다는 다짐이 생긴다.

이 글을 쓰면서 계속 머릿속을 떠돌던 화두는 신현수는 어떤 사람인가, 신현수라는 고유명사가 있다면 그 뜻은 무엇일까 하는 것이었다.

이제 긴 글을 마무리하면서 신현수라는 고유명사의 뜻을 이렇게 정의해 보고자 한다.

신현수 | '다른 이들을 위한 삶을 사는 사람들'을 위해 사는 사람, 솔직한 심성을 지녔고 유난히 부끄럼을 잘 타는데, 자기 수입의 많은 부분을 다른 이를 위해 쓰거나 기부하는 사람을 일컫는 말

난 아직 그를 선생님이라고 부른다. 어떨 때는 그를 형이라고 부르는 이들이 부럽기도 했다. 처음 만났을 때 형으로서가 아니라 선생님으로서 만났기 때문이겠지만, 내 입에서 형이란 말이 쉽게 떨어지지 않는 것은, 평생 노력해도 반의반도 닮아 가질 못할 것 같기 때문이리라.

언제나 늘 내게 이정표였고 이정표이며 이정표일 신. 현. 수.

'신현수'라는 고유명사를 찾다 보면 언젠가 그와 많이 닮아 있지 않을까 하는 막연한 기대가 부풀어 오르는 봄밤이다.

- 2022년 봄볕 가득한 날

강봉구

약력
신현수

충북 청주시 가덕면에서 태어났으나, 백일 무렵 인천 부평으로 이사한 후 주로 인천에서 성장했다. 부평서초등학교, 부평중학교, 부평고등학교, 공주대학교 사범대학 국어교육과, 방송통신대학교 문화교양학과, 방송통신대학교 일본학과, 방송통신대학 중어중문학과, 충남대학교 교육대학원(국어교육 전공)을 졸업했으며, 인천대학교 행정대학원 사회복지학과, 서울대학교 평생교육원 한국어교원양성과정(29기), 재능대학교 평생교육원 사진아카데미 제1기를 수료했다.

충남해양과학고로 첫 발령을 받았고, 대천여고를 거쳐 대천고에 근무하다가 89년 전교조 문제로 해직되었다. 94년 다시 대천여고로 복직한 후 인천 부개여고, 부평여고, 부평고, 부광고를 거쳐 다시 부평여고에서 국어를 가르치다가 지난 2000년 2월 명예퇴직했다.

대학 시절 조재훈 시인에게 시를 배웠고, 계간지 「시와 의식」(1985년 봄호)에 '서산 가는 길' 등 5편이 박희선, 김규동 시인에게 추천되어 문단에 나왔다.

시집으로 『서산가는 길』(1989. 호서문화사), 『처음처럼』(1994. 내일을 여는 책), 『이미혜』(1999. 내일을 여는 책), 『군자산의 약속』(2004. 내일을 여는 책) 『시간은 사랑이 지나가게 만든다더니』(2009. 도서출판 이즘), 『인천에 살기 위하여』(2014. 다인아트), 『천국의 하루』(2019. 작은숲), 시전집으로 『신현수 시집(1989-2004)』(상, 하) (2009. 도서출판 이즘), 시선집으로 『나는 좌파가 아니다』(2012. 작은숲) 등이 있으며,

저서로 『선생님과 함께 읽는 한용운』(2004. 실천문학사. 서울시교육청 선정 중고생 필독도서), 『시로 만나는 한국현대사』(2009. 북멘토, 행복한 아침독서 추천도서, 독서문화정보개발원-한우리 선정 좋은 책), 『시로 쓰는 한국근대사. 1』(2012. 작은숲, 행복한 아침독서 추천도서), 『시로 쓰는 한국근대사. 2』(2012. 작은숲) 등이 있다.

그동안 공주사대신문사 편집장, 전교조 대천·보령지회장, 전교조 인천지부 부지부장, 평화와 참여로 가는 인천연대 상임대표, 사단법인 지역복지센터 '나눔과 함께' 이사장, 민예총 인천지회 부지회장, 시립인천대학교 운영위원, 우리 땅 부평미군기지 되찾

기 및 시민공원 조성을 위한 인천시민회의 공동대표, 새로운학교 인천네트워크 자문위원, 부평신문 이사, 인천문화재단 이사, 인천 시립수봉도서관 운영위원, 인천지속가능발전협의회 운영위원, 인천아트마켓조직위원회 위원장, 인천교육희망네트워크 공동대표, <시사인천> 자문이사, 라오스방갈로초등학교를 돕는모임 대표, 한국작가회의 인천지회 지회장, 한국작가회의 부이사장, 한국작가회의 사무총장, 한국출판문화산업진흥원 이사, 한국출판문화산업진흥원 원장 직무대행, 문화체육관광부 문학진흥정책위원회 위원, 6·15 민족문학인남측협회 집행위원 등으로 일했으며,

현재는 사단법인 인천사람과문화 이사장, 비영리민간단체 라오스방갈로초등학교를 돕는모임 상임대표, 서울문화재단 이사로 일하고 있다.

2001년 '민족통일 대축전'의 남측 대표단, 2005년 민족작가대회 남측대표단의 일원으로 두 차례 평양과 백두산, 묘향산 등을 다녀왔고, 요녕성, 길림성, 흑룡강성 등 만주지역과 운남성, 귀주성, 감숙성, 신장위구르자치구 등 소수민족 지역을 중심으로 10여차례 중국을 다녀왔다. 2005년 <시사저널>이 실시한 여론조사에서 '인천을 움직이는 인물'로 선정되기도 하였다. 2003년부터 2004년까지 <경인일보>에, 2005년, 2011년부터 2013년까지 <인천일보>에 칼럼을, 지난 2008년부터 <인천투데이>에 '신현수의 걷기여행'을 연재했다.